Küresel Düzenin Şifreleri

Ramazan Kurtoğlu
Cansu Canan Özgen

Asikitap: 20
Araştırma: 12

Küresel Düzenin Şifreleri
Ramazan Kurtoğlu-Cansu Canan Özgen

© Guru Yapım Prod. Ltd. Şti.

Genel Yayın Yönetmeni
Gürkan Hacır

Kapak Tasarım:
Volkan Karakaş

Sayfa Tasarım
Meryem Yardımcı

T. C. Kültür Bakanlığı Yayıncı Sertifika No: 31593
ISBN: 978-605-6331-06-7

Baskı ve Cilt:
Tor Ofset San. ve Tic. Ltd. Şti.
Osmangazi Mahallesi 3112. Sokak No:2
Esenyurt / İstanbul
Tel: 0212 886 34 74

Matbaa Sertifika No: 13137

ASİKİTAP
GURU YAPIM PRODÜKSİYON LTD. ŞTİ.
Caferağa Mah. Sakız Sokak Park Palas Apt.
B Blok No: 12 Daire: 16   Kadıköy - İstanbul
Tel: 0216 418 61 64 Faks: 0216 336 99 67
www.asikitap.com

Küresel Düzenin Şifreleri

Ramazan Kurtoğlu
Cansu Canan Özgen

Önsöz

Merak ettiğimiz sürece varız...

Dünyamız belki de hiç bu kadar karmaşık, şaşırtıcı ve korŞkutucu olmamıştı. Medeniyet bir yandan Mars gezegenine insan yollamaya cesaret edecek kadar gelişmişken; diğer yandan aseton, hidrojen peroksit ve gübre kullanılarak kitle katliamı yapabilecek kadar geride...

İnsanlık, çok önemli teknolojik gelişmeler karşısında henüz kaostan kurtulamadı. Özellikle iki dünya savaşının ardından kurulan siyasi ve ekonomik düzen dağılınca, ezberler de bozuldu. Çağlar boyunca savaşlardan korkarken; günümüzde finansal krizlerden, ürkütücü virüs yayan sivrisineklerden, siber saldırılardan, gökleri ve zihinleri etkileyen görünmez ışınlardan, laboratuvarda üretilen gıdalardan, bizi izleyen akıllı telefonlardan korkar olduk.

Daha 21. yüzyılın ilk çeyreğine gelmeden zihinler bulandı. Ancak bütün bu kargaşanın içinde doğruyu bulmak mümkün. Doğru, merakla bulabileceğimiz, sorgulayarak keşfedebileceğimiz bir gerçek.

Ve bu kitap, merak ettiğimiz doğruları, aklımızda bir soru işareti gibi duran bilinmeyenleri, karmaşık dünyamızın şifrelerini çözmek için doğdu. Kaynağımız da yıllardır bu

5

konuları araştıran, ABD ve Batı Avrupa'da çalışmalar yapmış; ezber bozucu yorumlarıyla tanınan değerli bilim adamı Prof. Dr. Ramazan Kurtoğlu hocamız. Biz sorduk Ramazan hoca anlattı...

Dr. Ramazan Kurtoğlu; tarihten yola çıkarak, görünenin ardındaki gerçekleri, geçmişin bugüne ve geleceğe yansımalarını engin bilgisi ve küresel perspektifiyle anlattı bizlere.

Evanjelizmin şifrelerinden siyaset ve savaşın şifrelerine... Paranın şifrelerinden Vatikan'a... Gizli örgütlerin güç savaşından tüm kaosu şekillendiren algı yönetiminin araçlarına kadar küresel düzenin tüm şifreleri bu kitapta çözüldü.

Kimi zaman ilk kez rastlayacağınız çok özel bilgiler de paylaşan Dr. Ramazan Kurtoğlu, bu kaos ortamında hepimize bir yaşam rehberi sunuyor.

Bu yaşam rehberi, korkulu dünyamızı daha iyi anlamamıza ve bu korkuya karşı neler yapılması gerektiğini de gösteriyor. Bu anlamda bilginin gücüyle, inancın gücünün birleştiği bir kitap aynı zamanda...

Ve en önemlisi, bu kargaşa dünyasında Türkiye'mizin değerini, önemini yeniden kavrıyoruz. İslam aleminde, Avrasya coğrafyasında ve dünyanın her yerinde Türkiye'nin bugün ve yarın söyleyeceği çok söz var.

Birileri bir yerde planlar dizayn edebilir. Bizler de planlar yaparız. Ama en büyük planı yapanın Allah olduğunu unutmayız...

Cansu Canan Özgen
Nisan 2016

EVANJELİZMİN ŞİFRELERİ

Evanjelizmin sözlük anlamına baktığımızda bir Hıristiyanlık mezhebi olduğunu görüyoruz; ama durum elbette bu kadar masum değil. **Evanjelizm aslında ne demek?**

Evanjelizm, kelime anlamı olarak kutsal kitaba yönelmek demek. Hıristiyan inancında ilk Evanjelist olarak telakki edilen kişi de, İzmir Selçuk'ta bazilikası ve mezarı olduğu iddia edilen Yuhanna'dır. Bu anlamda Yuhanna'nın bugünkü dünya siyasetini, özellikle de Batı Yahudi ve Hıristiyan siyasetini yönlendiren, etkileyen bir kısım kehanetleri var. Bu kehanetlerden biri, yeni bir dünya düzeninin kurulacağıyla ilgili...

Yeni dünya düzeninin kurulacağı süreçte de "İsa'nın Mesih olarak döneceği"ne dair anlamların çıkarıldığı kehanetleri de mevcut. Bu kehanetler Amerikalı Michael David Evans adlı bir gazetecinin, "Amerikan Kehanetleri" adıyla Türkçeye çevirebileceğimiz *American Prophecies* adlı kitabında yayınlandı. Ama kitabın yazarının CIA veya MOSSAD'a danışmanlık yaptığı açık kaynaklarda yer alıyor. Kitapta yaklaşık 500'e yakın kehanet var ve yeni dünya düzeni kurulması sürecinde Kabala, Tevrat ve İncillere dayalı diğer kehanetler de sıralanıyor. Bu kitaba ve diğer Evanjelist kaynaklara baktığımızda yeni dünya düzeni kurulurken son olarak fethedilecek ülkenin Edon olduğunu görüyoruz. Edon ise Anadolu'nun eski çağlardaki adıdır.

☞ **Anadolu demek olayın aslında Türkiye'ye uzandığını ve asıl hedefin Türkiye olduğunu da gösteriyor. Bir anlamda gıyabımızda konuşuyorlar ama Türkiye'yi çok yakından ilgilendiren bu süreçleri biz bilmiyoruz. Özellikle bu kehanetlerden hangisi Türkiye'yi, coğrafyamızı ilgilendiriyor?**

Evanjelist Hıristiyanlar için 7 inayet dönemi kilisesi ve Meryem Ana evlerinden biri kutsaldır. Dünyada 46 Meryem Ana Evi var ve biri de İzmir Selçuk'taki Bülbül Dağı'ndadır. İşte Bülbül Dağı'ndaki bu Meryem Ana Evi Evanjelistler için kutsal olandır. Ayrıca 7 inayet dönemi kilisesinin hepsi de Türkiye sınırları içinde; Efes, İzmir, Bergama, Akhisar, Salihli, Alaşehir, Pamukkale'de yer alır. Bu kiliselerin tarihi geçmişinden dolayı Evanjelistler özellikle Yahudilerle bağ kurarak misyon yüklerler.

☞ **Yuhanna'nın esinlenme kitabı bu 7 kiliseye yazılan 7 mektupla başlıyor aslında. Söz konusu 7 kilisenin özellikleriyle İsrail'in geçirmiş olduğu evreler arasında bir bağlantı kuruluyor. Nedir bu bağlantı?**

Öncelikle bu 7 inayet dönemi kilisesini sayalım; birincisi Efes Kilisesi, ilk sevgisini yitiren kilise. 1. ve 2. yüzyıla tarihlenir. Efes, milattan önce 1000 yıllarında kurulmuş, namlı ve önemli bir şehir. Efes kelimesi Yunanca, "bakıyorum" anlamındadır. Diğer manası da, "seven, arzu edilen"dir.

İkincisi, İzmir Kilisesi... Günümüzde bu kilise İzmir şehrimizin göbeğinde hâlâ ayaktadır ve tarihi 2. ve 4. yüzyıllara dayanır. İzmir milattan önce 1000 yıllarında kurulmuş, Lidyalılar şehri yıkmıştır. Milattan önce 4. yüzyılda Büyük İskender şehri yeniden kurmuştur ve Efes'ten sonra İzmir, Patnos'a en yakın şehirdir. Burada bahsettiğimiz Patnos, Ege adalarından biri.

Üçüncüsü Bergama Kilisesi, dünya ile uzlaşan ruhban kilise demek. Geçmişi 4. ve 6. yüzyıllara kadar uzanır. Hieros ve Gamos Yunanca karşılığıdır; manası da "kule" ve "düğün"dür.

Dördüncüsü, Thyateira Kilisesi, bugünkü Akhisar'dadır ve Akhisar Kilisesi de denir buraya. Örfe bağlı, karanlık çağ kilisesi demektir. 6. ile 15. yüzyıllar arasında hüküm sürmüştür. Thyateira, Bergama'nın 60 kilometre güneydoğusunda olup günümüzdeki Türkçe adı Akhisar'dır. Thyateira, Yunanca Thyo'dan gelir ve "daimi kurban" anlamındadır.

Beşincisi Sart Kilisesidir ve günümüzde Salihli ilçesinde yer alır. Uyanıp da yeniden uykuya dalan reform kilisesi anlamındadır. Hüküm sürdüğü dönem 1517-1648 yılları arasındadır.

Altıncısı günümüzde Manisa'nın Alaşehir ilçesinde bulunan Filadelfya Kilisesidir.

Yedincisi Laodikya Kilisesi ise bugünkü meşhur Pamukkale'dedir. İmandan dönen, ılıklaşan kilise anlamındadır ve 1900'den günümüze kadar hâlâ hükmünü sürdüren bir kilisedir.

Laodikya; "laos" halk, "diky" hüküm veya karar, yani halkın kararı anlamındadır. Dikkat ederseniz tarihten bugüne kadar bir kısım misyonları geriye dönük olarak yüklüyorlar.

İsa Mesih, Patnos adasında bütün görkemiyle öğrencisi Yuhanna'ya, 7 kiliseye 7 mektup göndermesini buyurdu. Bu 7 kilise de Türkiye sınırları içerisinde. O zaman birileri Türkiye ile aşırı ilgilenmekte ve biz bu ilginin ne kadar farkındayız?

Eğer hasta olursanız hastaneye gidersiniz ve sizin hastalığınızı laboratuvarda tahlillerle tetkik ederler, bir tanı koyarlar. Bu anlamda; siyasetin, ekonominin ve toplumsal olayların laboratuvarı da tarihtir. Tarihe dönüp baktığımızda Batı'nın siyasasını, siyasi planlarını görürsünüz.

Vatikan'ın da bir sözü vardır, "eski fikirleri yeni metotlarla, yeni metotları eski fikirlerle uygula" diye; bu söz Vatikan'ın temel düsturunu da açıklar. Batı'nın politikalarının, siyasi kararlarının, özellikle Yahudi ve Hıristiyan inancından beslendiğini ve bunların önemli bir rol oynadığını görüyoruz. Tarihten açık bir örnek verelim; Abdülhamit döneminde yaşayan Alman asıllı Anna Katharina Emmerick adında bir hanım var. Emmerick iddia edildiğine göre, Fransa'da bir hastanede yatıyor ve o sırada vizyonlar, rüyalar görüyor.

Bazı kaynaklarda bu kadının histerik olduğu, ruhsal dengesizliği olduğu yönünde beyanlar da var. Emmerick vizyonlar gördüğü sırada "İzmir'de bir dağda Meryem Ana'mızı görüyorum, orada Meryem Ana'mızın evi var, mezarı var," diyor. Bunun üzerine İsviçre ve Harvard Üniversitesi merkezli bir grup Evanjelist, Bülbül Dağı'nda bu bahsedilen taş yığınını satın almak istiyor. Abdülhamit ise satmıyor orayı.

Ancak İzmir ve Anadolu'nun o işgal yıllarında, bugün de Türkiye'de faaliyet gösteren bir zeytinyağı firmasının önderliğindeki bir vakıf burayı satın almak istiyor ve İstiklal Harbi sırasında buraya bir Meryem Ana Evi konduruluyor. Bugün

Meryem Ana Evi'nin ilk yıllarından bir görünüm

baktığınızda görülen Meryem Ana Evi'yle eskisi arasında önemli fark vardır, gidenler de bu farkı görebilir.

Atatürk de burayı satmıyor ama Atatürk'ün ölümünden sonra rahmetli İnönü döneminden başlayan ve Menderes döneminde bitirilen bir operasyon var. Buranın 44 dönümü maalesef bu vakfa devrediliyor. Bu vakıf hâlâ buranın kontrolünü elinde tutuyor. Bu vakıf, Harvard Üniversitesi'yle ilişkili, İsviçre merkezli bir kısım vakıflarla bağlantılı.

1967'de de Papa hazretleri geldi ve burayı takdis etti. Artık 1967'den beri burası özellikle Evanjelist Hıristiyanlar için hac merkezi. Biz Müslümanlar için Mekke, Medine, Kudüs ne ise, Evanjelist Hıristiyanlar için de Selçuk Bülbül Dağı'ndaki Meryem Ana Evi o anlamda. Ve "burası ikinci Kabe'dir" diye propagandalar yapılıyor. Böyle tehlikeli oyunlar oynanıyor.

Bunun yanına; 7 inayet dönemi kilisesini, Amik Ovası'nı, Dicle'nin Kabala'daki ve Tevrat'taki kutsiyetini, Fırat ırmağının İncil'deki kutsiyetini eklediğinizde Türkiye'nin neyle karşı karşıya olduğunu anlıyorsunuz. Ayrıca Şam'ın ve Kudüs'ün kutsiyetini de tüm bunlara eklemeyi unutmayın, çünkü bunlar birbirine uzak yerler değil.

Baktığımızda din formatlı siyasi bir hedefle karşı karşıyayız. Aslında oynanan oyun, teo-siyaset; yani bir teolojik inanca bağlı olarak onun üzerine yapılan siyaset söz konusu. Bu siyasetin de üç ayağı var ve ilk ayağı teo. Bu ayağın temeli; 1135 Kurtuba doğumlu, seçkin bir Yahudi ailenin oğlu olan İbn Meymun'a dayanır. İbn Meymun Tevrat tefsircisi ve Museviler tarafından peygamber mertebesinde görülüyor. 23 yaşında Arapça yazmaya başladığı ve 33 yaşında tamamladığı "Mişna," yani Yahudi sözlü şeriat derlemesinin tefsiri "Kitabü's Sirac" da ilk büyük eseri...

Teo-siyasetin ikinci ayağı ise siyaset ve bu da Leo Strauss tarafından oluşturuldu. 1899'da Frankfurt'ta doğan Leo Strauss bir siyaset felsefecisiydi ve 1973 yılında Chicago'da yaşamını yitirdi. O da Musevi kökenliydi. İbn Meymun'un Tevrat tefsirini siyaset felsefesine çevirdi.

Bu siyasetin üçüncü ayağı ise para politikalarıydı. 1978 Washington Mutabakatı öncesinde Chicago Üniversitesi'nden Milton Friedman, kapitalizmin neoliberal versiyonunu yani monetarist para politikalarını ortaya atarak üçüncü ayağı tamamladı.

Dünya ekonomisinin, ülke ekonomilerinin küresel para politikalarıyla yönlendirilip yönetilebileceğini iddia etti. Baktığımızda karşımızda din, siyaset, paradan oluşan üçlü bir

14

sacayağı ile dünya evriliyor, çevriliyor, pişiriliyor, önümüze konuluyor.

İnanç siyasetinden bahsettiniz, ancak kendi aralarında da tartışmalı konular var. Örneğin Magdalalı Meryem çok tartışılan bir konu. Magdalalı Meryem neden kötü kadın olarak anılıyor? Ve meşhur İznik Konsülü'nde ne oldu?

Şimdi baktığımızda Yüce Mevla'nın Hazreti İsa'ya gönderdiği orijinal kutsal metin bugün ortada yok. Hatta 325 yılındaki İznik Konsülü'ne kadar anlatılan odur ki, masanın üstünde yüzlerce İncil vardı. Sonunda dört İncil kaldı; Matta, Yuhanna, Markos ve Luka. 4 İncil'i de incelerseniz inanılmaz farklılıklar olduğunu görürsünüz. Birinde İsa, son derece sevecen, tatlı biriyken; diğerinde daha sert bir profille tanımlanmış. Bu konuda önemli bir bilgi de şu; dünyada 4 adet olan, yani 4 adedi bilinen Barnabas İncili...

Barnabas İncili bunlar arasında orijinal olma ihtimali en kuvvetli İncil'dir. Barnabas İncili'nin iki nüshası Türk Genelkurmay Başkanlığının kozmik odalarında, yani Türk Genelkurmayının elindedir. Hakkâri'de bir mağarada bulunduğu, Keldaniceyi bilen bir uzman tarafından da okunduğu söyleniyor. Ayrıca bir nüshasının CIA'in, diğer nüshasının da Vatikan'ın elinde olduğu konusunda ciddi kaynaklardan gelen bilgiler var.

Mesela Barnabas İncili'nde sevgili Peygamberimiz Hazreti Muhammed'in peygamber olarak gönderileceğine dair bilgiler var. Ama Katolik Hıristiyanlık ve Hıristiyanlığın hiçbir rengi, Hazreti Peygamberi, Peygamber olarak kabul etmiyor. Bu İncil kabul gördüğü takdirde Katolik Hıristiyanlık inancı çöker.

15

Barnabas İncili

Ölü Deniz'in batı kıyısındaki Kumran Vadisi'nde Kumran Yazıtlarının çıktığı mağara ve Kumran Yazıtlarından bir örnek

Katolik Hıristiyanlığa büyük bir darbe vuran ikinci hadise ise, Kumran Yazıtlarıdır. 1944'lü yıllarda bir mağarada bulunan Kumran Yazıtları artık çözülmeye başlandı. Olay şurada düğümleniyor; Katolikler, Magdalalı Meryem'i Hazreti İsa'nın müridi olarak görürken; Protestanlar Kumran Yazıtlarından da hareketle onu Hazreti İsa'nın sevgilisi karısı olarak görüyor. Açıkçası iş dönüp dolaşıp bir öpücüğe geliyor. Katoliklere göre Hazreti İsa, Magdalalı Meryem'i yanaklarından öpüyordu müridi olduğu için; ama Evanjelistlere, Kabalistlere göre karısıydı ve onu dudaklarından öpüyordu. Yani koca bir inanç, geliyor dayanıyor bir öpücüğe.

🕊️ **Dan Brown'ın *Da Vinci'nin Şifresi* kitabı da 2000 yıl sonra Hıristiyanlık âleminde bu tartışmaların büyümesine sebep oldu. Tartışmanın belgeleri de Ölüdeniz parşömenlerine, yani Kumran Yazıtlarına dayanıyor. Bütün anlattıklarınız aslında bir anlamda Kutsal Kâse'ye çıkıyor. Nedir bu Kutsal Kâse, Magdalalı Meryem ile nasıl bir bağlantısı var?**

Kutsal Kâse ile ilgili tabloyu Leonardo da Vinci yapmıştı. Da Vinci'nin de Tapınak Şövalyelerinin mensubu olduğunu biliyoruz. Muhtelif iddialar var, bu konuda yazılmış yüzlerce kitap var. Ama en güçlü inanç; Kutsal Kâse'nin Hazreti Meryem'in rahmi olduğu.

Öte taraftan bu ayrışma karısıydı-değildi tartışmasıyla daha da alevlendi. Ama bu alevlenmede bir isme yeniden dikkat çekmek istiyorum; Kurtuba doğumlu İbn Meymun'a... Museviler tarafından peygamber mertebesinde saygı gören İbn Meymun tıp doktoruydu, 1204'te de Mısır'da öldü. İbn Meymun'un tefsire tâbi tuttuğu Tevrat ise Babil Tevrat'ıydı, Kudüs Tevrat'ı değil.

Peygamber olduğu iddia ediliyor...

Evet iddia ediliyor ama pek çok kaynakta da bir büyücü olduğu iddia ediliyor. Nitekim Amerika, Irak'a ilk müdahale ettiğinde herkes Saddam'ın sarayına, Merkez Bankasına gideceklerini zannetti ama onlar önce başka iki yere gittiler. Biri, Bağdat'a 70 kilometre mesafedeki Babil'di, orayı hemen kontrol altına aldılar. İkincisi ise, Müslüman kadınlara tecavüz edilip işkencenin yapıldığı, önceden Ebu Gureyb Cezaevi olan bir müzeydi. Orada ilkçağdan kalan parşömenler, taşlar, tabletler vardı. Amerikalılar bunları jumbo jetlere doldurup Amerika'nın çölüne götürdüler, aynı iklim şartlarına.

Evanjelistler neye inanıyorlar, niçin Irak'ta rotaları böyle oluştu?

Bugün baktığımızda dünyada olup bitenler bir inanç üzerinden inşa oluyor ve bunun doğruluğu yanlışlığı önemli değil. Umberto Eco'nun dediği gibi, inanç üzerinden politika üretiliyor. Yani irrasyonel inançlardan reel politika üretiliyor. Bu anlamda Kabala'yı temel alıyorlar, Kabala'daki Daniel bölümünü... O kadar önemlidir ki Daniel bölümü ile Yuhanna'nın esinlenme kitabı, bugünkü Batı politikalarını oluşturan temel kaynaklardır. Babil Kralı Nabukadnezar milattan önce 586'da Kudüs'ü yerle bir etti ve ardından yaptırdığı altın başlı bir heykel var. Daniel bölümünde de bu anlatılır, işte aradıkları bu; Irak'ta da bunu aradılar. Ayrıca Hazreti Musa'nın da yılan figürünü arıyorlar; hatta bugün tıpta, veterinerlikte de kullanılır bu sembol ve milattan önce 1450'den gelir bu.

Magdalalı Meryem'e tanrıça olarak tapan Sion tarikatı var. Sion tarikatında Sangreal adı verilen bazı belgeler olduğu söylenmekte. Bu belgelerin içeriğiyle ilgili bilgi var mı?

Bu konuyla ilgili tevatür çok, yorum çok ama elle tutulur

müşahhas bir şey olmamakla birlikte, 1900'lere kadar, Katolik dünyası, hatta Protestanlar bile Hazreti Meryem'e, tabii tırnak içinde söylüyorum, fahişe gözüyle bakıyorlardı. Ama kutsal kitabımıza göre, Hazreti Meryem evlenmemiş, bir cinsi ilişki olmadan hamile kalmıştır. Enbiya suresinin 91. ayetinde şöyle der: *"Irzını korumuş olan kadını da (Meryem'i de) hatırla. Ona ruhumuzdan üflemiştik. Kendisini de, oğlunu da âlemlere (kudretimizi gösteren) birer delil yapmıştık."* Hazreti Meryem'le ilgili pek çok ayet vardır. Bir diğeri de Ali İmran suresinin 42. ayetidir: *"Meleklerin Meryem'e: 'Ey Meryem, Seni Allah seçti. O seni kötülükten arınmış olarak tertemiz yarattı. Seni O insanlık âleminin hanımlarının üzerinde seçkin bir yere getirdi.' dedikleri vakti hatırla."*

Ama onlar Hazreti Meryem'e 1900'lere kadar "fahişe" gözüyle bakıyorlardı. Ancak İsa figürünü de tam oturtamadılar. Daha sonra kendi küresel hegemonyalarına uygun politikaların, feminen bir yapı üzerinden daha kolay ilerleyeceği kanaatine vardılar. Bu yüzden 1900'lerden itibaren özellikle Meryem Ana, Magdalalı Meryem üzerine bir politika inşa etmeye başladılar. Meryem Ana evlerine gösterilen olağanüstü ilginin nedeni de budur.

Katolikler, Sion tarikatının bir Yahudi gizli cemiyeti olduğunu düşünüyorlar. Nasıl bir önemi var bunun?

Dünya tarihinde baktığımızda, İspanya ve Portekiz'deki Endülüs İslam Devleti'nde yaşayan ve 1492'de Endülüs İslam Devleti yıkıldıktan sonra sürgüne gönderilen Yahudi hahamlar vardır. Bunların ilk gittiği yer, Hollanda Amsterdam'dır. Dünyada Kudüs'ten sonraki ilk sinagog burada inşa edildi. Ardından Almanya'ya gittiler 1525'lere kadar. 1492-1525 arasındaki dönemde de tarihte ilk kez hahamların marifeti ile koca Hıristiyanlık dini karpuz gibi ikiye bölündü. Daha önce Katoliklere göre İsa'nın katili Yahudilerdi, ama Martin Luther Protestan hareketiyle bu değişti ve "Yahudiler iyi insanlardır" ile başlayan yeni bir din anlayışı geldi. Luther, kendi kilisesine Evanjelist Kilise der.

Katolikler, İncillere inanır, daha sonra Tevrat'a; ama Protestanlar önce Tevrat'ın ilk 5 kitabına, ardından İncillere inanırlar. Yani aralarında büyük bir inanç farklılığı var aslında. Hahamların bu başarısı üzerine Museviler onlarla savaşmak yerine, içine dahil olarak Hıristiyanlıkla mücadele etmeyi yeğlediler. Bugün Vatikan'da önemli bir Musevi yapılanma vardır. Mesela tarihe baktığımızda da Engizisyon mahkemelerinde en acımasız kararları Yahudi kökenli papazlar vermiştir.

Evanjelistler için birtakım özel ve önemli semboller var. Mesela Hazreti Musa'nın yılanı ve Nabukadnezar'ın heykelinin altın başı. Babil Kralı Nabukadnezar rüyasında bir heykel görür. Bu rüyanın yorumunu Babil'deki Kerdani kâhin ve büyücüler yapamaz. Bunun üzerine kralın karşısına İbrani esir Daniel'i çıkarırlar. Bu rüya nedir ve Daniel bu rüyayı nasıl yorumluyor?

Nabukadnezar'ın rüyasında gördüğü heykelin başı altındı. Ateş gibi yanıyordu, mehtap gibi parlayan göğsü ve kolları gümüştendi. Heykelin karnı ve kalçaları bronzdan, bacakları demirden, ayakları da kil ve demir karışımından yapılmıştı. Daniel rüyayı şöyle yorumlar:

Heykelin dört parçası büyüklüklerine göre dört imparatorluğu temsil etmekte. Altın Babil'i, gümüş Pers'i, bronz Yunan'ı ve demir ise son imparatorluk Roma'yı simgeliyor. Ama demir ve kil karışımından yapılmış ayaklar birbirinden ayrılacaklar.

Nihayet kil, en zayıf imparatorluğu temsil etmekteydi. Kil, Bizans İmparatorluğu ve Türkler tarafından tarihteki yerine gönderildi. Evanjelistlerin Daniel'in kitabına dayandırdıkları inançlarına göre Babil dahil İsa Mesih'in krallığı öncesine kadar dünyada 4 imparatorluk hüküm sürecek. Bu hesabın içinde Osmanlı ve Türk İmparatorluğu yok.

Armageddon öncesinde de dünyada 10 krallık kurulacak. Bunlar bir araya gelerek Babil'e benzer bir dünya imparatorluğu oluşturacaklar. Bilahare kıyameti koparacak Armageddon savaşı çıkacak. Tanrı'nın krallığına -yani İsa Mesih yeryüzüne gelerek deccali öldürdükten sonra kuracağı krallığa- kadar, hiçbir krallık Nabukadnezar'ın Babil Krallığından daha büyük olmayacak. Nabukadnezar ve Babil her şeyin ve herkesin padişahı olarak seçilmiştir.

Dördüncü krallık olan Roma, demir gibi güçlü olduğundan bütün karışıklıkları parçalayıp ezecek. Sonra elleri olmayan bir taş ortaya çıkacak. Bu taş, büyük bir güçle, altın, gümüş, bronz, demir ve kilden yapılmış heykeli paramparça edecek. Rüzgâr esip onları her tarafa savuracak. Heykele vuran taş büyüyecek ve bütün dünyayı kaplayacak. Heykeldeki demir ve kil karışımından yapılmış ayaklar, bölünmüş bir krallığı temsil ediyor.

Bölünmüş krallık döneminde Tanrı, kendi krallığını kuracak. Bu krallık asla yıkılmayacak ve bu krallık normal insanlar tarafından yönetilmeyecek. Bütün diğer krallıkları buyruğu altına alacak ve sonsuza kadar yaşayacak. Daniel'in bu rüya yorumundan sonra Nabukadnezar onun tanrısının daha büyük ve farklı olduğuna inanır.

Peki Nabukadnezar'ın rüyasında gördüğü heykelin üzerinde birtakım semboller de var. Bunların rüya yorumuna göre anlamı nedir?

Daniel, Nabukadnezar'ın rüyasında gördüğü şeyin kendi heykeli olduğunu ve bunun dört bölümden meydana geldiğini anlattı. Altından olan baş kısmı Babil'di, gümüş göğüs ve kolları Pers İmparatorluğu'ydu ki bunlar Med ve Pers ülkesi olmak üzere iki ülkeydi. Sonra Babil'i ele geçirdiler. Kalça, üçüncü bölüm ve bronzdandı. Yani Yunan İmparatorluğu'ydu. Dördüncü bölüm, demir ve kil karışımından yapılmış. Bunlar Roma İmparatorluğu'nu temsil etmekteydi. Heykeli meydana getiren malzeme, baştan ayağa doğru zayıflıyordu. Bu da saydığımız imparatorlukların günümüze doğru yaklaştıkça zayıfladıklarını gösteriyordu. Kehanet, önceden yazılmış tarih demektir. Tanrı'nın varlığını ispat etme yollarından biridir. Tanrı'nın 2500 yıl önce, Nabukadnezar'a sonun zamanı gelene kadar sadece, dört imparatorluk olacağını bildirmesi bile tek başına mucizedir.

Günümüzde Evanjelistler ve Yahudiler diyorlar ki, Daniel'in geçmişle ilgili söyledikleri, gelecekte olacakların da gerçekleşeceğine inancımıza yeterli bir delildir. Yaşadığımız çağda İsa Mesih'in dirilip Tanrı'nın imparatorluk kuracağına inanmak için İncil'de yeterli işaretler vardır. Evanjelistlere göre Tanrı'nın dünyevi kulları Yahudiler, öbür dünya kulları ise Evanjelistlerdir.

Nabukadnezar'ın rüyasındaki heykelin Hazreti Musa'nın yılanıyla da bir bağlantısı var. Nasıl bir bağlantı bu?

Aradıklarından birisi de Museviler için çok kutsal olan Ahit Sandığı. Kuran-ı Kerim'de de biliyorsunuz Ahit Sandığı geçer.

Museviler, Hazreti Musa'nın liderliğinde o dönemde Mısır'dan çıkmıştır.

Hazreti Musa'yı öldürmeye kalkan Firavun'un secde eder şekilde bedeni bugün British Museum'da sergileniyor. 1920'li yıllarda Süveyş Kanalı çalışmaları yapılırken bulundu. Biliyorsunuz Kızıldeniz yarılıyor ve Hazreti Musa ile halkı orayı geçerek kurtuluyor. Firavun'un askerleri ise orada olduğu gibi hayatını kaybetti. Kızıldeniz'i geçtikten sonra çölde Hazreti Musa, Sina Dağı'na çıkıyor ve 10 emir geliyor kendisine. O sırada Yahudiler altından bir buzağı yapıp ona tapmaya başlıyorlar. Bunun üzerine akrep, yılan gibi çöldeki zehirli hayvanlar Yahudileri ısırmaya başlıyor ve çoğu ölüyor. Hazreti Musa aşağıya indiğinde bunları görüyor. Paniğe kapılan Yahudiler, Hazreti Musa'ya "Tamam biz hata ettik, yine senin Allah'ına, Tanrı'na dönüyoruz, bizi kurtar bu beladan," diyorlar. Hazreti Musa da tunçtan, 90 santimlik bir yılan figürü yaptırıyor. "Bunu öpen, dokunanı artık akrep, yılan soksa da iyileşecek" diyor ve iyileşiyorlar.

Yılanın üç parçasını ve altın başı aradıklarını biliyoruz. Peki hangi ülkelerde aranıyor?

Başta Irak, Suriye, Suudi Arabistan, Türkiye, Mısır gibi bugünkü Ortadoğu İslam coğrafyasında aranıyor. Babil'e geldiklerinde de bu heykeli aradılar. Ortadoğu'yu delik deşik ediyorlar. Çünkü onlara göre ilahi sembollerin bulunacağı coğrafya Türkiye ve hinterlandı. Bunun için bu bölgeyi karıştırıyorlar.

Nitekim Museviler, Kubbet-üs Sahra, Mescid-i Aksa'nın altını kazdılar ve Babil'in altın heykeliyle Hazreti Musa'nın yılanını aradılar.

Örneğin Ağrı Dağı'nda da Nuh'un Gemisi'ni aradılar. Şimdi Milli İstihbarat Teşkilatı engellediği için çıkamıyorlar. Ancak Kuran-ı Kerim'e göre Nuh'un Gemisi Ağrı Dağı'na değil Cudi Dağı'na oturdu. Orada felsefe taşı veya filozof taşı adı verilen, basit metalleri altın ve platine çevirebilen bir formül arıyorlar. İnsanlık tarihi boyunca çıkarılan altın miktarı 175 bin ton. Şu anda yer altında 90 bin ton var. Bunun yaklaşık 11 bin tonu Anadolu'da, Ege topraklarında. Yani din, siyaset, ekonomi yine karşımıza çıkıyor.

Irak işgalinin operasyon adı Çöl Fırtınası'ydı. Ve Tevrat'ın Yeremya bölümünden esinlenildiği iddia edildi. Irak işgali Tevrat'taki bu bölüme mi dayandırılıyor?

Kesinlikle, Irak işgali tamamen Tevrat'a ve Kabala'ya dayalı bir siyasi, askeri operasyondur. Yeremya bölümünde şöyle bir ifade var: "Babil'e karşı ve Lev-Kamay'da oturanlara karşı helak edici bir yel uyandıracağım." Babil'e yani bugünkü Bağdat'a, harman savuranlar göndereceğim diye de devam ediyor. Buradan da Irak işgalini görebiliriz.

Babil'in öneminden bahsettiniz. Avrupa'da bulunan Avrupa Birliği binası Babil Kulesi'ni andırıyor. Hep bundan söz edilir. Avrupa Birliği'ni anlatmak için Babil Kulesi ve onu çevreleyen yıldızlar seçilmiş. Ayrıca Avrupa Birliği 2 euronun üzerine bir dana üzerine oturtulmuş bir kadın figürü bastırtmış. Bunların hepsi tesadüf mü, bütün bunların anlamı nedir, Babil Kulesi'nin nasıl bir önemi var?

2 euronun üzerindeki Babil fahişesidir. Diğerine gelince, Babil Kulesi'nin yapılma gayesi zaten Tanrı'ya kafa tutmak; yani gökyüzüne doğru, Tanrı'ya doğru bir kule dikmek. Ama Yahudi ve Hıristiyanlık inancına göre bir sabah kalkıldığında

Babil Kulesi

Babil Kulesi'ne benzeyen Avrupa Birliği'nin Brüksel'deki binası

insanların artık birbirinin dilini anlamadığı, konuşamadığı hikâye ediliyor. Bunlar da Eski Ahit'ten. Bunun üzerine Babil Kulesi yarım kalıyor. Brüksel'deki Avrupa Birliği binasının şekli aynen Babil Kulesi gibidir. Temelinde de Yahudi inancındaki Hayat Ağacı vardır. Hayat Ağacı sembollerine uygundur. O açıdan şunu söyleyebiliriz. Bugün İsrail devleti Rothschild ailesinin devletidir. Çünkü Rothschild ailesi kurmuştur bu devleti. Rothschildler de Tapınak Şövalyesi mensubudurlar. Zaten bugün İsrail bayrağındaki 6 köşeli Davut yıldızı denilen yıldız, Rothschild ailesinin de sembolüdür kırmızı olarak. Avrupa'nın İngiliz Merkez Bankası tamamen Rothschild ailesinin kontrolü altındadır.

Burada bir parantez açmak istiyorum ve Amerika'nın ünlü Evanjelist başkanlarını sormak istiyorum. Bizim bildiğimiz Evanjelist başkanlar, Jimmy Carter ve George W. Bush, Ronald Reagan. Bu insanların başkan olmasının altında farklı sebepler yatıyor olabilir mi? Yani Evanjelist olmalarının bir sonucu olarak mı başkan oldular?

Kesinlikle. Bunlar kurucu atalardır. Amerikan Anayasası'nın, Amerikan kurucu babalarının mezarı Connecticut New Haven'dedir. Bu bilgiyi ilk kez veriyorum. Amerika'nın kurucu atalarının New Haven'deki mezarına baktığımızda, hepsinin üzerinde Siyonist semboller olduğunu görürüz. Çünkü Amerika Birleşik Devletleri'nin başkanlarının 14 tanesi; 1632'de önce Hollanda'dan İngiltere'ye gelen ve gemiyle Amerika'ya geçen 102 kişiden oluşan kafiledendir. 102 kişi ve 2 köpekten oluşan bu yolcular, üç gemiyle yolculuk etmiştir. *Mayflower* yani Mayıs Çiçeği adı verilen bu gemilerle gelen ailelerden seçilen Amerikan başkanı sayısı 14'tür. Bunların hepsi, Obama ile George W. Bush dahil birbiriyle akrabadır.

🐚 **Evanjelistler siyasete ne zaman dahil olmaya başladılar? Sonuçta bu bir dini inanışsa, siyasetle direkt ilişkilerinin olmaması gerekiyor.** Siyasetle Evanjelizm kelimelerinin aynı cümlede kullanılmasının amacı nedir, esas olan ne? Evanjelizm nasıl ve nerelerden besleniyor?

Amerika zaten Evanjelist ideallerin doğrultusunda kurulmuş bir ülkedir. Bugünkü Massachusetts eyaletine New England derler. Bir diğer adı da yeni Kudüs'tür bu bölgenin. Ve Evanjelist inanca göre yeni Kudüs'ün görevi; eski Kudüs, yani İsrail merkezli bir Tanrı İmparatorluğu kuruluncaya ve dünya idaresini tamamen ele alıncaya kadar eski Kudüs'e hizmet etmektir.

Evanjelist inancın ve Yahudi inancının ortak bir noktası vardır, her ikisinde de seçilmişlik miti vardır. Yahudilerde Tanrı tarafından seçilmişlik miti vardır. Bunu Evanjelistler de kabul ederler ama onların bu dünya için seçildiğini söylerler. Onlara göre Tanrı'nın iki tane tasarısı vardır. Biri bu dünya ile, diğeri öbür dünya ile ilgili. Bu dünya tasarısında Yahudiler, ama öbür dünya tasarısında İsa Mesih liderliğinde Evanjelist Hıristiyanlar Tanrı'nın seçilmiş kullarıdır. O halde Evanjelistler bu dünyada da hüküm sürmeli diye bir iddiaları var. Onun için Amerika Birleşik Devletleri'nin dış politikasının temeli "ment is destiny," yani "belirlenmiş kader"dir. Belirlenmiş kaderin içi de Evanjelist inanç ile doldurulmuştur.

🐚 **Yani Evanjelistler kolay ve hızlı bir yolla cennete gitmek istiyorlar ve cennetin anahtarının ise İsrail'de olduğunu düşünüyorlar...**

Evet. İsrail de Büyük İsrail'i kurmak için Evanjelistlerin yardımına ihtiyaç duyuyor. Aralarındaki menfaat bağı bu...

🖐 **Jerry Falwell adında bir papaz kendi adına bir Evanjelist kilisesi kurmuştu ve çok sert söylemleri olmuştu.** Falwell 2007 yılında hayatını kaybetti ama söylediği bir söz akıllarda kaldı: "Amerika, tarlalarının ekinle, bilimsel araştırmalarının ilgi çeken olmasını ve özgürlüğünün de sağlama alınmış olarak devam etmesini istiyorsa, İsrail'i desteklemeye devam etmelidir."

Jerry Falwell, Hazreti Peygambere de hakaret edecek kadar densiz bir adamdır. Hazreti Peygamberi anarşist, terörist olarak niteleyen bu insan, Amerika'nın huzur bulması için yani Amerika'nın dünya hâkimiyetini sürdürebilmesi için kayıtsız şartsız İsrail'in politikalarını desteklemesini ifade etmiş. Zaten Amerikalı Evanjelistlerin gözü kapalı İsrail'i desteklemelerinin arkasında da bu vardır. Yani kolayca cennete gitme arzusu.

🖐 **1950 yılına kadar Evanjelistler çoğunlukla ABD'de yaşıyorlardı ve 4 milyon kişiydiler. Ama 2005 yılında nüfusları 500 milyon oldu, günümüzde ise bu sayının daha çok arttığı düşünülüyor. Fas'ta halkı Evanjelist yapmak isteyen misyonerlerin sayısı 150, Türkiye'de ise 90 misyoner bulunuyormuş. İnsanları neden Evanjelist yapmak için çaba sarf ediyorlar? Küçük bir zümre olarak kalabilirler, neden herkes Evanjelist olsun?**

Bu inancın temelinde şöyle bir hadise var; Hazreti İsa'yı yeryüzüne indirmek... İddia bu. Hazreti İsa'nın yeryüzüne ineceğini tahmin ettikleri tarihler de 2025, 2035 yılları. Belki 5 yıl, 10 yıl bu tarihler ileri geri olarak değişebilir ama tahminleri bu... "İsa Mesih'in yeryüzüne ineceği" inancının temelinde iki tane unsur var, misyonerlik nedenleri de bu. Birincisi; Hazreti İsa ile babası Tanrı'nın bildiği bir sayı olduğuna inanıyorlar.

Dünyadaki kilise sayısı bu sayıya ulaştığında onların hâkimiyetinin başlayacağına inanıyorlar. "Kilise" tabirinden kasıt, bildiğimiz bina anlamındaki kilise değildir, Hıristiyanlara kilise diyorlar. Ayrıca İsa'ya da kuzu derler; Hıristiyanlara da kuzunun gelini, kuzunun çocukları derler. Dünyadaki kilise sayısı yani Hıristiyan sayısı belli bir rakama ulaştığında, onlara göre tabiri caizse tık diye sistem atacak. Bu nedenle Tanrı'nın ve Hazreti İsa'nın bildiği kilise sayısına yani Hıristiyan sayısına ulaşmak için misyonerlik yapıyorlar ve bu onlar için bir ibadet.

Bu anlamda mesela 1820'lerde Osmanlı Türkiye'sine gelen Boston merkezli Evanjelistler önce Türkler üzerinde misyonerlik çalışmaları yaptılar ama olmadı. Sonra Ermeni ve Rum Osmanlı tevatürlerinde denediler, pek az Rum teba üzerinde etkili oldular, ama Ermeniler üzerinde o kadar etkili oldular ki, Anadolu'da o günkü şartlarda Evanjelistlerin kontrol ettiği 1900 civarında okul vardı. Osmanlı'ya 1914-1915'te isyan eden Ermeniler de Gregoryan Ermenileri değil, Evanjelistlere dönüştürülen Ermenilerdi.

🖎 **Hazreti İsa'nın yeryüzüne geleceğinden bahsettik. Aslında İslam inancı İsa'nın bir defa geleceğine inanıyor. Ama siz Evanjelistlerin Hazreti İsa'nın toplamda üç defa yeryüzüne geleceğine inandığını söylüyorsunuz, nasıl olacak bu?**

Bu noktada yine din ve politikanın iç içe geçtiğini görüyoruz. Evanjelist kaynaklara göre Ortadoğu merkezli 7 yıllık bir türbülasyon dönemi olacak. Ancak burada 7 yıl sembolik bir rakam olabilir. Bu türbülasyon döneminin 3.5 yılı mutlu, refah içinde geçecek; kalan 3.5 yılında ise kan ve gözyaşı var. Bu tabir de sembolik olabilir. Aslında ilk döneminde mutluluk olacağı, arkasından bir türbülasyon dönemine girileceği anlatılıyor. Bu türbülasyon döneminde ise açlık, kıtlık, terörizm hortlayacak. Bundan dolayı "Ortadoğu'da savaşa kim karşı çıkarsa, kim barış olsun derse Deccal'in ta kendisidir" diyorlar. *Evanjelizm* kitabımda bu konudan bahsettim, devletin ilgili birimlerinden zaman zaman benimle temasa geçenlere de söyledim. Onların barış diyenlere Deccal gözüyle baktığını ifade ettim; kısaca bu topraklarda barış zor. Önümüzdeki 30 yıl daha Ortadoğu kan ve gözyaşıyla sulanacak, çünkü inanç bunu besliyor.

Peki bu sebeple mi Ortadoğu'da krizi körüklüyorlar? Bu krizi kaosa dönüştürme çabaları mı var?

Evet, çünkü krizin iki temel ayağı var. Birincisi Siyonistler, Kabalistler İsrail'in güvenliğini sağlamaya çalışıyorlar. İsrail'in bölgedeki devletleri ufalamak işine geliyor, böylece bölgede İsrail'in dişine dokunabilecek olan 2.5 devlet kalıyor: Türkiye, Rusya ve İran. Hangisi yarım, onu okuyucuya bırakıyorum.

İkincisi ise Evanjelistler cennete gitmek için Ortadoğu'da kaos istiyor. Onların inancına göre; İsa yeryüzüne inmeden önce bulutların üzerine, yani 10-15 kilometre yukarıya kadar gelecek, aşağıda ise türbülasyon dönemi, yani kan ve gözyaşı olacak. İşte İsa bulutların üzerindeyken aşağıda ölmüş Evanjelistleri diriltip yanına alacağına inanıyorlar. Bunu Nicolas Cage'in oynadığı *Geride Kalanlar* filmi dehşet bir şekilde anlatır. Bu konuda onlarca film var zaten. Bu konuyu anlatan Left Behind serisi de Amerika'da 110 milyon sattı.

Türbülasyon döneminde bazı Evanjelistler ise ortada kalabilir; mesela bir karı kocanın karısı İsa'nın yanına gidebilir, koca aşağıda kalabilir. Örneğin yolcu uçağında gidiyorsunuz, bakıyorsunuz yanınızdaki karınızın veya kocanızın elbiseleri kalmış, kendisi ortadan kaybolmuş. İnançlarına göre, İsa

Mesih onları yanına başka bir kıyafetle alıyor ve bulutların üstünde kuzunun düğününe katılıyorlar. Kuzudan kasıt Hazreti İsa. Hazreti İsa ile birlikte Evanjelistler vur patlasın, çal oynasın, eğleniyorlar; aşağıda herkes herkesi boğazlıyor. Dünyadaki dört insandan üçü ölüyor. Böyle bir senaryo var. Dünyadaki dört insandan üçünün öleceği, Hazreti İsa'nın aşağıyı seyredeceği böyle bir savaş nükleer savaştır. Nükleer, biyolojik, kimyasal savaştır.

İnançlarına göre işte bu İsa'nın ikinci gelişi olacak. Evanjelistler bu ikinci gelişinde onu kimsenin görmeyeceğine, ancak imanlıların yani Evanjelistlerin göreceğine inanır. Tabii türbülasyonun sonunda işler öyle çığırından çıkacak ki, bazı Evanjelist kaynaklar Hazreti İsa'nın Kudüs'te pejmürde vaziyette görüleceğini söylüyor. Bazı Şii ve Sünni kaynaklara göre -bakınız tehlike burada zaten- Mesih, Şam'da Mehdi ile birlikte ortaya çıkacak. Yani iş İslam'a gelince işin içine bir de Mehdi giriyor. Evanjelistlere göre Mesih İsa tek, Yahudilere göre Kral Davut soyundan Mesih tek, ama Şii İslam'a gelince 12. kayıp imam Mehdi ile Hazreti İsa benzer dönemde ortaya çıkacak. Bir kısım Sünni cemaat ve tarikat da buna inanıyor.

Evanjelistlere göre, İsa Kudüs'te ortaya çıktığında 144 bin Yahudi, Hazreti İsa'ya inanacak, diğerleri Deccal'in yanında yer alacak. Hazreti İsa'nın liderliğinde bir savaş olacak, İsrail'in bugünkü Megiddo Vadisi'nde. Bu arada 6. Melek tasını Fırat'ın sularına dökecek, Fırat kuruyacak. Fırat'ın yataklarından bütün dünyanın orduları Megiddo Vadisi'ne gidecek inançlarına göre. Şunu da belirteyim, 1918'de İngiliz General Allenby komutasındaki İngiliz ordusu, Türk ordusunu Mecidiye'de yendi, ama biz 400 yıl o bölgede kimsenin burnunu kanatmamıştık. Türkiye'de yaklaşık 30 yıldır yaşayan Ankara

Kurtuluş'taki bir papaz bu konuyla ilgili, "Türkler bilmeden Armageddon savaşına Hazreti İsa Mesih'e hizmet ettiler," dedi.

7 yıllık kaos dönemi öncesinde neler olacağından bahsettiniz. Bu dönemde açılacak 7 mühürden de bahsediliyor. Bu 7 mührün anlamı ne, 7 mührün açılması ne demek?

Evet, bu dönemde 7 mühür açılıyor. Birinci mühür; beyaz at, bu Deccal'dir. İkinci mühür; kızıl at, insanların birbirini öldürdüğünü ifade eder. Üçüncü mühür; siyah at, kıtlık ve enflasyon dönemi. Dördüncü mühür; soluk renkli at, savaş ve yırtıcı hayvanların pek çok insanı öldürdüğü zamandır. Beşinci mühür; sunağın altındaki canların dileği... Altıncı mühür; biraz önce de bahsettiğim gibi 144 bin Yahudi ve onların aracılığıyla Mesih'e iman edenlerin mühürlenmesi. Yedinci mühür; 7 borazanlı 7 meleğin yeryüzünde belirmesi ve 7 borazanın çalınması. Birinci borazanda, kanla karışık dolu ve ateş yağıyor, yeryüzünün üçte biri yanıyor. İkinci borazanda dağ gibi bir ateş denize atılıyor, denizdeki canlılar ve gemilerin üçte biri yok oluyor.

Üçüncü borazanda Pelin adlı yanan bir yıldız, ırmak ve su kaynaklarına düşüyor. Zehirli sular insanları öldürüyor. Dördüncü borazanda güneş, ay ve yıldızların üçte biri kayboluyor. Beşinci borazanda 5 ay boyunca çekirge biçiminde kötülük melek ve cinleri insanları ısırıyor, insanlar ölmüyor fakat çok acı çekiyorlar. Altıncı borazanda görünmeyen 200 milyon kötülük meleği insanların üçte birini öldürüyor. Bu muhtemelen atom bombaları olacak. Yedinci borazanda özellikle 144 bin Yahudi ve sonra bunların önderliğinde birçok insan Mesih'e dönerek tövbe edip kurtuluşa eriyor. Ancak bu kurtulanlar asla Mesih'in gelini ya da kilisesi olmayacaklar. Bir yerde ikinci kategori imanlı oluyorlar. Yine de bin yıllık Mesih döneminde Tanrı'nın ihsanına mazhar olacaklar. Bütün bunlara şahitlik edecek iki tanık gönderilecek ve onlar ikaz görevinde bulunacaklar. Babil merkezli din ve Deccal dünyaya hâkim olacak. Tabii bunlar onların inançlarına göre gerçekleşmesini umdukları olaylar.

۞ Deccal'in belirtileri neler ve bunların özellikleri neler? Özellikle siz barkod www ve 666 sayısıyla hem Deccal, hem de Evanjelizm arasında bir bağlantı kuruyorsunuz, bu nasıl bir bağlantı?

Bu bilgiler Evanjelist kaynaklardan geliyor. 666 zaten esinlenme kitabında mevcut. İnternetteki "www" uzantısının da Deccal'in sembolü olduğu iddiası var. Onlara göre insanların alnının mühürleneceği bir zaman var ki baktığınızda bugün gelinen noktada internet mutlaka enine boyuna araştırılması gereken bir hadisedir. Çünkü internet bir balon teorisidir. İnternetin artık, hayatın her alanına girdiğini biliyoruz.

۞ 666 sayısı Deccal kavramıyla birlikte karşımıza çıkıyor Esinlenme kitabında. Bu bölümü de Aziz John yazdı. Aziz John da birtakım kült bilgilere vakıf. 666 sayısı Yahudilere göre ise Fatih Sultan Mehmet, Hazreti Muhammed ve İslamiyet'i temsil ediyor. Yani Deccal, Fatih Sultan Mehmet, Hazreti Muhammed ya da İslam'dır diyorlar. Papalık da satanizmin, şeytanın simgesi olarak görülüyor. Ancak yine de Hazreti Muhammed ile de bağlantı kuruyorlar. Nasıl bir bağlantı bu?

Genellikle bu Yahudi ve Hıristiyan inancında var. Yahudi ve Hıristiyanlarda Gog, Magog; Kuran'da ise Yecüc ve Mecüc olarak geçer. Ama tarihe dönüp baktığımızda Hıristiyan dünyası da, Yahudi dünyası da her zor duruma düştüğünde bir Deccal türetiyor. Gog ve Magog türetiyorlar. Bu anlamda tarihi kaynaklarda sık sık Türkler bu Deccal mevkiine oturtulur çünkü Osmanlı, Avrupa'nın içlerine doğru ilerlemiştir. Bir ara Cengiz Han'ı Deccal yerine oturttular. Soğuk Savaş döneminde ise Evanjelistlere göre Deccal, Sovyetler Birliği'ydi. Ama bugün yeni revize edilen Evanjelist kaynaklarda Deccal olma ihtimali en yüksek ülke Türkiye.

🖐 **Bu yüzden mi Türkiye'yi hedef tahtasına oturtmuş durumdalar?**

Evet, çünkü Batı kendi birliğini korumak için sürekli bir "şeytana" atıfta bulunur. Tarihe dönüp baktığımızda bu şeytan bazen 1525'lere kadar İsa'nın katili dedikleri Yahudilerdi. Sonra komünist ve sosyalistler Deccal olarak nitelendi. Ama günümüzde özellikle İslam ve İslam toplumları içinde de Türkler, Türkiye Deccal olarak nitelendiriliyor. Oyunlarını bozduğu için, bunların hesabını bozduğu için...

🖐 **Teknolojik gelişmelerden de bahsettiniz. Deccal'in teknolojiyle de bağlantısını kurdunuz ve sıkça çiplerden bahsediyorsunuz. "Esas tehlike insan vücuduna yerleştirilecek nano çiplerle insanların Deccal ve şeytanın kölesi haline getirilecek olması" şeklinde bir ifadeniz var *Evanjelizm* kitabınızda. Bu nasıl mümkün?**

Bugün Tel Aviv Üniversitesi'nde, Pentagon'da Amerika Savunma Bakanlığı'nda bir çalışma yapılıyor. Sinek ve sivrisinek büyüklüğünde uzaktan kumanda edilen ve film çekebilen, ses kaydı yapabilen böcekler dolaşıyor havada. Daha geniş bir bilgi verelim okurlara. ABD'li Aerovironment Şirketi 2011'de

Birleşik Devletler Savunma Bakanlığı ile uzaktan kontrolle uçabilen, bazıları sinek ve sivrisinek büyüklüğündeki, uçarak keşif, arama, tarama yapıp bilgi toplama kabiliyetine sahip, mekanik bir kuş (humming bird) için kontrat yaptı.

Böcek büyüklüğündeki uçabilen bu insansız hava araçları (drones), film ve ses kaydı yapıyorlar ve polisler ve istihbarat uzmanları tarafından kullanılacaklar... Gazeteler, televizyonlar için de haber sağlayacak, bilgi aktaracaklar. Pentagon'un mali desteği ile Tel Aviv Üniversitesi'ndeki bilim insanları laboratuvarlarda iki kameranın çektiği görüntüleri kullanarak çekirgelerin uçtukları sırada kaslarını nasıl hareket ettirdiklerini gözlemlediler. Bu çalışmanın gayesi, böcekleri insansız hava aracı olarak kullanabilmek... Bunları komplo teorisi olarak gören çok sayıda insan var, akademisyen arkadaşlarımız var. Ancak fotoğrafları mevcut...

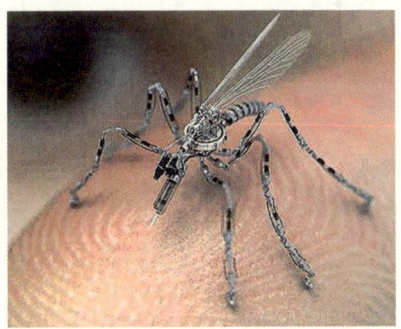

Sivrisineğe benzer drone

Pentagon bu konuları hiç saklamıyor, açık açık söylüyorlar. Bu noktada esas mesele; bu teknolojik araçlarla her türlü operasyonu yapmalarının mümkün olması. Yani bugün insansız hava taşıtları ile insanlık bir kaosun içine atılacak.

Sivrisinek büyüklüğündeki bombardıman yapabilen insansız hava taşıtlarıyla insanı serseme çevirebilecekler. Bunlar aynı zamanda psikolojik operasyonlar. Cayman Adalarına geçtiğimiz yıllarda bir İngiliz şirketi GDO'suyla oynanmış 3 milyon sivrisineği götürüp bıraktı. Zika denen ve Brezilya'da başlayıp tüm dünyaya yayılan hastalığı da unutmayalım. Sivrisinekten bulaşıyor.

🐦 **Aslında göçmenlerle ilgili strateji de buna benzer bir amaç taşıyor gibi geldi bana; onları göçe teşvik edip Avrupalı'yı Ortadoğu ile karıştırmak ve Kuzey ırkını düşürmek diye de bir tez var.**

Mümkün, o da mümkün. Örneğin kokaini açıktan pazarlayamadıkları için bir kokain versiyonu olan antidepresanları dünyaya satıyorlar. Mikroçiplere gelince; vatandaş şöyle düşünebilir, onu nasıl vücudumuza yerleştirecekler diye. Ancak yediğiniz gıdalarla, fabrikasyon ürünlerle, içtiğiniz içeceklerle bile alabilirsiniz. Çünkü bu konuda inanılmaz derecede nano teknolojik gelişme var. İsrail öncü bu konuda.

🐦 **Ülkemizdeki bütün tohumları değiştirdiler. Eski tohumu saklarsanız cezası var.**

Maalesef öyle. Yeri gelmişken bütün bu projeleri destekleyen dünya çapındaki vakıf, ilk defa duyacaksınız, Melinda and Bill Gates Vakfı. Bilerek veya bilmeyerek, bütün bu GDO'lu, hummalı, böcek operasyonlarını Bill Gates Vakfı finanse ediyor.

🐦 **Deccal'i araştırdığımızda karşımıza sahte peygamber de çıkıyor. Anlatılana göre, sahte peygamber Deccal'in heykeline nefes vererek onun konuşmasını sağlayacaktır.**

Gerçekte bunlar cinlerdir ve heykele tapmayanı da öldüreceklerdir. Sahte peygamber herkesin sağ elinin içine veya alnına bir mühür vurduracak diyorsunuz siz de *Evanjelizm* kitabınızda. Yani mührün çiplerle alakası mı var?

Evet. Bugün Amerika'da her doğan bebeğe fark edilmeyecek kadar küçük mikroçip takılıyor, yani bunu siz fark edemiyorsunuz. Ve bu mikroçiplere bakteri yüklemenin en kolay yollarından biri de aşılar. Bu aşı yöntemiyle insanlara mikroçip takıldığı konusunda çok ciddi iddialar var.

📖 Bütün bunların Evanjelistlerin istediği yeni dünya düzenini kurmak için yapıldığını söylemiştiniz. Peki Evanjelistlere göre Hazreti İsa'nın yeniden yeryüzüne gelmesinin tek şartı Mescid-i Aksa'nın yıkılması mı?

Evet maalesef. Daha önceden Amerikalı Evanjelistler yüz milyonlarca dolar toplayarak İsrail'deki bu fanatik örgütleri finanse ediyorlardı. Nitekim bu konuda yeterince bilgi var. Chicago Üniversitesi'nde bu konuda yayınlanmış araştırma ve makaleler de var. 2000 yılında George W. Bush Amerika'ya başkan olduğunda, Mescid-i Aksa'yı havaya uçurmak üzere olan bir grup ortaya çıkarıldı. Yani CIA ve MOSSAD müdahale etmeseydi Mescid-i Aksa'yı havaya uçuracaklardı.

Ancak Amerika buna müdahale etti. Çünkü Mescid-i Aksa'nın bir Siyonist veya bir Hıristiyan tarafından havaya uçurulması, Kubbet-üs Sahra'nın yine böyle bir operasyona maruz kalması, dünyadaki her şeyi bu küresel şebekenin kontrolü dışına çıkarabilirdi. Yani İslam dünyasından beklenmedik tepkiler gelebilir ve onların kontrolü dışında bir savaşlar silsilesini başlatabilirdi.

O dönemde George W. Bush bunu engelledi, ama artık bir şeyi öğrendiler: Hıristiyanlar ve Siyonistler Müslümanların içinden devşirecekleri eksantrik bir gruba Mescid-i Aksa'yı ve Kubbet-üs Sahra'yı yıktırmak en kolay ve en ucuz yol. Tarihe de baktığımızda Lawrence hadisesi, Meryem Cemile hadisesi ya da Afganistan'ın işgalinde Taliban hadisesi buna örnek. Benim iddiam şu: Mescid-i Aksa'yı ve Kubbet-üs Sahra'yı işte şimdi IŞİD gibi yoldan çıkmış bir grup var, böyle birilerine bombalatabilirler.

SİYASETİN ŞİFRELERİ

Siyasetin Şifreleri denince akla uluslararası politika geliyor. İç politika da bununla bağlantılı elbette, ama uluslararası ilişkilerde yürütülen siyaset, zincirleme etki yapıyor. Yüksek bir dağın tepesine çıkıp baktığımızda dünyanın durumu nasıl görünüyor?

Dünyanın bugünkü durumunu anlamak için önce tarihe ve olanlara göz atmamız gerekiyor. 1990'da Sovyetler Birliği'nin egemenliğindeki Varşova Paktı'nın dağılmasıyla birlikte, Amerika Birleşik Devletleri küresel bir imparatorluk olarak yeryüzünün her yerine müdahale etmeye başladı. 1990'lardan bugüne küresel hegemonya Birleşik Devletler'in kontrolü altında…

Ancak burada asıl üzerinde durulması gereken, küresel hegemonyanın nasıl sağlandığı ve ne sağladığı… Tarihe baktığımızda küresel hegemonyanın oluşumunda beş temel unsur olduğunu görüyoruz.

Birincisi; para ve kıymetli metaller hâkimiyeti. Yani para, altın, gümüş gibi kıymetli metallere hâkim olan güç. Bu birinci hususta yine Evanjelistlere dönüyoruz. Roma İmparatorluğu'nun milattan sonra 200 yılında içinde bulunduğu durum ile Amerika Birleşik Devletleri'nin 2000 yılında içinde bulunduğu durum birbirine benzetiliyor. Çünkü milattan sonra 200 yılında Roma İmparatorluğu Evanjelistlere göre "absolute power" yani mutlak güçtür; günümüzün mutlak gücü de Amerika Birleşik Devletleri'dir. Ama her iki ülkenin ortak özelliği kontrol ettikleri coğrafyanın dışında paralarının hüküm sürmesi... Roma İmparatorluğu'nun da altın sikkeleri, kendi kontrol ettiği coğrafyanın dışında geçiyordu. Ama Roma, milattan sonra 200'den başlayarak gerilemeye ve tedricen yıkılmaya başladı. Bugüne döndüğümüzde Evanjelistler aynı şekilde Amerikan dolarının 2000 yılından sonra gerilemeye başladığını söylüyorlar.

İkincisi; küresel hegemonyanın bilgi hâkimiyeti. Özellikle 2008 küresel finans krizine kadar Amerika Birleşik Devletleri'nin yıllık yayınlanan makale ve bilimsel eser sayısının, Çin, Japonya, Güney Kore'den ve Avrupa'dan açık ara üstün olduğunu görüyoruz. Ama 2008 krizinden sonra ABD'nin bilgi teknolojilerindeki üstünlüğünde ve yayınlanan bilimsel makale sayısında bir gerileme oldu. Çin, Japonya, Güney Kore'nin toplam yayınladıkları bilimsel makale sayısı Amerika'yı geçti; Avrupa Birliği'nin ise makale sayısını ikiye hatta üçe katladığını görüyoruz. Bu da Amerika'da bilimsel bir gerileme olduğunu gösteriyor.

Üçüncüsü; iletişim hâkimiyeti. Birinci Sanayi Devrimi, telgraf ve kömür; ikinci Sanayi Devrimi, telefon ve petrol; üçüncü Sanayi Devrimi ise internet ve bilgi ekonomisi, kıymetli metaller dediğimiz bir temel üzerine oturuyor ve genellikle bu sanayi devrimleri 40 yıllık bir süreçte oturuyor. Uzmanlara göre iletişimdeki değişim, 2000'li yıllarda hızla başladı ve günümüzde internet teknolojisi çok gelişmiş durumda. Hatta şöyle bir bilgi var; 4 temel teknolojik sıçramanın kitlelere mal olmasıyla ilgili çok ilginç bir dönem var. Matbaa ve baskı 400 yılda, yani 19. yüzyılda kitlelere mal oldu. Gutenberg'in 1454 yılında icat ettiği matbaa, ancak 400 senede kitlelere ulaşabildi. 1876'da Alexander Graham Bell'in bulduğu telefon ise 70 yılda kitlelere ulaştı. Yani matbaanın 400 yılda yayılmasına karşın telefon 70 yılda yayıldı. Öte taraftan 1925'te John Baird'in buluşu olan televizyon 25 yılda kitlelere ulaştı. Ancak internete baktığımızda 7 yılda kitlelere ulaştığını görürüz.

Özellikle "www"nun dünya çapında ağ şekline dönüşmesini esas alarak bakıldığında internet 7 yılda kitlelere ulaşmış ve 7 yılın sonunda 80 milyon insan internet kullanmaya başlamıştır. Günümüzde ise milyarlarca insan kullanıyor.

Dördüncüsü; enerji hâkimiyeti ve coğrafya. Baktığımızda Batı'nın ve Amerika'nın coğrafik konumları enerji hâkimiyetini kontrol edebilecek durumda değil. Enerji yollarının, enerji kaynaklarının Doğu Asya'da, Rusya'da ve Türk cumhuriyetlerinde olduğunu görüyoruz. Öte taraftan enerji hatlarının Batı'ya güvenli şekilde ulaşmasında Türkiye'nin hayati rolü var. O açıdan da Türkiye hedef durumunda.

Beşincisi; askeri güç. Askeri güçte henüz çok yüksek teknolojik ürünleri üretemesek de, özellikle savaş kabiliyetine ve ciddi bir çatışmayı göze alıp yeterli sayıda birliği bir bölgeden bir bölgeye indirebilecek kabiliyete sahip Türk ordusu.

Peki bahsettiğiniz bu beş unsur siyasete nasıl etki ediyor?

Siyasete baktığımızda ise bütün bu saydığımız 5 unsuru besleyen en önemli öğelerden birisinin toplumlar üzerinde oynanan algı yönetimi olduğunu görüyoruz. Toplumlar 1978'den bu tarafa uygulanan Washington Mutabakatı ile, Türkiye'nin de 24 Ocak 1980 kararlarıyla bu trenin son vagonuna bindirildiği bu projeyle kontrol ediliyor.

Bunu kısaca özetlersek; 1978'de Amerika Birleşik Devletleri'nde nüfusun en zengin yüzde 1'inin kontrol ettiği servet, milli gelirin yaklaşık yüzde 40'ı. Ama 2009 yılına gelindiğinde nüfusun yüzde 1'inin kontrol ettiği milli gelir yüzde 64'e çıkıyor. Bu 1978 Washington Mutabakatı'nın bir sonucu. Bunun dini ayağı da İbn Meymun'un Tevrat tefsirindeki Kudüs merkezli bir yeni dünya düzeni iddiası. Leo Strauss'un da bunu siyaset felsefesine dönüştürdüğünden bahsetmiştik. Milton Friedman'la eşi de önerdikleri para politikalarıyla dünya hâkimiyetinin kapılarını aralamıştı. Tüm bunların sonucunda 2015'e gelindiğinde dünyanın toplam milli geliri 82.5 trilyon dolar, ama dünyada 15 Ağustos 1971'den bu tarafa karşılıksız basılan, Amerikan doları 835 trilyon dolar, yine 2015 sonunda dünyada yapılan finansal işlemler, spekülasyonlar, manipülasyonlar 2.5 katrilyon dolar ve bunun yüzde 96'sı sanal…

Süper güç olarak Amerika'ya değiniyoruz ama Çin de süper güç olmak iddiasında. Amerika süper güç olmaya devam edecek mi, yoksa geleceğin süper gücü başka bir ülke mi olacak?

Çin çok ciddi bir şekilde mesafe almış veya aldırılmış durumda. Mao liderliğinde Çin Komünist Partisi'nin iktidarı

1960'lı yılların ortasında çatırdamaya başlamıştı. Çünkü ciddi şekilde görüş ayrılığı çıkmıştı. 1978'de Tiananmen Meydanı'nda binlerce Çinli üniversite öğrencisi sokağa döküldü ve tanklar bu çocukların pek çoğunu ezdi, öldürdü. Yeni araştırmalar gösteriyor ki aslında 1978 yılı çok önemli. O süreçteki gelişmelere bakarsak; ilk operasyonla 15 Ağustos 1971'de doların altın ve gümüşle bağı koparılıyor, ikinci operasyonla 1972-73'te petrolün varili 2.5 dolardan 10 dolara çıkarılıyor. 1978'de ise çok önemli dört temel olay var. İlki, 1978'de küresel sermaye Ruslara "haydi aslanım" diyerek Afganistan'a girmesini sağlıyor.

İki, 1978'de yıllardır sürgünde yaşayan İran'ın başındaki Şah devriliyor ki Amerika'nın bir numaralı müttefikiydi. Ama Amerika bu durumu seyretti. Humeyni'yi ülkenin başına getirdiler.

Ama o sırada zaten maraza hazır, Irak'ın Hürmüz Boğazı'ndaki küçücük adası Şah zamanında işgal edilmişti. Irak'a, yani Saddam'a, "haydi aslanım sen de bu adayı alıver, fırsat var İran karıştı" diyorlar. Çünkü o günlerde İranlı generallerin kravatlarından TUDE Komünist Partisi militanları çekerek sokaklarda sürüklüyordu. Ardından İran ile Irak'ı 10 yıl savaştırdılar, her iki ülkeye de İsrail, Amerika ve Batılı dostlarımız silah sattı.

Üç, 1978'de Washington Mutabakatı ile, kapitalizm üretim ve satış prosesinden kopartılıp para üzerine oturtulan neoliberalizm tezgâhlandı.

Dört ve en önemlisi; aslında darbeyi Çin'de yaptılar. 1967'de Mao'nun muhalif görüşlerinden dolayı içeri attığı Deng Şaoping, 1978'de Çin içinde çok ciddi taraftar bulan bir muhalife dönüştü. Mao ölünce de 11'nci Komünist Parti kurultayında Deng Şaoping genel sekreter oldu. İlginç bir şekilde Deng Şaoping'e karşı olan dörtlü çete, Mao'nun karısı da dahil tutuklandı. Genel sekreter seçildikten bir hafta sonra Deng Şaoping, Amerika New York'a giderek orada küresel para oligarklarıyla toplantı üstüne toplantı yaptı.

Deng Şaoping bugünkü Çin'in doğmasına yol açan isim midir? Bu bağlamda Çin de küresel sermayenin bir operasyonuyla bugünlere geldi diyebilir miyiz?

Kesinlikle... Deng Şaoping para oligarklarıyla ABD ziyaretinden döndüğünde, 27 bin Çinli öğrenciyi Amerika'ya İngilizce öğrenmesi, mastır ve doktora yapması için gönderdi. Olay şu: Deng Şaoping akıllı bir adam ve nüfusu bugün 1 milyar 400 milyon olan Çin'i ayakta tutmanın yegâne yolunun Çinliye aş ve iş vermek olduğunu görüyor.

Normalde Batılı ülkeler, Amerika, Avrupa ülkeleri ve biz ihracat yapacağımızda bir mamulün bütün malzemelerini, hammaddesini hesaplarız, üstüne direkt işçiliği koyarız, indirekt işçiliği koymayız. Ardından herhangi bir fiyatla ihraç edebilirsiniz. Ama Deng Şaoping öyle yapmadı. Çinliye iş ve aş için bizim ihracat yapmamız lazım dedi. Peki ihracatı kime yapacaktı? Şöyle bir durum var; Amerika Birleşik Devletleri'nde işçilik maliyetleri çok yüksek.

2016 yılında bile kaçak göçmenler McDonalds gibi bir firmada saati 6.5 dolara çalışırken, Amerikan vatandaşı 18 dolara çalışır. İşte bu yüzden Deng Şaoping hammadde maliyeti üzerinden ihracat yapmaya başladı. 2016 yılında Çin'de haftada 70 saat çalışan ve buna karşılık 45 dolar kazanan milyonlarca Çinli var. İşte bu noktada esas devrim Çin'de olmuştur.

1971'de dolarla bağı kopardığı için Amerika'nın elinde altın stokları duruyor. Karşılıksız doları basıyor ve Çin'e veriyor. Şimdi Türkiye'den bir mal ihraç ederseniz, paranızı istediğiniz bankaya getirtebilirsiniz, Türk bankasına veya yabancı sermayeli bir bankaya. Ve paranızı ister dolar, isterseniz TL olarak alırsınız. Ama Çin'de öyle yağma yoktur.

Çin Halk Bankası'na yaptığınız ihracatın karşılığı dolar olarak gelir. Buradan eğer şirketinizin yurtdışına ödemesi gereken ithalat ödemeleri varsa o bloke edilir ve gerisini size Yuan olarak verirler. İşte Çin Halk Bankası'nın elinde trilyonlarca karşılıksız Amerikan Doları birikmiş vaziyette. Normalde bu paranın Yuan'a çevrilmesi ya da alışverişlerde kullanılması lazım, ama kullanılmıyor.

Çin neden dolar biriktiriyor?

Çünkü Çin'in Amerika'yı finanse etmesi gerekiyor. Amerika'nın bastığı hazine kâğıdını Çin Halk Bankası alıyor, elinde biriken bu parayla da faiz kazanması lazım. Bu parayı, yani elinde o kâğıdı tutuyor. Böylelikle Amerika'yı finanse ediyor.

Peki nasıl finanse ediyor? 1 milyar 400 milyon Çinlinin milli geliri kişi başı 2000 dolar. 325 milyonluk Amerika'nın kişi başı milli geliri 34 bin dolar. Bir düşünür iki ülkeyi ekonomik olarak birleştirip bu oluşuma "Çin Amerika" diyor. Yani Doğu Pasifik ile Batı Pasifik'i, Çin ile Amerika'yı birleştiriyor ama bunun Doğusu kişi başına 2000 dolar kazanıyor, Batısı kişi başına 34 bin dolar kazanıyor. 2000 dolar kazanan, 34 bin dolar kazananı finanse ediyor. Amerika gidip herhangi bir karşılık göstermeden istediği krediyi alabiliyor, Çinli avucunu yalıyor.

Çin, Amerika'yı finanse ettiğinin farkında değil mi?

Farkında ama Çin'i dışarıdan yıkamazsınız. Çin'i ancak içe-
riden yıkabilirsiniz. İçeriden yıkmanın yolu da Çinlinin işsiz
ve aç kalmasıdır. Çin bu şekilde, işsiz kalmıyor, aç kalmıyor.
Çinli aç kalmamak için susuyor, 1 milyar 400 milyon Çinli var.
Bunun içinde 400 milyonu daha iyi şartlarda yaşıyordur ancak.
Ayrıca Çin'de 103 adet çok büyük etnik grup var. Mesela 70-
80 bin civarında da Uygur Türkü var. Bunun dışında başka
Müslüman unsurlar da var.

Peki İsrail bu denklemde nerede?

Çin'e yatırım yapanlar, küresel sermayeyi kontrol eden fi-
nans oligarklarıdır. Bunların tamamına yakınının da Musevi
kökenli olduğunu ve MOSSAD ile İsrail'in dediğinin dışına çı-
kamayacaklarını söylemek kehanet değildir.

**İsrail'in bölgesel güç olmanın ötesine geçme ihtimali
var mı?**

Yok. Buna coğrafyası izin vermez bir, nüfusu izin vermez
iki. Üç, kültürü izin vermez. Çünkü biz Türkler neden kolay
imparatorluk kuruyoruz, biz Türkler içimize alırız, kültürünü
hoş görürüz, bir müddet sonra da Türk kültürü içinde asimile
olur. Eğer sen bir Yahudi'ysen Müslüman olmak istersen ola-
bilirsin ancak Yahudi dinine geçeceğim dersen dur bakalım
derler. Dinin anneden gelmesi gerekiyor. Dini muhafazakârlık
da var. İslam'ı terörist olmakla, saldırgan olmakla suçlarlar
ama Tevrat'ta akla ziyan bölümler vardır.

**Kuzey Kore de kendisinden hayli söz ettiriyor? Süper
güç olma iddiasında ama, orada "ama" çok...**

Kuzey Kore için basında da dillendirilen bu tür yorumların
nedeni nükleer güç sahibi olması. Ama bunu başarabilmek

için, para gücünüzün dünya parası olması gerekiyor. Mesela 1944'e kadar İngiliz imparatorluğunun parası Sterlin dünya parasıydı. Bu para onu hegemonik güç yapıyordu. Ayrıca iyi bir deniz gücü vardı. Bugün baktığımızda Kuzey Kore'nin böyle bir gücü yok. Yani böyle bir para gücü yok, sadece bir nükleer gücü var ama ekonomik gücü yok. Sadece nükleer güç sahibi olmakla onun bir askeri güç olduğundan söz edemeyiz.

Türkiye bölgesel güç ve süper güç olabilir mi peki?

Süper güç olmak için dünya nüfusunun aşağı yukarı yüzde 5'ini kontrol etmelisiniz. Dünyanın nüfusu 7.3 milyar ve yaklaşık 300 milyonun üzerinde bir nüfusu kontrol etmeniz gerekiyor. Bu anlamda Türkiye'ye baktığımızda, Türk dünyası ile birlikte düşünürsek yaklaşık 400 milyon civarında bir Türk nüfus var ülkemizin çevresinde. Biz bunu Sovyetler dağılıncaya kadar görememiştik ama Atatürk bunu daha 1929'larda görmüş.

Türkiye'nin bir, imparatorluk geleneği; iki, güçlü bir ordu yapısı; üç, güçlü bir millet yapısı; dört, iyi bir coğrafyası var. Amerikalı bir strateji uzmanının söylediği bir şey var; "Anadolu ve hinterlandına, Ortadoğu'ya hâkim değilseniz dünya hâkimiyeti kuramazsınız" diyor. Bu anlamda Almanlar da imparatorluk kuramaz. Coğrafyaları müsait değil.

Ayrıca Almanlar da Yahudiler gibi kendi içine diğer kültürleri kolay alan bir millet değil. Onun için Türkiye'nin böyle bir şansı var. Ama bunun için bilgiye yönelmesi lazım, teknolojiye yönelmesi lazım. Kuran'daki İslam'a dönmesi, İslam'ı yeniden yorumlaması gerekir. Bu, eş'ari ve selefi Arap anlayışına gidersek zor.

47

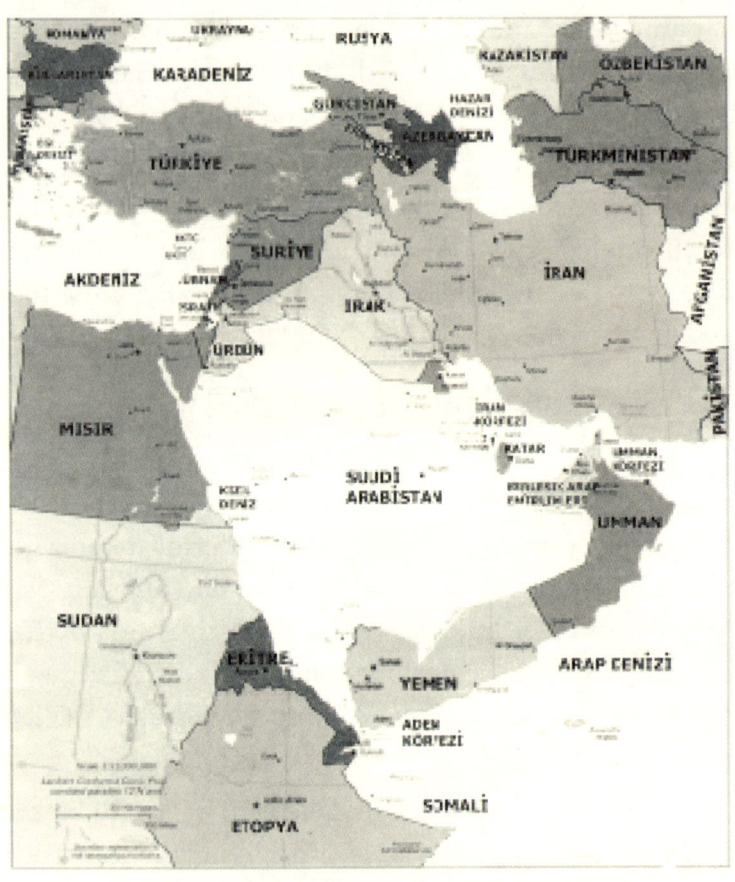

Türkiye'nin Ortadoğu'ya hâkimiyeti açısından
jeopolitik konumunu gösteren harita

Tarihi birikimimiz var ama tarihi kırılmalarımız da var...

Tarihimizde önemli iki kırılma var. Özellikle Türk-İslam inanışındaki iki kırılma... İlki Yavuz'un Mısır'ı fethetmesiyle oradan getirttiğimiz selefi ve eş'ari Arap ve Yahudilikten dönme ulema. Bu ulemadan sonra değişimi görüyoruz, oysa cebiri bulan bir milletin çocuğuyuz. 1529'daki Osmanlı kayıtları bundan söz eder, ama ne var ki Türk medreselerinde daha sonra şu tartışılıyor; matematik okumak caiz midir, değil midir, firavunlar cennete gider mi gitmez mi? Böyle eksantrik tartışmalar başlıyor. Tasavvufi anlamda da Hoca Ahmet Yesevi çizgisi ile bugünkü İslam dünyası ve maalesef Türkiye'de de ciddi şekilde hâkim olan Muhyiddin İbn Arabi çizgisi arasında dağlar kadar fark vardır. Muhyiddin İbn Arabi'nin "bana bu kitabı Hazreti Peygamber yazdırdı" ifadesini söylediğimde bir ilahiyatçı inkâr etti ama bana pek çok kaynaktan teyit eden bilgi geldi. Hoca Ahmet Yesevi çizgisindeki kırılma, bizde de İslam'ı o Hanefi çizgideki akılcılığı nakilciliğe yönlendirdi. Bu yüzden açık ifade etmek gerekirse, elbette Müslüman olmaktan, Türk olmaktan gurur duyuyoruz ama 15. yüzyıldan bugüne 500 yıldır İslam âleminin ortaya koyabildiği doğru dürüst bir ilmi çalışma yok.

G-7, Batılı ekonomilerin kulübü sayılır. Bunlar; Kanada, Fransa, Almanya, İtalya, Japonya, İngiltere ve Amerika. Rusya'yı da aralarına almış gibi yaptılar ama şimdi üyeliği askıda. Ne düşünüyorsunuz bu G-7 ülkeleri hakkında?

Dünya siyasetini özellikle İkinci Dünya Savaşı'ndan bugüne sözde uluslararası kurumlar yönlendiriyor. Nedir bunlar? Birleşmiş Milletler... Dünyada 199 devlet var ama 5 tanesinin veto hakkına sahip olduğu bir düzen var karşımızda. Öte taraftan özellikle İkinci Dünya Savaşı'ndan sonra tezgâhlanan Dünya Bankası, IMF ve Dünya Ticaret Örgütü (World Trade Organization) gibi kurumların üçü de küresel sermayenin tetikçileridir. Küresel sermayenin kontrol ettiği bu kurumlar bütün dünyayı da kontrol ediyor. Mesela Dünya Ticaret Örgütü'nün ortaya koyduğu ticaret politikaları tamamen G-7'nin politikalarıdır ve insanlara, ülkelere dayatıyorlar. Bununla ilgili gerçek hadiselerden yola çıkan *Seattle'da İsyan* filmi izlenebilir. 1999 yılındaydı, Seattle'da hadiseler patlak verdi ve filme konu olan olaylar yaşandı; o dönemde ben de oradaydım, üç gün sokağa çıkamadım. İşte Dünya Ticaret Örgütü insanlara G-7'nin politikalarını dayatıyor. Arkalarında işte bu bahsettiğimiz küresel para oligarşisi var. Burada bir başka şeye değinelim. Dünyada 199 devlet var ve bunun 57'si Müslüman. Ama dünyanın en fakir, alttaki 35 ülkesi de Müslüman. Yani İslam dünyası ekonomik anlamda da perişan durumda. Bu anlamda İslam dünyasının içinde, bütün sıkıntılarına rağmen en iyi olan biziz.

🖋 **İkinci Dünya Savaşı sonrası siyasetinin rüzgârıyla paraya yön vermekle görevli kurumlar var; Dünya Bankası, Uluslararası Para Fonu IMF, Ekonomik İşbirliği ve Kalkınma Örgütü OECD. Biz daha çok IMF ve Dünya Bankası'nın ismini duyuyoruz, diğer kurumların sesi neden çıkmıyor dersiniz?**

1944'e kadar dünya medeniyetinin parasının İngiliz Sterlini olduğunu belirtmiştim. 1944'te Amerika'nın Bretton Woods kasabasında toplanan 29 ülkeyle birlikte-sonra bu 44'e çıktı-dünya medeniyetinin parası Amerikan doları oldu. Amerikan doları da yüzde 40 oranında Amerikan Merkez Bankası'ndaki altın ve gümüşe bağlıydı. Ancak burada bir parantez açalım. Amerika'da ve bütün bu dünyadaki hadiselerin temel taşı, temel kurumu FED'dir. Yani Amerikan Merkez Bankası'dır. Amerikan Merkez Bankası, Musevi bir ailenin kontrol ettiği özel bir şirkettir, tıpkı İngiliz Merkez Bankası gibi. Amerikan Merkez Bankası FED kurulma sürecindeyken 4 ABD başkanı karşı çıktığı için dördüne de suikast düzenlenmiştir, üçü hayatını kaybetmiştir. Abraham Lincoln de öldürülenler arasındadır. Yine para meselesi yüzünden Başkan Kennedy de öldürülmüştür. Ardından 4 milyar 300 milyonluk faizsiz dolar basılmıştır. Çünkü bugünkü mevcut banknot sisteminde para sürekli faiz ve borç doğuran bir şekilde dizayn ediliyor. Başkan Kennedy suikastı için de iddialar o ki, İsrail istihbaratının içinde yer aldığı bir şebeke tarafından öldürülmüştür. Para meselesinde FED'i anlamadan, FED'in arkasındaki bankerlik gücünü anlamadan dünya ekonomisini, dünya siyasetini anlamak mümkün değildir.

FED dünya siyasetine nasıl yön veriyor?

Para operasyonlarıyla yön veriyorlar. Nitekim, yeri gelmişken de bahsedeyim, geçen yıl Charlie Hebdo adlı bir eksantrik dergi, sözde "Müslüman teröristler" tarafından basıldı ve 12 kişi katledildi. Bütün dünya liderleri Paris'te toplandı. Elbette Charlie Hebdo'daki insanlara yapılanı onaylamak mümkün değil, bu ne İslam'dır ne Müslümanlığa uyar. Ama orada kaş ile göz arasında bir operasyon yapıldı. İsviçre Merkez Bankası tam o sırada Frank'ı yüzde 40 revalüe etti, yani devalüasyonun tersi, değerini artırdı. Bu euro bölgesini yüzde 30 vurdu. Charlie Hebdo hikâyesinde 12 kişi öldü, hafızalarımıza kazındı, ama aynı zamanda yaşanan bu bankacılık operasyonunda 2 milyon insan battı, hatırlıyor musunuz? Hayır. Çoğumuz hatırlamıyor, diğer kalanlar da unutacak ama hepimiz Charlie Hebdo'yu hatırlayacağız. Tırnak içinde bir Müslüman terörist, anlatacağız, hatırlayacağız.

Özetle FED dünya parasını da, siyasetini de kontrol ediyor. Para ve siyasetin tarihine de baktığımızda, parayı Lidyalıların bulduğunu görürüz. Tarihçi Homeros'a göre o dönemde kadınların evlenebilmek için, yani istedikleri insanla evlenebilme-

İlk para örneklerinden biri. Paranın üzerinde Lidya krallığının arması aslan başı bulunmaktadır.

leri için sikke biriktirmeleri gerekiyordu. Bu noktada belki paranın ilk defa kadına, yani ahlaki anlamda Lidyalı kadınlara vurduğunu görüyoruz. Arkasından parayı Tapınak Şövalyeleri sistematize ederek bankacılıkla istediği şekilde kullandı. Ardından Rothschild ailesi 1813-1815 Waterloo Savaşı'nda paranın siyasete yön vermede en büyük enstrüman olduğunu gördü. Ve o tarihten bu tarihe -Birinci Dünya Savaşı, İkinci Dünya Savaşı, Soğuk Savaş dönemi de dahil- dünyada belli ailelerin yani FED'in ortağı olan ailelerin dünya parasını; dünya parasının da dünya siyasetini kontrol ettiğini görüyoruz. Bu da küresel düzenin en mühim şifresidir.

Yeni dünya düzeni derken ne anlamamız gerekiyor, nasıl bir düzen bu?

Yeni dünya düzeni lafı seküler bir tanımlamadır. Buna neoliberalizm de, postmodernizm de diyebiliriz. Ama yeni dünya düzeni; Kabala, Tevrat, İncil; yani Yahudi, Hıristiyan inancından, kültüründen neşet etmiş bir Tanrı imparatorluğu projesidir. Seküleristtir, ama dini adı da budur: Tanrı İmparatorluğu.

Yeni dünya düzeninin temeli, İbn Meymun'a, Leo Strauss'a ve Milton Freidman'a, yani din, siyaset, para üçgenine dayanır. Merkezi Kudüs'tür ve kendilerini de Tanrı'nın seçilmiş kulları olarak görürler. İsrail'de 2012'de yapılan bir araştırma var. İsraillilere "inancınız var mı, dindar mısınız" diye soruyorlar ve toplumun sadece yüzde 44'üne yakını inançlı ve dindar olduğundan bahsediyor. Ama Tanrı'nın seçilmiş kulları olduklarına dair inanç, toplumun yüzde 64'üne hâkim vaziyette. İşte yeni dünya düzeni, aslında Tanrı'nın seçilmiş kullarının liderliğinde, yani Kudüs merkezli bir İsrailoğulları liderliğinde ve İsrailoğullarına biat etmiş olanların yöneteceği daha açıkçası bir şirket sosyalizmidir.

Örneğin Çin'de Deng Şaoping'in politikalarından sonra Çin'in ve Komünist Partisi'nin önde gelenleri dışarıdan gelen şirketlerin hepsinin ortağı oldu. Sosyalizmde de para, sermaye, sözde devletin ama Komünist Partisi'nin önderlerinin ya da seçkinlerin kontrolü altında yine. Öte taraftan kapitalizmde ve neoliberalizmde de para bir avuç sermayedarın, şirketin elinde. Bir misal verelim. İsviçre'de Einstein'ı da yetiştiren İsviçre Yüksek Teknoloji Enstitüsü'nün, 2011 yılında bir dergide yayınlanan çalışması var. Bu çalışmaya göre dünyada yaklaşık 37 milyon şirket var, ama dünya 43 bin şirketin elinde. İsviçre'deki bu yüksek teknoloji üniversitesinin matematik, fizik ve ekonomi alanındaki üç akademisyeni yaptıkları araştırmada dünya ekonomisinin yüzde 40'ının 43 bin şirketin elinde olduğunu görüyorlar. Ayrıca bu hocalar, dünya ekonomisinin yüzde 40'ına sahip olan bu 43 bin şirketin kimlere ait olduğunu da araştırıyorlar. Baktıklarında aslında 1318 şirket, bu 43 bin şirketin gerçek sahibi. Hocalar bu şirketlerin sahiplerinin de 147 adet banka ve finans şirketi olduğunu buluyor. Daha da ilginç olanı, bunların hepsi de 13 aileye ait.

✍ Merkezi Kudüs olacak bu düzende İsrailoğullarının zirveye taşınacağından bahsettiniz. O zaman hemen aklımıza belirli bir coğrafya geliyor: Ortadoğu. Bu düzen Ortadoğu'dan başlayacak diye biliyoruz. Peki Büyük Ortadoğu Projesi (BOP) bu düzenin bir parçası mı?

Kesinlikle. Yeni dünya düzeninin ilk uygulaması olarak 22 İslam ülkesinin -buna Türkiye de dahil- sınırlarını değiştireceklerini söylediler. Arap Baharı ve algı yönetimleriyle, Google, Facebook gibi internet siteleriyle Arap toplumunun nasıl perişan edildiğini hep beraber izledik, görüyoruz. İşte bu anlamda Büyük Ortadoğu Projesi, Büyük İsrail Projesi demektir.

Büyük İsrail için de, İsrail'in dişine dokunacak bir rakibin olmaması gerekiyor. Bu yüzden o bölgede daha yeni ve küçük devletler kurulması planlanıyor. Çok yakın zamanda dünyanın önde gelen bir gazetesinde bir harita yayınlandı. Körfez bölgesinde bile devlet sayısı bir düzineden üç düzineye çıkarılmıştı o haritada. Yani Suudi Arabistan'ı bile bölük pörçük etmişler. Zaten Suudi Arabistan'ı da bölecekler. Batı'nın kendi yaşadığı Protestan-Katolik mezhep çatışmasını İslam dünyasına 1978'de İran-Irak savaşıyla taşıdılar. Bunu maalesef Müslümanlar çok görmek istemiyor. Ama günümüzde de Suudi Arabistan ve İran'ın taraf olduğu Yemen'deki hadiseleri, Batı bir mezhep çatışması olarak algılıyor ve sunuyor.

Büyük Ortadoğu Projesi'nin yani Büyük İsrail Projesi'nin dizayn edildiği Kudüs'ten bir görünüm...

🌀 Peki BOP hangi aşamada, ne yapıldı bu proje kapsamında ve daha neler yapılacak? Çünkü yapılması gereken bir kriterler listesi vardı, bunlar gerçekleşti, bir de bunlar gerçekleşecek denilmekte... O listede gerçekleşmesi beklenenleri bilirsek, başımıza gelecekleri de tahayyül edebiliriz, bu da bir kehanet olmaz diye düşünüyorum.

İlk başta size şöyle bir şey ifade etmiştim. Vatikan'ın bir düsturu vardır, "eski fikirleri yeni metotlarla, yeni metotları eski fikirlerle uygula" diye. Olayları başından düşünürsek; 11 Eylül 2001 İkiz Kulelere yapılan saldırılar, ki bu saldırıları bir düzine baldırı çıplak Arap Müslüman'ın yaptığına Amerikalılar da inanmıyor artık. Nitekim Amerika'da yapılan bir araştırmada, Amerikan halkının yüzde 86'sı buna inanmıyor. Ama bilin ki 11 Eylül 2001 İkiz Kulelere ve Pentagon'a yapılan saldırılar Dördüncü Dünya Savaşı'nı başlatmıştır. Hatta bunu biraz daha geriye götürebilirsiniz. 1991'de Kuveyt'in işgaline, yani Amerika'nın Kuveyt'e, Saddam'a müdahalesine kadar götürebilirsiniz. Ama biz 11 Eylül 2001'i milat olarak alıyoruz. Ben bunu şöyle tanımlıyorum: "zayıf ihtimaller üzerinden küresel şoklar."

İşte 11 Eylül'le başlayan hadise, Arap Baharıyla bir başka şekle büründü. Arap Baharından sonra IŞİD ile başka renge büründü. Suriye meselesi yüzünden bugün Akdeniz'de, 53 ülkenin gemileri dolaşıyor. Yunanistan'ın kontrolündeki Ege adalarında bize yönelik İsrail füzeleri konuşlandırılmış vaziyette. Öyleyse Büyük Ortadoğu Projesi'nin ana yemeği, ana menüsü biziz. Çünkü bize diz çöktüremezlerse Büyük Ortadoğu'yu kurmaları mümkün değil. Onun için bize terörizm, asimetrik savaş, algı yönetimi, para operasyonlarıyla var güçleriyle yükleniyorlar.

BOP'ta sınırlar tekrar mı çizilecek? Böylece yeni dünya coğrafyası mı oluşacak?

Evet sınırlar tekrar çizilecek. Önümüzdeki 30 yılda dünyada 2 bin devlet olacağını iddia ediyorlar. Bugün 199 ülke var. Bu da yeni dünya coğrafyası anlamına gelir.

Tabii bu süreç, tüm bu sınırlar onların isteği, yani onların planları. Bunların gerçekleşmesini engelleyecek olan büyük bir güç var karşılarında. Tarihimize dönüp baktığımızda, İstiklal Harbi'ni görüyoruz.

Ordusu dağıtılmış, paramparça edilmiş, sadece 600 yıl kul olarak tanımlanmış, Enderun'da yetişmiş dönme ve devşirme klanın idaresinde aşar vergisiyle ve diğer vergilerle inim inim inletilmiş bir Müslüman Türk milleti vardı. Ve onun başına, Mustafa Kemal, Fevzi Çakmak, Karabekir, İnönüler geçti; İstiklal Harbi yapıldı. Bu İstiklal Harbi de hiç tahmin etmeyecekleri şekilde Türk milletinin galibiyetiyle sonuçlandı.

Yani bir noktada da bu oyunu zamanında bozdular.

Bozdular. Türk milleti yine bozuyor, çünkü tarih bizim için laboratuvardır. Bir de inandığımız dine ve yüce Kuran'a bakıyoruz ki -Allah kelamı olduğuna inandığımıza göre, Enfal suresinin 30. ayetinde şöyle diyor:

"Hani bir vakitler o kâfirler seni tutup bağlamak veya öldürmek veya sürüp çıkarmak için sana tuzak kuruyorlardı. Onlar tuzak kurarken Allah da onlara karşı tuzak kurdu. Öyle ya, Allah tuzakların en hayırlısını kurar. Allah plan yapıcıların en hayırlısıdır."

Ama burada biz Müslümanlara düşen bir şey var. Biz Müslümanlar iğneyi kendimize batıracağız, çuvaldızı başkasına. Müslümanlar olarak ahlaki değerlerde artık kötü durumdayız, kastettiğim kadın erkek ilişkisi değil. Bu herkesin kendi özel hayatıdır. Ahlak ile kastettiğim, Müslüman yalan söylüyor, Müslüman okumuyor. Seküler olduğunu iddia edenlerle, "dindar" olduğunu iddia edenlerin hepsinin gözünden dolar fışkırıyor. Biraz dolar istifleyen de kaç tane hatun tedarik ederim diyor böyle bir ego manyak yapı içindeyiz. Yani bir kere Müslümanların kendine çeki düzen vermesi lazım.

Bu ülkede 50 yıldır insanımızın başörtüsünü tartıştırdılar. Halbuki başörtüsü bir takva meselesidir. Ne örten hemen cennete gider, ne açan cehenneme gider. Bu takva meselesidir.

Öte taraftan zekât ise fakirin, fukaranın kollanılması gereken, mutlaka yapılması gereken bir farzdır ve ibadet olmasına rağmen çoğu kimse görmezden geldi bunu, görmek de istemedi zaten. Yeter ki ucuz tartışma olsun, örtülü mü, açık mı; yani İslam'ı kadınlarımızın başının örtüsüne, eteklerinin boyuna indirdik.

Ama bu bilerek Osmanlı'nın son dönemlerinden itibaren aramıza sokulmuş, sokuşturulmuş bir nifak. Ve bu nifak buraya kadar getirildi.

Halbuki Dünya Bankası'nın son raporlarından biri 80 milyona yakın nüfusumuzun yüzde 27'sinin açlık sınırında olduğunu gösteriyor. Bunları da görmezden geldik. Zekât meselesini de görmezden geldik. Kadınlarımızın üzerinden etek boyuyla, başörtüsüyle tartıştık, birbirimizin boğazını sıktık. Gelinen yer de burası.

Büyük Ortadoğu Projesi'ni bozmak ve yeni dünya düzeni sınırlarını kendi lehimize çevirmek istiyorsak önce kendimize çeki düzen vermeliyiz.

ABD'nin 16. başkanı Abraham Lincoln'ün sizin *Evanjelizm* kitabınızda da geçen bir konuşması var: "Paranın sahibi olan güçler, barış zamanında milleti sıkıntıya sokmak için harekete geçmekte ve sıkıntılı zamanlarda ise onun hakkında komplolar kurmaktadır. İki büyük düşmanım var; biri Güney ordusu, diğeri bankerler. Ülkelerde paranın hâkimi olan güçler, insanların önyargılarını kullanarak kendi yönetim alanlarını genişletmeye çalışmaktadır. Ta ki bütün varlık birkaç kişinin eline geçip de Cumhuriyet yok edilinceye kadar." 1860'larda Amerikan başkanının söylediği bu söz bugünü mü işaret ediyor ve bu olanlara referans sayılabilir mi?

Evet, bugünü işaret ediyor ve referans sayılabilir. Çünkü toprağı bol olsun Abraham Lincoln'ü Musevi bankerler öldürttü, yani Merkez Bankası kuruluşuna karşı çıktığı için Abraham Lincoln'ü öldürttüler. Bu anlamda Amerikan tarihinin takdire şayan bir başkanıdır. Abraham Lincoln ile John Kennedy saygı duyulacak insanlardı. Öte taraftan Batı'da da çok değerli insanlar var tabii, yani toptancılık yapmamak lazım. Batı'da yakın zamanda yaşamını yitiren Umberto Eco da muhteşem bir düşünürdü.

Lincoln'ün sözlerine dönersek, kast ettiği olay şu; bugün dünyadaki bütün belaların başı FED'dir. FED, yani Amerikan Merkez Bankası. Şu anda Amerika'da Amero diye bir para gündemde. 2005 yılında Başkan Bush bu kararnameyi imzaladı. Ama FED'in yapısı değiştirilmediği sürece küresel para oligarşisi Amerika'yı esir almaya devam edecektir. Bugün 325 milyonluk Amerika nüfusunun 49 milyonu aşevlerinden yemek yiyor. Evet, ülkede böyle bir facia var ve Amerika'nın 30 milyonu okuma yazma bilmiyor. Örneğin filmlerde incecik kızlar, yakışıklı delikanlılar başrollerde. Ama öyle bir Amerika yok.

Nitekim 2001-2002'de Amerikalı bir profesör arkadaşıma, "Filmlerde incecik kızlar, yakışıklı delikanlılar boy gösteriyor. Ama ben sokağa çıktığımda -ki Amerika'nın en güzel yerinde California'da yaşıyoruz- misal Long Beach'e gidiyorum ve denizin kenarında filmlerde oynayanların tam tersi ölçülerde kızları görüyorum. Bana şu filmlerde işlediğiniz o Amerikan rüyasının olduğu kızları ve delikanlıları gösterir misin?" dedim. "Görmek mi istiyorsun Kurt?" dedi ve beni bir yere götürdü. Bir cumartesi günü bir özel kulüpten içeri girdik. İnanın filmlerdeki gibi Anglo-Sakson Amerikalı kızlar ve erkekler oradaydı.

🖎 **Herkesin alınmadığı "Özel Kulüp" kavramı... Finansal sistemde ve dünya siyasetinde de var değil mi bu anlayış?**

Kulübe başkalarını almıyorlar zaten. Tavsiye üzerine kulübe üye oluyorsun, orada müthiş bir ayrımcılık da var. Yani Anglo-Saksonlar ve Yahudilerin bir kısmı var. Bu küresel çete, Amerika'yı da, İsrail'i de ele geçirmiş vaziyette. Bugün İsrail'in nüfusunun yaklaşık yüzde 28'i İsrail devletine karşıdır, yani bu devletin yıkılmasını ister. Orada Yahudiliği kullanan, Hıristiyanlığı kullanan, gerçekte dinle alakaları olmayan insanlar var. Bu adamlar kendi egolarını tatmin için bir dünya imparatorluğu kurmak istiyorlar. Kökenlerinin ta Mısır firavunlarına gittiği söyleniyor. Belli bir soy bunlar. Birbirlerinden kız alıyorlar, matruşka bebek gibiler. İki şeyi çok iyi kullanıyorlar. Bir, organize yapıları iç içe geçmiş matruşka bebekler gibi çektikçe geliyor; o şekilde organize olmuşlar. İki, vakıflar. Mesela bizde de çok konuşulan bir hadise vardır. Övünürüz de, ben de bilmezken övünüyordum; Osmanlı'da şu kadar vakıf var, bu kadar, kuşlara bile vakıf kurmuşuz. Arkasını hiç araştırmamışız; vakıf çok, çünkü Yeniçeri ve devşirme ekabir bürokrat ve siyasa ölünceye kadar malı kullanıyor, öldükten sonra devlete geçiyor. Bunun yolunu da devşirme sistem Enderun ile vakıf kurarak bulmuşlar. Çünkü vakfın malına devlet el koyamıyor.

Tarih aynı zamanda birikimdir ve siyasetin şifreleri de tarihte gizli...

Kesinlikle... Elbette Osmanlı bizim atamız, ama Cumhuriyet ve Anadolu Selçuklu ayrı ayrı devletler değil. Anadolu Selçuklu, Osmanlı, Cumhuriyet bir tek devlet. Rejim değişikliği, hanedan değişikliği olsa da burada bir şeyin altını özellikle çizmek istiyorum. Söğüt'ten İstanbul'un fethine kadar giden bir Osmanlı var. Yavuz'dan başlayıp Abdülhamit'e kadar gelen bir Osmanlı var. Abdülhamit'ten Cumhuriyete -ki Cumhuriyetin kuruluşunu ben Abdülhamit ile başlatırım- bir Osmanlı var. Ama Osmanlı'dan Cumhuriyete devreden üç tane yerli kimliği olan zengin sayabilirler mi? Sayamazlar, çünkü ben politik ekonomi doktora çalışması yaparken Amerika'da ulaştığım bir kaynakta, Mohaç Meydan Savaşı anlatılıyordu.

Mohaç Meydan Savaşı, Vatikan'ın Müslüman Türklere karşı, Osmanlı Türklerine karşı tezgâhladığı bir Avrupa savaşıdır. Yani Avrupa topyekûn bir tarafta, diğer tarafta da biz Türkler var. Orada binlerce sipahi, Müslüman can veriyor. Çünkü Osmanlı tarihinde hiçbir zaman Yeniçeriler asli askeri güç değildir, sadece barışı korumakla mükelleftirler ve tarihimizde en çok oldukları dönem sayıları 10 bin kişiyi geçmemiştir. İşte Mohaç'ta o Avrupa'yı 1.5 saatte perişan ediyoruz. Ama ben bu kaynakta ganimeti 4500 Yeniçerinin topladığını öğrendim. Sipahilere diyorlar ki , siz kenarda durun. Böyle bir devlet sistemi olmaz.

Kanuni Sultan Süleyman'ın liderliğindeki 1526 yılında gerçekleşen Mahoç Meydan Savaşı'nın tasvir edildiği minyatür

Bizim tarih kitaplarında pek yazılmaz bu bilgiler...

Son 30 yıldır dünya tarihçiliğinde yeni bir gelişme var; siyasi tarihi, iktisadi tarihle harmanlayıp yeniden yorumlamak. O anlamda baktığımızda Osmanlı Türk tarihinin yeniden yazılması gerekiyor. Kanuni döneminde yaşamış Çanakkaleli Mustafa diye bir tarihçimiz var. Orada örneğin 1555'e gelindiğinde devletin iktisadi anlamda çökmüş olduğunu öğreniyoruz. Bunları bilmiyoruz, ustalıkla bunlar bizden saklanıyor. Yine, açıkçası bizi öyle bir tefrik etmişlerdi ki, çocuklarımız bu hataya düşmesin; bu ülkenin çocuklarını solcu, sağcı diye ayırdılar bir dönem.

Mesela ben talebeyken biraz daha sağ kanat içinde yer alıyordum, bir hocam vardı, mekânı cennet olsun rahmetli Profesör Haydar Kazgan; bu hocanın adı da komüniste çıkmıştı. Doktora yaparken açık ifade edeyim, Amerika ve Kanada'nın bana kazandırdığı en büyük şey, objektif bakabilme, objektif düşünebilme ve insanlarımızı tefrik etmekten kurtulma oldu. Artık ben insanlarımızı solcu, sağcı, dinci diye ayırmam, solculuğu da kendine, sağcılığı da kendine. Ama vatanseverlik hepimizi ilgilendirir.

İşte bu noktada baktım ki, Haydar Kazgan hoca en büyük milliyetçiymiş biliyor musunuz? Haydar Kazgan'ın *Galata Bankerleri*'ni okumadan bu ülkenin içine düştüğü gerçek durumu, faciayı anlayamayız. Bu ülkede Kemal Tahir'i okumadan Osmanlı Türkiye'sinin içinde bulunduğu durumu, Cumhuriyetin kuruluşunu anlayamayız, yani bunlar bizim dev insanlarımız. O açıdan Haydar Kazgan hocama da Allah'tan rahmet diliyorum, Kemal Tahir hocama da. Öte taraftan Allah rahmet etsin, Atilla İlhan'ın çok güzel bir lafı vardır: "Bu ülkenin yüzde 10 hain kontenjanı vardır."

🌾 Peki Büyük Ortadoğu Projesi'nde Türkiye'ye nasıl bir rol biçildi? Türkiye'den istenen ne?

Öncelikle Türkiye'yi asgaride ikiye ayırmak istiyorlar. Bir Ankara'nın batısı, Ankara'nın doğusu olsun. Ankara'nın batısını lütfederlerse Avrupa Birliği'ne alıp bize burada bol miktarda sebze, meyve yetiştirecekler, biz Avrupa'yı besleyeceğiz. Onlar da bize taklit ürünlerini satacaklar. Bu arada Büyük Ortadoğu Projesi'nin en önemli hadiselerinden biri, Batı kendine yeni bir yurt arıyor. Küresel iklim değişikliği bir vakıa... Küresel iklim değişikliğinden en çok etkilenecek ülkeler; Kanada, Amerika, İngiltere, Almanya, Hollanda. Bu küresel iklim değişikliğinde gıda maddeleri yetiştirmek mümkün değil, ama çöl şartlarında bunu yetiştirmek mümkün olacak. Bu teknoloji İsrail'in elinde de var. IŞİD tam istedikleri saha temizliğini yapıyor. IŞİD diyor ki, bizim İsrail ile bir meselemiz yok. Türkmenleri sürüyor, Arapları sürüyor. Ve şimdilik kaydıyla Kürtlere dokunmuyorlar.

🌾 Kobani'de dokundu.

Dokunmuş gibi yaptılar. Amerikalı dostlarımızın uşağı yanlışlıkla bir paketi IŞİD tarafına düşürdü. Bir paketi de Kürtlerin tarafına düşürdü değil mi? Arada 2 kilometrelik fark var... Asıl maksat şu, saha temizliği yapılıyor. Bugün Suriye'nin nüfusunun dörtte biri Suriye'yi terk etti. Binlerce, yüz binlerce dönüm arazi boş. Bu oyun Romanya'ya da uygulandı. Bulgaristan son anda kendini kurtardı ve kurtarmaya çalışıyor. Afrika'da, Avrupa kıtası büyüklüğünde toprağı bir düzine kadar ulusüstü küresel şirket kiralamış veya satın almış durumda. Aynı durum Irak'ta da oluyor. Biraz sulh ardından Suriye'de de olacak bu satın alma işlemi. Bu kez mesele petrol değil, petrolün işi bitti. Mesele su! 21. yüzyılın stratejik ürünü su.

IŞİD'e bağladığınız mesele zaman zaman hiç istemesek de terör olaylarına götürüyor bizi. Terörün de yeni dünya düzenine hizmet ettiğini görebiliyoruz.

Bu noktada İsrail devletinin kuruluşunda çok ciddi Siyonist terör örgütlerinin payı vardır. İsrail istihbaratı bu konuyu çok iyi biliyor. Bir başka hadise de, Batılıların Lawrence'tan Meryem Cemile'den, Afganistan'dan, Irak'tan edindikleri bir tecrübe var. Açıkçası İslam kimliği giydirilmiş veya İslami düşünceleri alabora edilmiş okunmayan insanlar var ki, bu noktada pek çok kaynakta Mısır'daki Müslüman Kardeşlerin İngiliz istihbaratı MI6'nın kontrolünde olduğu, onlar tarafından kurulduğu iddiaları da vardır. Bu tür unsurları kullanarak terör olayları çıkarmak ve asimetrik savaş çıkarmak niyetindeler.

Ünlü iktisatçı eski IMF başkan yardımcısı danışmanı Strickland da bunları ifade eder. Asimetrik savaşın en önemli unsurlarından birisi terörizmdir; daha doğru ifadeyle para operasyonu, algı yönetimi ve terörizmdir. Bu anlamda da bölgemizde ve dünyada önümüzdeki 30 yılda terörizmin, asimetrik savaşların giderek daha çok kullanılacağını söylemek kehanet değil.

Ortada bir sır varsa şifre de vardır. İstihbarat örgütleri terörü maşa olarak kullanıyorlar, bu da onların şifresi bir anlamda. İstihbarat örgütleri birbirinden farklı terör örgütlerini de kullanabiliyor. Kısaca kendi çıkarı için bir devlet maşa bulup başka devleti vuruyor.

Türkiye bu hadiselerle 12 Eylül 1980 öncesi çok karşılaştı. Ülkemizin çocuklarını solcu, sağcı diye tefrik ettiler. Hatta iki kardeşi birbirine düşürdüler. İki kardeşten birisi solcu, birisi sağcı diye birbirine silah çekti bu ülkede.

Nitekim benim dayımın oğlu böyle sol fraksiyonlardan birinde, ama o günkü şartlarda baktığımızda, onun söyledikleriyle aslında ülkücülerin söyledikleri arasında çok büyük fark yoktu. Bugün baktığımızda, ikisi de aynı şeyi söylüyor, ikisi de vatansever. Ama maalesef algı yönetimi ile insanların düşünceleri, zihni etkilenebiliyor. Stanford Üniversitesi'nin 2012 yılında yaptığı bir araştırma var, insanlar ne kadar mantıklı karar veriyor diye. Araştırma sonuçlarına göre, insanlar sadece yüzde 6 mantıklı karar veriyor. Zaten insanlar çoğunlukla mantıklı karar verseydi reklamlar bu kadar etkili olabilir miydi, olamazdı.

Öte taraftan insan beyninin üst lop, alt lopu vardır. Bunları mantıklı beyin ve bilinçaltı beyin diye tanımlayabiliriz. Üst lop mantıklı, yani bilinçüstü beyin, saniyede 600 bin bayt kayıt yaparken; alt lop dediğimiz bilinçaltı beyin saniyede 2 milyon bayt kayıt yapıyor. O zaman çok usta bir şekilde bilinçaltı, bilinçüstünü etkiliyor.

İşte tüm bunlar askeri stratejide, istihbaratta kullanılıyor. Bir kaynakla da açıklayalım; *2101 White* bir teknoloji dergisidir, Amerika'da yayınlanır. Ondan aldığımız bilgilere göre, Amerika'nın Utah eyaletinde Amerika'nın milli istihbarat kuruluşu var. NSA dedikleri milli güvenlik ajansı. Dakikada 3 milyar cep telefonunu dinlediklerini biliyoruz artık. Şifrelerle, kripto sözlükle dinleme yapıyorlar; örneğin sözlükte geçen kelimelerden biri geçince sistem kayda başlıyor. Ya da eviniz, işyerinizden yani bulunduğunuz mekânın 2 kilometre gerisinden konuşmalarınızı dinleyebiliyorlar.

Ama bütün bunlara rağmen dünya istihbaratında hâlâ en önemli unsur insan... Türkiye bu açıdan müthiş bir üstünlüğe sahip. Türkiye ve hinterlandında kendi soyumuzdan milyonlarca insan yaşıyor. Çin'den Almanya'ya, İngiltere'ye kadar soydaşlarımız var.

Öte taraftan bu coğrafyada dindaşlarımız yaşıyor. Diğer yandan siber istihbarat da çok önemli ve ileri noktada. Yani internetin kullanıldığı bir istihbarat ağı.

🐾 **Zihin kontrolünü internet yoluyla teknolojiyi kullanarak da yaptıklarından bahsediyorsunuz. Burada en önemli cihaz telegram, yani zihin kontrolünü telegram ile yapıyorlar. Askeri bir silah olduğu yönünde görüşler de var. Nasıl yapılıyor bu zihin kontrolü; kullanan kişi ve hedefin dışında kimse duymuyor, görmüyor, etkisini hissetmiyor mu? Sadece hedef kişinin tepkileri mi gözlemleniyor? Ses ve görüntü alışverişi mi var?**

Bunlar daha çok çip yoluyla yapılıyor. Çip, iki bilgisayar sistemi arasındaki bir ara yüzdür ve insan bedeninin yetkililer tarafından kontrol edilmesine imkân verir. Düşünce; elektrik sinyalleri ve düşünce dalgaları üretir. Yüklenen çiple, frekans veya elektrik sinyalleriyle de insan zihnine emirler, talimatlar verilebilir. Bu zaten daha önceden Pavlov'un köpekleri deneyiyle sınandı. İnsan bedeninin elektriksel ve kimyasal sistemine ulaşılır ve insanlar tam bir robot haline getirilebilir. Beyin, realite oluşturmak için elektriksel veriyi veya bilgiyi deşifre ediyor.

Çipler ise beyinle elektriksel olarak iletişim kurabiliyorlar. Bu konuda Finlandiyalı Leena Kilde adında tanınmış bir araştırmacının önemli çalışmaları var. İnsanları yönetmek için kullanılan mikroçiplerin potansiyel etkileri hakkında ayrıntılı bir araştırma yapmış. Bu araştırmayı şöyle özetlemek mümkün:

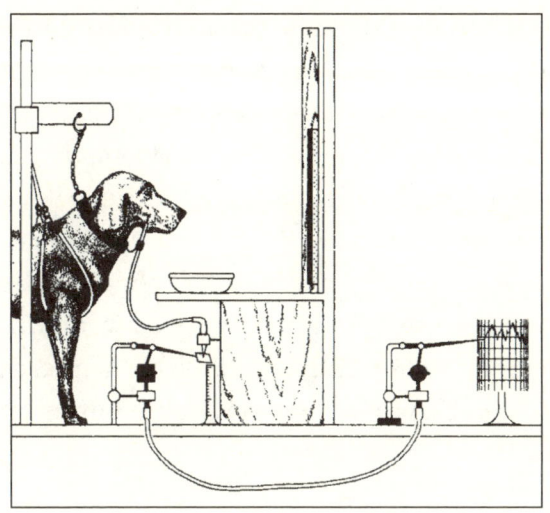

Pavlov deneyinin düzeneği, Pavlov bu deneyiyle köpeklerin klasik koşullandırmasını başarmış ve bu bulguları insanlar üzerinde kullanılmıştır.

Bir; her tür düşünce, reaksiyon, işitsel ve görsel, beyinde ve elektromanyetik alanda düşünceler ve resimler veya sesler olarak deşifre edilen, belirli bir nörolojik potansiyel tepki/bir motif meydana getiriyor. İki; N kodlu sinyaller gönderilerek, kişilerde elektromanyetik şartlanma ile kişinin beyin dalgalanmalarında değişiklikler olur. Yani Pavlov'un köpeğinin şartlanmasını düşünün, aynı şekilde elektromanyetik şartlanma ile kişinin beyin dalgalanmalarında değişiklik yapabilirsiniz ve bu kas faaliyetlerini de etkiler. İşkence gibi tecrübelerden de çok acı verici kas kramplarına sebep olduğu görülmüş.

ABD'nin milli güvenlik ajansı NSA gözetleme sistemi sürekli olarak milyonlarca insanı takip ediyor. Bu noktada NSA ile HAARP sisteminin birlikte çalıştığı iddia ediliyor. HAARP'ın da elektromanyetik sistemlerle, insanlardaki çipleri pozitif veya negatif yönlendirebildiği, insanları düşünemez hale getirdiği iddiaları var. Mamafih öte taraftan baktığımızda tıpkı her bireyin parmak izinin farklı olması gibi, her insanın beyninde özel bir biyoelektriksel rezonans frekansı mevcut. Bu ilmen sabit. Tam olarak şifrelenmiş elektromanyetik frekanslı EPM yani beyin şartlandırılmasında, beyne elektromanyetik sinyaller gönderip, hedef alınan kişi veya kişilerin deneyimlemesi istenilen ses veya görsel efektler salınabilir. Bu bir elektronik savaş formudur. Bu bir siber savaş formudur ve insan zihni etkilenir. Kitlelerin zihinleri de tek bir merkezden kontrol edilebilir. Zaten CIA'in bu konuda deşifre olmuş bir sürü deneyimi var.

Rusya Başkanı Yeltsin döneminin KGB generali, Yeltsin'in zihnine dışarıdan yükleme yapıldığını tespit ettiklerini ve bu sebeple Japonya seyahatini iptal ettiklerini açıklamıştı. KGB Generali Ratkinov "Benim işim Rus yöneticilerinin zihnini dış etkilere karşı korumaktır" demişti. Burada akla şu geliyor; istihbarat servisleri devlet liderleri üzerinde böyle çalışmalar yapabilir mi? Mesela bir lidere dünya genelinde istemediği bir açıklamayı yaptırabilirler mi, yahut bir anlaşmayı imzalatabilirler mi?

Amerikan başkanları Türkiye'ye geldiklerinde dışkılarını bile paketleyip götürüyorlar. Aslında başka örneğe gerek yok ama açıklayalım. Bu teknoloji 1970'lerde Amerika'nın Los Angeles Üniversitesi'nde başladı. Bu üniversitenin zihin kontrolü altında olan kurbanlar var ve araştırmacıları açısından oldukça kötü şöhrete sahip bir üniversitedir. Benim bulunduğum üniversitenin bir başka koluydu.

Beyin bilgisayar ara yüzünün geliştirilmesi; ABD Savunma Bakanlığı ve Pentagon'un ileri savunma araştırma projeleri ajansı DARPA (Defence Advanced Research Projects Agency) tarafından yürütülen bir projedir. Böyle saklı gizli, komplo teorisi değil bu. DARPA çalışmalarını; insan bedenini, zihinsel ve duygusal tepki ve algılamalarını kontrol etmek için yapıyor. Mikroçip planının hedef aldığı en önemli husus beden, zihin, bilinç bağlantısı. İnsan bedeninin kristal bir alıcı verici ile dengesi bozulursa, farkındalığı tamamen 5 duyu ile izole olur. Zaten algılama 5 duyuya indiği an insanı bitirirsiniz, çünkü insan ruh ve bedenden oluşur, yani insanın biyolojik yapısı kadar bir de ruh bedeni vardır. İşte her insanın iç dünyasına hükmedebilmek için mikroçipleme peşindeler.

Mesela finansal güvenlik için bu yapılıyor. Çipler kişilerin kimlik ve konumlarını gösteren özel sinyaller veriyor. Nakitsiz toplumda deri altına yerleştirilmiş çip şeklindeki kredi kartı yeterince kontrol sağlar. Bu noktada, açık kaynaklar olduğu için isim vermekte bir mahsur yok, Novartis ve Proteus Biomedical hastaları mikroçiplemeye teşvik ediyor. Hatta Novartis çift çip takılmasını öneriyor. Onun için bu iş düşünüldüğünden çok daha fazla ileriye gitmiş durumda.

Peki, insan bedeninin elektromanyetik sistemini ele geçirmek ne anlama geliyor?

Yeni doğan bebekleri mikroçiplemek, elitler oligarşisinin bu realiteye insan formunda gelen herkesi yeni dünya düzeninin bilgisayar ağına ve uydular yoluyla global konumlandırmasıdır. GPS de bunun bir parçası, insanların bu ağa bağlanmasını sağlamak maksadıyla yapılıyor.

Mikroçipler her dakika takip edilmesi için takılıyor. Böylece yetkililerin sizin nerede olduğunuzu bilmedikleri bir dakikanız bile olmayacak, yani bir de sizin düşüncenize uymayan bir siyasi kadro iktidarı varsa olay başka bir şekle bürünecektir.

Şimdi bize bunlar korkunç senaryolar gibi geliyor ama bize bunları anlatım şekilleri sağlık ya da güvenlik açısından olunca kolayca ikna olabiliriz aslında...

Anadolu'da eskiden fenni sünnetçiler vardı, doktorlar yoktu. Çocukların kirvesinin kucağına çocuk oturur, fenni sünnetçi çocuğu hemen sünnet ederdi, çocuk acıyla yanarken kirve de elindeki lokumu çocuğun ağzına basardı. Çocuk acıyı mı düşünsün, lokumun tadını mı düşünsün; işte bize de sağlık derler, güvenlik derler, bir şekilde ikna ederler. Misal telefonları nasıl sattılar bize? Önce hiç dinlenemeyecek dediler, şimdi bakıyoruz ki en kolay dinlenen telefonlar bunlar.

Öte taraftan gayeleri sadece insanları gözetlemek değil. İnsan bedeninin elektromanyetik sistemini ele geçirmek, böylelikle insanları zihinsel, duygusal ve fiziksel olarak kontrol altına almak istiyorlar. Böylelikle isterlerse kişiyi düşündürebiliyorlar veya hiç düşündürmeyebiliyor. Sinyaller ne maksatlıysa o yönde insan çalışıyor.

Diğer taraftan benzer şeyler duyular için de geçerli olup, mikroçiplenmiş kişiler agresif ya da uysal bir koyuna dönüştürülüyor. Tabii bu cinsellik için de söz konusu, aşırılıklar veya bastırılmışlıklar yönünde kullanılıyor. Bir iddia da mikroçiplenen insanların uzaktan öldürüldüğü yönünde.

Mesela ABD ordusu hedef bölgelere veya kişilere çip yerleştiriyor, sonra da bu çipin sinyalleri ile füze atışlarını o bölgeye gerçekleştiriyor. Elektromanyetik teknoloji kullanılarak uzaktan kanser bile tetiklenebiliyor.

Auronrus adlı bir ABD'li, "1970 yılında Nick Rockefeller, küresel merkez sermayenin toplumun iplerini rahat bir şekilde elinde tutabilmesi için herkesin çiplenmesi gerektiğini iddia etti" diyor.

Zihin kontrolünden bahsederken kitlelerin bu yöntemle harekete geçirilebileceğini de söylediniz ve bunu farkında olmadan yapıyorlar. Aslında uzaktan kumandayla yönetiliyor olma ihtimalimiz bile çıkıyor buradan. Bu noktada aklımıza Arap Baharı geliyor. 2011 yılında önce Tunus'ta ardından diğer Arap ülkelerinde başlayan özgürlük ve demokrasi ayaklanması olarak tanımlanan Arap Baharı, siyasetin şifrelerinden biri. Arap Baharının da Büyük Ortadoğu Projesinin bir parçası olduğunu belirtmiştiniz. Peki, zihin kontrol yöntemleri Arap Baharında etkili miydi?

Öncelikle Arap Baharının iki temel unsuru var. Bir, Birinci ve İkinci Dünya Savaşlarından sonra Arap ülkelerinin başına diktatörler yerleştirdiler. Bunların tamamı, Batı oligarklarının kontrolü altında. Bunlar için halk önemli değil, ama zamanla bu diktatörler yıprandı. Bu diktatörlerin yerine yenilerinin konması, yeniler konulurken de Mısır'ın, Libya'nın, Suriye'nin ufalanması gerekiyor. Bir taraftan Arap, fakir, fukara perişan vaziyetteyken, bu diktatörler deveyi hörgücüyle götürüyorlardı. Kısaca halk mutsuzdu.

Öte taraftan Google ve Facebook diye müthiş bir silah var. Halkın bu mutsuzluğunu Arap ülkelerinde gıdıkladılar. Demokrasi isteriz diye. Tıpkı Osmanlı'yı daha çok hürriyet nidalarıyla yıktıkları gibi... Demokrasiye karşı değilim ama demokrasi devletimden de kıymetli değil, yani siz devletinizi demokrasi adına yıkar mısınız?

Özetle mutsuz olan halkı Google ve Facebook üzerinden gıdıklayarak ateşlediler. Tunuslu 26 yaşındaki Muhammed Azizi meyve ve sebze satan bir seyyar satıcıydı. 17 Aralık 2010 günü zabıtalarca tezgâhı ve tartı aletine el konulunca direndi, dövüldü, aşağılandı. Bunu protesto etmek için kendisini ateşe verdi ve Azizi'nin vücudunun yüzde 90'ı yandı, 4 Ocak 2011'de de hayatını kaybetti. 18 Aralık 2010'da ise Tunus halkı sokağa döküldü. Arap Baharının fitili böylelikle ateşlenmiş oldu. Google ve Facebook başta olmak üzere sosyal medya üzerinden ateşe sürekli benzin döküldü. Tunus'ta başlayan olaylar kısa bir süre sonra bütün Arap dünyasını etkisi altına almış, algı yönetimi devreye sokulmuştu. Mısır'ı 30 yıldır yöneten Hüsnü Mübarek gitti. Libya'yı 42 yıldır yöneten Muammer Kaddafi öldürüldü ve Libya iç savaşa sürüklendi.

✍ **Arap Baharından çok önce söylenmiş bir söz var, "Fas'tan Basra Körfezi'ne sınırlar değişecek" diye... Bu bir kehanet mi, yoksa planın ifşası mı?**

7 Mart 2003 tarihli *Washington Post*'ta dönemin Birleşik Devletler Dışişleri Bakanı Condoleezza Rice aynen şöyle söyledi: "Fas'tan Basra Körfezi'ne kadar Türkiye dahil Ortadoğu'da 22 ülkenin sınırları ve harita değişecek." Bu sözden yıllar sonra Arap Baharı ve Suriye iç savaşı patlak verdi. Nisan 2011 yılında Suriye lideri Beşar Esad'ın, yönetimini protesto edenlere çok sert bir şekilde müdahalede bulunmasıyla ülkede iç savaş başladı. Halbuki bu insanlar çok rahatlıkla tölere edilebilirdi.

2016'nın Şubat ayı itibarıyla Suriye'de 5 yıldır her dakika katliam ve gözyaşıyla kardeş kardeşi boğazlıyor. Türkiye de Suriyeli sığınmacılara kapılarını açtı. 2016 yılının başına kadar 10 milyar dolar para harcadık.

Dünyanın milletler için en büyük şuursuzluğu, tarih şuursuzluğudur. Bugün ülkemizin en büyük problemi, bu tabirlerden hoşlanmasam da solcumuzun, sağcımızın, dindarımızın, sekülerimizin tarih şuursuzluğudur. Kimse tarihimizi bilmi-

*Türkiye ve Ortadoğu'da sınırların değiştirildiğini gösteren,
yurtdışında yayınlanmış harita*

yor. Televizyonlardaki programlara baktığımızda içler acısı bir
durum var, millet düşünmüyor ve özel hayatı, insanların mah-
remleri televizyon programlarıyla sokağa dökülüyor.

Öte taraftan 3 milyar euro vermek için bize 9 takla attırmak
isteyen Avrupa var. Almanya'da Hamburg ve Frankfurt'ta Fas
asıllı bir papaz önderliğinde Faslı, İranlı, Farisi, Suriyeli Müs-
lümanlar gruplar halinde, kalabalık oldukları için havuzlarda
vaftiz edilerek Hıristiyanlaştırılıyor.

Almanya'da bir devlete sığınma vardır, bir de kiliseye. Siz
devlete sığınmak istersiniz, kabul etmezse kiliseye sığınırsınız.
Böylece kilise bu Müslümanları alıyor, topluca havuzlara so-
kuyor, vaftiz ediyor; papaz başınıza elini koyuyor ve Hıristi-
yan oluyorsunuz.

73

🕊️ **Sınırlarımızda yaşanan Suriye iç savaşından bahsettiniz. Bu savaş Türkiye ve dünya siyasetini nasıl etkiliyor? Bu savaşın sonuçları dünya ve Türkiye için nasıl bir şekil alacak?**

Bu savaş öncelikle Mesih Armageddon savaşının hazırlıklarıdır. Bu savaş Büyük İsrail'i kurma projesinin su savaşları ayağıdır. Hittin Savaşı'nda Yahudilerin bir tecrübesi var ve susuzluk yüzünden yenildiler.

🕊️ **Evet. Helak oldular Kerbela gibi...**

Evet. Hiç unutmadılar bunu. Bu yüzden Museviler için Hittin Savaşı, savaşların anasıdır ve alınması gereken dersi oradan almışlardır: su. Bugün Golan Tepeleri işgal altında. Yakın zamanda *Washington Post*'ta yayınlanan haritaya baktığınızda Suriye'nin üçe bölündüğünü görürsünüz. 5 yıl önce olaylar patladığında bir televizyon programına katıldım konuşmacı olarak, yanımdaki konuklardan biri akademisyen, diğeri gazeteciydi. Onlar "Hocam, Esad gitti gidiyor" dediler. Ben imkânsız olduğunu belirttim.

Fransa'da benim bildiğim en az 6 doktora tezi var; Esad'ın babasını darbe ile destekleyen El Muhaberat'ı kontrol eden MOSSAD'dır. Yani Esad'ların MOSSAD destekli bir iktidar olduğunu daha bizimkiler bilmiyor. Orada da belirttim: Suriye üçe, dörde bölünür bilemem, ama İsrail'e tampon olacak bir Musevi devleti kurulmadan Suriye bölünmez. IŞİD de coğrafya değişikliği yapıyor. Esad'ı tutarlar, tutmazlar bilemem, çok yıprandığı için belki onun gösterdiği birini tutarlar. Ama İsrail'e tampon bir Musevi devleti Suriye'de barışın ilk şartıdır. Bu olmadığı takdirde Suriye boşalıncaya kadar, iki kişi kalsa bile savaş çıkarırlar.

Barack Obama da Beyaz Saray'da 8 yılını doldurdu ve emekli başkanlar kervanında. Siz Obama bir proje ürünü diyorsunuz ve bir ilahi misyonu olduğundan bahsediyorsunuz. Nasıl bir misyon bu?

Şimdi Obama'nın iki tane özelliği vardır. Bir kere Obama çokomel, yani dışı siyah, içi beyaz. Bu anlamda Obama ile ilgili çok büyük laflara gerek yok. *Inside Job* belgeselinin son kısmı seyredildiğinde Obama'nın nasıl bir proje ürünü olduğu görülür. Kaldı ki göbek adı Hüseyin değildir ve Müslüman da değildir. Obama'nın annesi Hawai gece kulüplerinde dans eden Alman Musevi'si bir hanımefendi. Zaten Obama'nın başkan seçildiğinin ikinci günü, annesinin fotoğrafları medyada yayınlandı, bu Obama'ya bir mesajdı. İkincisi, Obama ile Bush arasında bir fark var mı? Hayır. Zaten Obama ile Bush ailesi arasında bir akrabalığın olduğu pek çok basın yayın kuruluşunda yer aldı. Ama burada çok önemli bir hususa dikkat çekmek istiyorum.

Obama Doktrini veyahut da sessiz savaşlar denilen yeni bir konsept var. Bu Obama Doktrini veya sessiz savaşlar denilen doktrinde kullanılan, ana enstrüman belli unsurlar var. Biri, HAARP'ın elektromanyetik denilen silah sistemi. Öbür taraftan faz denilen kontrollü radar sistemi... Ayrıca sessiz savaşlar insansız hava araçları üzerinden yapılan bir savaştır. Bir diğeri ise genetik ve biyoteknoloji ürünleri üzerinden yapılan savaş. Daha az maliyetli ama daha yıkıcı olduğu için. Açıkçası bunun adına da Obama Doktrini deniliyor.

SAVAŞIN ŞİFRELERİ

Prusyalı General Carl Von Clausewitz *Savaş Üzerine* adlı kitabında "Savaş, siyasetin başka yollardan devamıdır" demişti. Ama 19. yüzyıldaki bu tanım, düşmanı ve tarafları belli olan savaşları anlatıyor. "Siyasetin devamı olarak savaş" kavramına bakarsak, 21. yüzyılda tarafları belli olmayan sinsi bir mücadele var. Savaşın unsurları arasına terörizm de girdi. Orduların karşılıklı savaştığı er meydanları yerine, terörün kalleşliği kural oldu. Günümüzde sözde herkes savaştan uzak, ama kan hiç durmuyor. Peki gerçekte olan ne?

Hemen şunu belirtmek isterim, Soğuk Savaş döneminde yani 1945-1990 arasındaki dönemde, İkinci Dünya Savaşı'nda hayatını kaybedenlerden daha fazla insan öldü.

Yapılan şu, neoliberalizm bir paradoksun ürünüdür. Yani aslında savunduğu alt kimlik, üst kimlik, çokkültürlülük bir çelişkidir. Neden bu çelişkiyi özellikle peydahlayıp kullanıyorlar derseniz; çünkü yeni dünya düzenini kurmak isteyenler, aslında dünyada sulh ve barış istemiyorlar. Kaostan düzen yaratmak istiyorlar. Hatta bu isteklerini, doların üzerine bir sembolle bile işlemişler.

Kaostan düzen yaratmak için ise belli başlı yöntemleri var:

İlki; dine başvurma ve dönüştürme. Bir taraftan Taliban, El Kaide, IŞİD ve türevleri, bir taraftan da Tom Cruise'un bile üye olduğu Scientology gibi yeniçağ (Newage) tarikatları var. Örneğin içi boşaltılmış kuru muhafazakârlık İslam dünyasını sarmış vaziyette. Herkesin gözünden dolar işareti fışkırıyor. İçi boşaltılmış muhafazakârlık din değildir. Çünkü İslam, ahlak ve adalettir her şeyden önce.

İkincisi; finansal spekülasyonlarla dönüştürme. Para Lidyalıların icadıydı, Tapınak Şövalyeleri sistematize etti, Rothschild ailesi de siyasi arenaya getirdi. Dijitalleşme ile para fahişeleştirildi. Örneğin Amerika'da yaşayan bir Amerikalının 2015 yılı sonunda 1 dolarlık gelirine karşılık 5 dolar borcu var.

Scientology tarikatının Cambridge'deki merkezi...
Tarikatın, dünyanın pek çok yerinde merkezi bulunmaktadır.

Federal devlet 19 trilyon dolar borçlu. Eyaletler trilyonlarca dolar borçlu. Diğer taraftan aynı oyunu Avrupa'ya da, Türkiye'ye de oynadıklarını görüyorsunuz.

Üçüncüsü; subliminal, bilinçaltı operasyonları... Filmlerle, dizilerle bir toplum dizayn edilmeye çalışılıyor. Bakıyorsunuz sadece karnını doyuran ve yatağa birini atmaya çalışan bir toplum profili var artık.

"Anı yaşa, günü yaşa..." diye bir tekerleme var... Her şey sabun köpüğü gibi.

Kesinlikle, her şey "anı yaşa" tekerlemesi üzerinde düğümlendi. Zaten neoliberalizmin temel düsturudur bu. Anı yaşa! Öbür taraftan antidepresan satışları patlıyor; çünkü kokaini açıkça pazarlayamıyorlar ama antidepresanlar bir kokain ürünüdür. Nitekim 2012 yılında, Türkiye Cumhuriyeti devletinde 27 milyon kutu antidepresan satılmış. Bu oran 325 milyon nüfuslu Amerika'da 400 küsur milyon kutu.

Dördüncüsü; asimetrik bilgi, epistemik çöküş obskürantizm dediğimiz, yani bilginin yayılmasına ve büyümesine karşı çıkma durumu. Bana, "hocam bilgi şakır şakır her yerden akıyor," diyen çok kişi var, ama baktığımızda durum tam tersi. Mesela; mahalli haberlerin değil de, kirli, düşündürmeyen, hatta dalga geçen küresel haberlerin aktığı bir sistem var. Yani sen kendinle ilgilenmiyorsun, Amerika ile ilgileniyorsun. Böylece sizi mahalli dertlerinizden uzaklaştırıyorlar. İstenilen bilgiyi de gizliyorlar. Merak edeceksiniz, araştıracaksınız ve o zaman bulacaksınız. Bütün bunların ışığında biz Türkiye'deki üniversitelere baktığımızda durumun içler acısı olduğunu görüyoruz. Çünkü sistemin değişmesi gerekiyor. Öte taraftan terörizm ve asimetrik savaşın da otuz yıldır acısını çeken bir milletin çocuklarıyız biz.

Diğer taraftan su, gıda, genetik iklim savaşları dediğimiz bir yapı var yeni dünya düzeni içinde. Bu yapıya baktığımızda da, açık ifade edeyim, öyle bir çılgınlığa doğru gidiyor ki dünya, Çin'de iki ceviz 10 bin dolara satılıyor. Hollanda'nın 1600'lü yıllardaki lale soğanı çılgınlığı neyse, şimdi de Çin'de iki ceviz tam 10 bin dolar. Bir tarafta iki cevize 10 bin dolar verebilen seçilmişler, bir tarafta iki milyar aç insan... Yeni dünya düzeni işte tam da bu...

🖋 **1636 yılında Hollanda'da lale soğanı fiyatları spekülasyonlarla o kadar artırılmış ki, o yıllarda Hollanda ve dolayısıyla bütün dünyada büyük bir krize sebep olmuş. O olay ekonomi tarihinin ilk spekülasyonu olarak biliniyormuş. Siz de bugün Çin'de yaşanan hadiseyi buna benzetiyorsunuz...**

Tamamen benzer bir hadise, hiçbir farkı yok. Aslına bakarsanız yeni dünya kanunsuzluğu içinde terör de bu amaçla yükseliyor. Bu yeni dünya düzenini kurgularken kullanılıyor... Yani orduları harekete geçirmektense, karşındakini yıldırmak, pes ettirmek için kullanılıyor. Mesela biz, başımıza bela edilen PKK yüzünden, 1978'lerden bugüne 1 trilyon dolar para akıttık.

🖋 **Günümüzde dünyada "savaş"ın yerine, "terör" terimi ve terör gerekçesi kullanılıyor. Hukuki anlamda savaş ilan etmek yerine, "terörle mücadele" diye bir terim kullanılıyor. Terör deyince de savaş meşru oluyor. Bu ortamda hukuk da sanki gereksiz bir ayrıntı haline geldi. Silah çekilince hukuk ortadan kalkıyor. Hukuku, adaleti ortadan kaldırmayı nasıl başardılar?**

Elbette dünya bir günde buraya gelmedi. Sosyal, siyasi,

ekonomik olaylar tansiyon gibi değildir, kalp atışı gibi değildir. Bu saydığım üç unsur; sosyal, siyasi ve ekonomik olaylar "S" harfi gibi gider, yani geniş bir yelpazede 30, 35, 40 yıllık evrelerde gerçekleşir. 2016'nın dünyasına baktığımızda da öncelikle ekonomik sıkıntıların dünyanın her tarafını sardığını görüyoruz.

İkincisi, kaynaklar tükeniyor ve adil dağıtılmıyor. Üçüncüsü, dünyada siyasi ve bürokratik karmaşa var. Dördüncüsü, kâğıt paraya güven azalmış durumda; artık herkes kâğıt paradan nasıl zarar etmeden kurtulacağına bakıyor.

Öte taraftan istila ve işgaller almış başını gidiyor; Akdeniz'de Suriye bahanesiyle dünyanın 53 ülkesinin gemisi dolaşıyor. Beşincisi, tabii afetler, özellikle ABD'nin atmosferi kontrol sistemi olan HAARP yoluyla tetikleniyor.

Öbür taraftan kendi mecrasından çıkartılıp radikalleştirilen dinler içi boş bir muhafazakârlığa dönüştürülüyor. Sonuçta şuna bakalım, dünya hızla bir parasal çöküşe gidiyor. Bu parasal çöküşün dünyada bir medeniyet çöküşüne sebep olacağı kesin. Çünkü 4500 yılda, dünya medeniyeti 27 kez çöktü.

Bir örnek vermek istiyorum; güneşin çıkardığı enerjiyle, insan beyninin çıkardığı enerjiyi mukayese ettiğimizde, insan beyninin çıkardığı enerji 75 bin kez daha fazla. Güneşin aynı büyüklüğünü alıyorsun, insan beyni 75 bin kez daha büyük enerji çıkarıyor.

Öte taraftan medeniyetler, güneşin çıkardığı enerjiden 600 bin kez fazla. Samanyolu'ndan 1 milyon fazla. Anlatmak istediğim; dünya tam bir kaosa doğru sürükleniyor. Artık hakkın, hukukun olmadığı, ahlakın çökmeye başladığı bir dünya var. Bunu özellikle teşvik ediyorlar.

"Medeniyet çöküşü" diye bir ifade kullandınız. Samuel Huntington'ın Medeniyetler Çatışması tezi çok tartışmalıdır, ama günümüzde yaşananların ışığında şunu sormak isterim: Bugüne bakınca, Huntington'ın öngörüleri mi tuttu? Yoksa bu tez zaten uygulanacak bir senaryo için birileri tarafından zamanında Huntington'a yazdırıldı mı?

İkinci söylediğiniz doğru. Küresel finans oligarşisinin, dünyayı ele geçiren bu merkezi sermayenin bir alt tarafı, taban çizgisi var, o da şu; teknoloji üreten kurumlar, üniversiteler bunların kontrolü altında. Amerika ve İngiltere başta olmak üzere, çok ciddi akademisyenler bunların elinde.

Finans sistemini ele geçiren kurumların sahipleri, bilimi de kontrol ediyorlar. Önümüzdeki 30 yılın en önemli bilimi genetik ve biyoteknolojidir. Çünkü dünyada tıbbi bilimlerde çok ciddi bir ilerleme oldu. Fizik, mühendislik bilimlerinde, özellikle de mekanik mühendislik bilimlerinde çok ciddi gelişmeler oldu. Ama İkinci Dünya Savaşı'ndan sonra iki alanda gelişme olmadı. İlki sosyal bilimlerde, ikincisi genetik ve biyoloji bilimlerinde yeterli gelişme sağlanamamıştı. Şu anda biyoloji ve genetik bilimlerde önemli ilerlemeler var Amerika ve İsrail'de. İsrail ise bu bilim dallarında dünya çapında önde gidiyor... Sosyal bilimlerde ise Huntington gibi adamlara proje yaptırıyorlar. Yani Medeniyetler Çatışması gibi tezlerle, dünyada oluşturmaya çalıştıkları kaosun ön hazırlığını bilim insanlarına yaptırıyorlar.

20. yüzyılda iki büyük sıcak savaş ve nükleer füzelerin gölgesinde bir Soğuk Savaş gördük. Bu tür savaşların 21. yüzyılda mümkün olmayacağı öne sürülüyor. 20. yüzyılın şifreleri, 21. yüzyılda değişti mi?

Hayır. Ben bu görüşe katılmıyorum. Amerika'nın ve dünyanın, daha doğrusu Amerika demeyelim, boşuna böyle peşin hükümle Amerika halkını suçlamayalım. Çünkü Amerikan halkı da masum, bizim gibi, hatta pek çoğu da bizim gibi zavallı insanlar. Amerika Neoconlar ve finansal oligarklar tarafından ele geçirilmiş bir ülkedir. Yeni dünya düzenini kurmak isteyen finansal oligarklar, Kudüs merkezli bir Tanrı imparatorluğu kurmak isteyen bu şebeke kaos ile bir dünya düzeni kurabileceğine inanıyor. Kaos ile yeni bir dünya düzeni kurmak için de Armageddon savaşı çıkarmak istiyorlar. Armageddon savaşının en önemli enstrümanı nükleer, biyolojik ve kimyasal silahlardır. Bu açıdan nükleer silahların olmayacağını söylemek hayal ürünüdür. Amerikan ordusunun Irak'ta hafifletilmiş nükleer silahlar kullandığını da biliyoruz zaten.

Konvansiyonel savaş 21. yüzyılda yok diyemeyiz. Afganistan, Irak işgalleri bunu gösteriyor. Ama sinsi başka savaşlar da var. Rusya'nın Kırım ve Ukrayna operasyonları ve dolaylı Gürcistan müdahalesi. Güney Çin Denizi'nde ABD ile Çin'in kazayla çatışma ihtimali, Kuzey Kore'nin bölgesel nükleer tehdidi ve Kore yarımadasında konvansiyonel savaş ihtimali... Çok kutupluluk denen durum buysa, bu durumun şifrelerini nasıl açıklamak lazım?

Küresel sermaye oligarkları, güçlü küresel şok yaratacak oyunlar tezgâhlıyorlar. Bu anlamda Ortadoğu artık dehşet bir yer ve çıbanbaşı. Albert Pike, Amerikalı bir generaldir. Amerikan Tapınak Şövalyelerinin liderlerindendir. 33 yıl, Kuzey Amerika Mason Localarının liderliğini yapmıştır. İtalyan Tapınak Şövalyelerinin lideri Mazzini'ye 1871'de yazdığı bir mektup var. 1871'de yazdığı mektupta; yeni bir dünya düzeninin kurulacağından, ama bunun üç savaş sonra olacağından bahsediyor. İlki, Birinci Dünya Savaşı... Mektupta, "ilkinde imparatorluklar kalmayacak" diyor. Gerçekten, Birinci Dünya Savaşı'nın sonunda Osmanlı, Rus, İngiliz imparatorluklarının hepsi yıkıldı. Mektup ikinci savaşın faşistler ile komünistler arasında olacağından söz ediyor. O dönemde ortada faşizm de yok, komünizm de... Bunun arkasından da bir Yahudi devleti kurulacağından bahsediyor. Bu da İkinci Dünya Savaşı'nı işaret ediyor. Mektupta Üçüncü Dünya Savaşı'na dair ise şu ilginç ifadeler var: "Yeni dünya düzeni kurulurken, Siyonistler ile radikal İslamcılar arasında savaş çıkacak ve savaş bütün dünyaya yayılacak, bunun arkasından dinler ortadan kalkacak."

Günümüze baktığımızda Yahudilik ve Hıristiyanlığın hiçbir kutsal lideri, kutsal sembolü yok artık. Yani var olduğu söylenen Petrus gibi şeyler de uydurma. Ama İslam Peygamberinin mezarı belli. Öte taraftan İslam halifelerinin mezarları belli. İslam önderleri belli. İslam'ın Kabe'si Mekke'de yerinde duruyor. Ama Suudi Vahabiler 1934'te, peygamberimizin mezarını Mescid'i Nebevi'yi tamir edeceğiz bahanesiyle yıkmak istediler.

Mustafa Kemal Atatürk karşı çıktı.

Evet, Atatürk cennet mekânı olsun, dedi ki, "Savaş sebebi sayarım..." Yıl 1927. Başbakanlıkta duruyor bu belge.

Atatürk "Filistin'de dün zayıftık, bugün güçlüyüz. Oradaki Müslümanları, Hıristiyanlara ve Yahudilere ezdirmeyiz," demiştir o günlerde.

Özetle olay; dünyada çıbanbaşı olarak gösterilmeye çalışılan yerde tezgâhlanıyor. Dünyanın çıbanbaşı olan yer de, medeniyetlerin kurulduğu Ortadoğu'dur. Ortadoğu'da tarihten günümüze, özellikle Araplarda millet şuuru çok gelişmemiş. Kabile ırkçılığının, özellikle de hanedan ırkçılığının oldukça revaçta olduğu bir bölge. Bu bölgedeki Siyonist ırkçılığı da tüm bunlara eklenince; üzerine su kaynaklarının da kıt olması, haliyle ortaya böyle bir manzara çıkıyor. Yapılan araştırmalara baktığımızda da dünyada en kolay, inanç ve din üzerinden maraza çıktığı görülüyor. Bu anlamda Ortadoğu'da yeterince elverişli bir ortam ve hadise var.

❧ **Sinsi, kalleş, doğrudan sivilleri hedef alan, masumların canını yakmaya çalışan bir savaş türü olan terörden bahsediyoruz. 21. yüzyılda terörün yeni dünya düzeni içindeki şifreleri nelerdir?**

21. yüzyılda terörün genel tanımına belki asimetrik savaş diyebiliriz ama bunun asıl adı "vekalet savaşları"dır. İşte buradan baktığımızda önümüzdeki 30 yılda her türlü asimetrik savaş artacaktır. Burada gözden kaçan bir şey var; asimetrik savaş ve terörizm dendiğinde insanlar sadece bombalamayı ve şiddet saldırılarını algılıyorlar. Aslında terörizm sadece o değil, çok çeşitli. Mesela sağlık, siyasi, finansal, dini terörizm var. Düşünsenize GDO'lu ürünler tam bir terörizm değil de, ne! Ve bunların önümüzdeki 30 yılda giderek artacağı kanaatindeyim.

❧ **O halde terör korkusu modern toplumun da psikozu oldu diyebiliriz. Ve terörden kaynaklı endişelerle ruh yapısı bozulan ve travmaya uğrayan toplumlarda da her "korkuyorum" diyene, reçete yazılıp ilaç veriliyor. Buna ne dersiniz?**

Evet, antidepresan yüklemesi yapılan toplumlarla karşı karşıyayız. Antidepresanların ilk ticari ürününün adı Prozac'tır, hatta *Prozac Toplumu* diye bir film de yapıldı bu konuyla ilgili. Sigaraya ölüm fermanları yayınlanırken, antidepresanlar çok kolay reçetelere yazılıyor ve tüketimi teşvik ediliyor.

Çünkü antidepresan, seratonin hormonunuzu gıdıklıyor. Normal besin yoluyla aldığımız seratonin hormonu, adeta bir yarım ay çizerek insan vücudunda şekil alır. Yani yükselmeye başlar, yükselir ve aşağıya doğru iner. Antidepresan da seratonin hormonu salgılamanızı sağlar. Şimdi düşünün, bir düğmeye basılıyor, kişi otururken bir anda yukarıya zıplıyor. Sonra oradan aniden aşağıya iniyor. Yukarı çıkarken kıkır kıkır güler, aşağıya inerken intihar eder.

🖐 **Peki saldırı altında olan toplum ne yapacak, psikolojisini nasıl savunmalı?**

Ben bu konuda, en azından Türk toplumunun önderlerine, siyasilerine, akademisyenlere, gazetecilere, düşünürlere şunu tavsiye ediyorum. "Bilgi güçtür." Bilirseniz mücadele edersiniz. Bilmezseniz esir olursunuz. Rahmetli Zeki Alasya ile Metin Akpınar'ın bir filmi vardı *Nereden Çıktı Bu Velet* diye, onun gibi bilgisiz olursanız bu saldırılar karşısında "Nereden çıktı bu velet?" diye bakınır durursunuz.

Bu anlamda yine mensubu olduğumuz dinin kutsal kitabı yüce Kuran'ın ayetlerini okuyup doğru anlamalısınız. Kuran okumak, fiziği okumak, psikoloji okumak, sinema okumak, yani insana dair her şeyi okumak. Çünkü insana dair her şeyi okuduğunuzda bilirsiniz; ben de her şeyi bildiğim iddiasında değilim ama çok ciddi bir bilgi yüküne sahibim. Bu beni rahatsız ediyor mu, hayır etmiyor. Çünkü biliyorum ve bildiğim için de nasıl tedbir alabileceğimizin farkındayım.

Örneğin bu politikaları yönetenlerin ileri teknoloji ürünü ölümcül silahları var. Ama bu cehennem silahlarının tamamı yazılımlarla ve internet üzerinden çalışıyor. Siz basit bir yazılımla, bu milyar dolarlık silahları çökertebilirsiniz, işlevsiz hale

Milyar dolarlık teknolojik lazer silahlardan biri

getirebilirsiniz. Bu kadar basit… Zaten önemli buluşlar, çok basit olanlardır. Yani bizim gibi ülkelerin, trilyon dolarlar yerine birkaç yüz milyon dolarlık bir yatırımla bunu devreden çıkarabilme ihtimali var. Onun için mutlaka üniversitelerimizin, bilim kuruluşlarımızın internet ve yazılım yönünde, siber saldırılara karşı bir çalışma yapması gerekiyor. Amerika'da CIA başkan yardımcılığına yeni getirilen kişi, Amerika'nın siber saldırılara karşı koyacak yeterli uzmanının olmadığını söylüyor. Amerika bu işin piri ise ve yeterince uzmanı olmadığını iddia ediyorsa, bizim gibi ülkelerin daha tedbirli olması gerekiyor. Nitekim Suriye'de Rus jetlerinin hep yanlış yerleri bombaladığını yabancı kaynaklardan öğrendik. Bu savaş uçakları hesapta olmayan hedefleri vurmuş, ama sonra öğreniyoruz ki Türk ordusunun geliştirdiği bir sinyal karıştırıcı var. Bu Rus savaş uçaklarını başka hedeflere yönlendiriyor ve devreden çıkarıyor.

Geri dönüp bakınca başlangıç noktasının 11 Eylül 2001 olduğu anlaşılıyor. Son 15 yılımızı 11 Eylül tüketti ve korkarım 21. yüzyılın tamamını bu korkunç tarihin gölgesi altında geçireceğiz. Bu olaya ve etkilerine baktığımızda ne kadar sinsi, dahiyane ve alçakça bir plan olduğunu görüyoruz. Nasıl bir plandı 11 Eylül?

Neocon, yani yeni muhafazakâr dediğimiz hareket, Amerika'da Leo Strauss'un siyaset felsefesinden ve Tevrat tefsirinden etkilenerek siyaseti dizayn eder. 11 Eylül de yeni dünya düzeni için bir plandı. Türkiye'de maalesef büyük bir yanlış anlama var. Yeni muhafazakâr hareket demek "sağ" hareket demek değildir. Yeni muhafazakâr hareket soldan gelmiştir. Mesela İngiltere eski başbakanı Tony Blair; sosyal demokrat, sol kanattır. Aslında Tony Blair yeni muhafazakârdır. Çünkü Amerika'da yeni muhafazakâr hareket, özellikle City Üniversitesi'nde yuvalanmıştı, daha sonra Chicago ve New York Üniversitesi'ne sirayet ettiler. Baktılar ki komünizmin korkutucu yüzünden dolayı dünyada solda bir gerileme var, o zaman bunlar evrilerek sağ kanada geçtiler.

Şunu da belirteyim; Amerikan sol kanadıyla bizdeki sol kanat ve Avrupa'daki sol kanat birbirine benzemez, çok farklıdır. Neoconlar Amerika'daki Demokrat hareketten Cumhuriyetçi harekete doğru evrildiler ve bilahare diğer Amerikan yeni muhafazakâr hareketleriyle işbirliği yapıldı ve bunlara Evanjelistler de monte edildi.

Örneğin Başkan Carter, Demokrattır, Evanjelisttir ve yeni muhafazakârdır. Reagan sağ kanattır, Evanjelisttir, Bush sağ kanattır, Evanjelisttir. Yani soldan sağa doğru bir geçiş var. Bu anlamda da eski İngiliz Başbakanı Tony Blair de solcu yeni muhafazakârdır.

🐚 **11 Eylül'ün fiziksel zararı yanında, en sinsi ve alçakça etkisi de zihinlerde oldu. Din ve İslam odaklı bir çatışmanın da zeminini hazırladı. Terör bir taktikse, 11 Eylül de dev bir strateji oldu aslında. Sizce her şey plana uygun mu ilerliyor, yoksa kontrolden çıktı mı?**

Her şey plana uygun ilerliyor, çünkü görüldüğü gibi din, siyaset, para ilişkisi ile dünya zıvanadan çıkarılmış vaziyette. Adına "zayıf ihtimaller üzerinden küresel şoklar" dediğim bir operasyon yürütülüyor. Batı medeniyeti "şeytansız" ya da "düşmansız" yapamaz. Bir dönem Batı medeniyeti için şeytan Yahudilerdi, bir dönem şeytan sosyalistler ve komünistler, Sovyet Bloğu oldu. Ama 1980'lere gelindiğinde artık komünizmin bitmekte olduğunu gördüler. Çünkü 1980'lerde komünizm ile kapitalizmi mukayese ettiğimizde; kapitalizm, ülkelerindeki işçilere araba, buzdolabı gibi yaşam standardını yükselten asgari şeyler sağlıyordu. Ama komünist ülkelerde durum içler acısıydı.

🐚 **Özellikle Rusya'da...**

Evet özellikle Rusya'da. Bundan dolayı açıktan inanca cephe almaları, komünistlerin aleyhine bir olguydu. Böylece kapitalistler ve neoliberaller sosyalistlerin altındaki koltuğu kolayca çekiverdiler.

🐚 **11 Eylül'ün korkunç sonuçlarına bakınca, gerçek hangisi, o saldırı nasıl yapıldı, gösterilen ve üretilen neydi diye sorular akla geliyor. Usame Bin Ladin ile Amerika ortaktı, müttefikti. Sonra ne oldu da araları açıldı?**

1978 Afganistan işgali, 1978 İran'da Humeyni devrimi, İran-Irak savaşı, 1978 Washington Mutabakatı, 1978 Deng Şao-ping'in Çin Komünist Partisi Genel Sekreterliğine getirilmesi ve Amerikan sermayesi ile yani merkez sermaye ile Çin Komünist Partisi'nin işbirliği yapması... Ve maalesef bizim çocuklarımıza bunlar hiç anlatılmadı, birbiriyle kavga etti bizim çocuklarımız. İşte bu noktada, 11 Eylül'de Bin Ladin ve türevleriyle işbirliğine götüren *Rambo* türü filmleri hepimiz sinemalarda alkışladık. Düşünün, bir Amerikalı Rambo çıkıyor ve Müslümanların yanında ateş ederek Rusları öldürüyor. Bu, Müslümanları gıdıkladı. Batı bir de şunu gördü; samimi dindar Müslümanlar, Rusların o en ölümcül silahlarına basit silahlarla kök söktürdüler. Olay şuydu; inanmış insan, keşfedilmiş ve keşfedilebilecek en büyük silahtı. Batı da, Amerika da bunu gördü. Böylece kendi destekleyip finanse ettikleri bu kahramanların içinden bir kısmını devşirdiler. Parayla devşirdiler, algıyla devşirdiler.

Neticede bir insanı üç ay içinde kimyasal, biyolojik, psikolojik telkinlerle ve ilaçlarla mütedeyyin bir yapıdan kanlı bir katile çevirebilirsiniz. Ve bu insanların kendi ülkelerindeki şartları da ağırlaştırdılar. Yani ülkelerindeki diktatörlük, hukuksuzluk, adaletsizlik, ezilmişlik, bunları da gıdıklayınca insanları devşirmek daha kolaylaştı. Özetle yeni bir şeytana ihtiyaç vardı ve bu şeytana kulları lazımdı. Şeytanın kulluğunu da bir Hıristiyan ya da Yahudinin yapması planlara uygun değildi. O yüzden Müslüman kimliği taşıyan insanlara bunu yaptırmak gerekiyordu ve maalesef tarihi tecrübelerle bunu da elde ettiler.

☞ **Afganistan El-Kaide'yi temizlemek üzere işgal edildi ve 16 yıl sonra Afganistan'a trilyon dolarlar saçıldı, binlerce insan öldü ve Afganistan hâlâ aynı noktada. Ortadoğu'nun en mamur ve gelecek vaat eden ülkesi Irak, kitle imha silahı bahanesiyle işgal edilip parçalandı. Ortadoğu'nun sınırlarının**

yeniden çizilmesi gerektiği söyleniyor. Terörle mücadeleden Ortadoğu haritasını değiştirme ve dini sindirme politikasına nasıl gelindi?

Mark Twain'in güzel bir sözü vardır: "İnsanları kandırmak, kandırıldığına inandırmaktan daha kolaydır." Hitler'in de bu durumu anlatan bir sözü vardır: "Yalanı öyle büyük söyleyiniz ki, gerçek, bu yalan karşısında titresin."

Şimdi öyle büyük yalan söylüyorlar, öyle algı operasyonları yapıyorlar ki, Atilla İlhan'ın dediği gibi "ülkeler içinde insanları devşiriyorlar." O yüzden hain kontenjanlarını buluyorlar ve bulurken de her ülkenin içinde, asli unsur dışındaki etnisiteye sahip olan veya kendisini farklı etnisite sayan veya bu düşünceye itilmiş insanları devşiriyorlar.

Bahsetmiştim; neoliberalizm bir paradokstur ama neoliberalizm ve yeni dünya düzeni de bu paradoks üzerine kuruluyor. Çünkü paradoksla kaos yaratıyorlar. Kaosun üzerine yeni dünya düzeni inşa etmek istiyorlar. Bu durum ilk bakışta çok anlaşılmaz gibi geliyor ama dikkatli bakınca alt kültür, üst kültür, alt kimlik, üst kimlik çevrenizde bir yılan gibi kıvrılıyor. Bu yılan dönecek dolaşacak sonunda Amerika'yı da sokacak. Çünkü alt kimlik, üst kimlik, çok kimliklilik en çok Amerika'da var.

🌀 **Mevcut kaosu din haline getirmeye çalışanlar, dini motifleri de kullanmaya çalışıyorlar. Armageddon Savaşı'nı 21. yüzyılda yaşamak mümkünmüş, bu iddiayı inceledik, konuştuk. Peki kıyamet koparsa, ki Armageddon Savaşı kıyamet savaşı aslında, kıyametin kazananı olur mu? Armageddon'a karşı İslam'ın bir çaresi var mı?**

Tabii bu şebekenin tezgâhladığı bütün hadiseler Zero Sum Savaşı. Toplamı, sonucu sıfır olan. Yani kazananın da kaybettiği

*Michelangelo, Kıyamet Günü resmi, 1536 Sistina Şapeli, Vatikan
(Armageddon Savaşı'nı tasvir ettiği iddia edilir.)*

bir savaş bu. İslam'ın söylediği bir şey var mı, tabii var. İslam ahlak ve adalet dinidir. İslam, kadını yüceltir. Örneğin; birden fazla kadınla evlenmek İslami değildir. Türk toplumunda istatistiki veri olabilecek birden fazla evlilik bırakınız Cumhuriyet dönemini, Osmanlı döneminde bile yoktur. Ama bir kısım Arap da böyle bir gelenek vardır. Ve bu İslami değildir. Gelenek ile İslam'ı birbirine karıştırmamalı. Ancak İslam; mecburi haller içinde, yani bir savaş ya da kıtlık sonrasında, bir erkeğin birden fazla kadınla evlenmesini, birinci eşin izni olmak kaydıyla onaylar. Misal, Müslüman olmadıkları halde Almanya'da Alman ırkının nüfusunu artırabilmek için İkinci Dünya Savaşı'ndan sonra, bir Alman erkeği 7 tane kadınla eş olmuştur.

Özetle; İslam yüce bir dindir ve gerçek İslam'ı yaşarsak, gerçek İslam'ı bilirsek, ne kadınların eteğiyle, ne başörtüsüyle uğraşırı; hakla, adaletle uğraşırız. Aç insanlara deva olmak için uğraşırız. Zulüm görmüşlerle uğraşırız. Armageddon'a karşı İslam'ın çaresi de bu hak, adalet anlayışıdır.

✍ Neden terörle mücadele hep dünyanın enerji noktalarında önem kazanıyor? Enerji kaynaklarında veya enerji rotalarında, geçiş yollarında hemen terör başlıyor, teröre karşı hassasiyet öne çıkıyor?

Çünkü İkinci Dünya Savaşı'nın Batı'ya öğrettiği bir ders var; o da şu ki, topyekûn savaşlar karşı tarafı yıksa da kendilerine de çok büyük zararlar veriyor. Nitekim Soğuk Savaş döneminde Amerika'nın pek çok ülkeye müdahale ettiğini gördük ve Vietnam'da da bir bataklığa saplandı. Vietnamlılar kahraman insanlardır, ben hep saygı duyarım o insanlara. Çünkü vatanını kim müdafaa ediyorsa saygı duyacaksın. Amerika maalesef Vietnam'a uyduruk bir gerekçeyle saldırmıştı ve 57 binden fazla kayıp verdi.

Vietnamlılar ise 3 milyondan fazla kayıp verdiler, bir o kadar insan da yaralı, sakat kaldı. Amerikalılar oraya sarin gazı attılar ve çok insanlık dışı bir facia yaşandı. Fakat aynı facia Amerika'nın içine de taşındı. İşte bu süreçte Amerika'da da bir sendrom ortaya çıktı. Bu konuyla ilgili bir sürü film de var. Ama bunlardan bir tanesi, Tom Cruise'un oynadığı *Doğum Günüm 4 Temmuz* adlı film.

🐞 Amerika'nın Bağımsızlık Günü olan 4 Temmuz...

Evet. *Doğum Günüm 4 Temmuz* filminde bir Vietnam gazisinin içinde bulunduğu haleti ruhiye anlatılıyor. Ayrıca Oliver Stone'un filmleri de var bu konuda, Amerika'nın nasıl hatalar yaptığını anlatan. Vietnam Savaşı'ndan sonra Amerika'nın çok büyük çatışmaya girdiği ilk savaş da, 1991'deki Saddam'ın Kuveyt'i işgalinden sonraki Irak müdahalesi. Amerikalı uzmanların söylediğine göre Irak işgali Amerika'ya 3 trilyon dolara mal olmuş. Bunun üzerine bir araştırma yapıyorlar ve Amerika doğrudan doğruya askeri birliklerini kullanmadan asimetrik savaşları kullansaydı, yani terörizmi ya da genetik savaşları kullansaydı maliyetin 300 milyar dolar olacağı sonucuna ulaşıyorlar. Yani topyekûn savaşın yüzde 10'u. Bu hesaplar doğrultusunda asimetrik savaş daha az maliyetli olduğu için pek çok teröristin hücumda olduğunu görüyoruz. Ama bakıyoruz ki "ben bilmiyorum" diyerek sıyrılıp çıkıyorlar. Diğer savaş türünde ise doğrudan müdahale ediyorsun.

🐞 Maşa kullanıyorsun terörizmde, böylece elin yanmıyor...

Tabii. Orduları direkt savaştırdığınızda, biraz önce söylediğim "Zero Sum Savaşları" oluyor, yani kazananı olmayan bir savaşın sonuçlarını da kendi ülkeniz içine taşıyorsunuz. Nitekim Irak işgalinden sonra bu problemler çok ciddi bir şekilde Amerika'nın içine taşınmış durumda. Amerikan askerlerinde çok ciddi psikolojik arızalar ortaya çıktı. Bu noktada terör hem az maliyetli olduğundan, hem de yaptıran ülkelere "ben bilmiyorum" deme imkânı verdiğinden, önümüzdeki 30 yılın yeni savaş modeli olacak gibi görünüyor. Ne kadar yanılmak istesem de, ülkemizin bu terör saldırılarından en çok etkilenecek ülkelerden biri olacağını düşünüyorum.

Savaş için para gerekli. Ülkelerin en çok tırmanan bütçeleri de askeri bütçeler. Savunma sanayii denilen sektör para basıyor. Savaşın ekonomik kazananı her zaman var. Savaş ekonomisi nasıl işliyor?

"Warfare economy" dedikleri savaş ekonomisi sektörü var. Bu sektörün her zaman alıcısı var, çünkü önce algı ve psikolojik hareket ile bir korku yaratıyorsunuz. Böylece alıcı buluyorsunuz. Tipik bir örnek vereyim, Suudi Arabistan'ın F16 uçakları... Suudi pilotlar çok iyi eğitimli ve maharetli pilotlar olsa bile bu uçakların orijinal yazılımı, Amerikalılara ait. Örneğin Suudilerin karşısında İsrail uçağı var ve onu vurmak için düğmeye basıyor ama uçak füzeyi ateşlemiyor.

Ancak karşıdaki İsrailli pilotun veyahut başka bir ülkenin pilotu düğmeye bastığında Suudi Arabistan uçağını keklik gibi avlayabiliyor, çünkü yazılım Amerika'ya ait, istediği gibi kontrol edebiliyor. Bu nedenle Türk ordusu Aselsan, TÜBİTAK gibi yerlerde milli yazılımlara girişti. Yakın zamana kadar tanesine 200 milyon dolar ödediğimiz F16'lar adeta soba borusuydu. Çünkü yazılım Amerikalıların ve Amerikalılar bize vermiyordu yazılımı. Bu yazılımda da İsrail, Amerikan, İngiliz uçakları düşman uçak olarak tanımlanmıyor ve bizim jetler onları düşman olarak algılamıyor, dost olarak algılıyordu. İkincisi, gece görüş sistemleri yoktu, yani F16'ların tanesine 200 milyon veriyorsunuz ama saat 17.00'dan sonra bu uçakların kaldırılamadığını düşünün. İşte bu nedenle mühendislerimiz, ordumuzun kıymetli mensupları bunun üzerine çalıştılar. Bir kısmı da ne yazık ki hayatını kaybetti. Örneğin Aselsan gibi kurumlarımızda pek çok şehit verdik; ben şehit diyorum, çünkü intihar ettiği söylenen o mühendislerimizin hiçbirinin gerçekte intihar ettiğine inanmıyorum.

Evet nedir hocam Aselsan'da olanlar?

Biliyorsunuz uzaktan beyin kontrolü var veyahut direkt fiziki müdahale ile öldürüldüler, yani şehit edildiler. Nitekim günümüzden bir misal vereyim. Bayraktar Holding insansız uçak yapan en iyi şirketlerden biri ve uçakları İstanbul'da imal ediyordu. Holdingin sahibinin oğlu da Sayın Cumhurbaşkanının kızıyla nişanlandı yakın zamanda biliyorsunuz. Sayın Cumhurbaşkanının kızıyla nişanlanan Selçuk Bayraktar'ın kuzeni de aynı şirkette çalışıyordu ve elektrik-elektronik mühendisiydi; dünyanın en iyi insansız hava taşıtlarını yapıyorlardı. Ancak bu çocuk sessiz sedasız öldürüldü. Boğazı kesilerek öldürüldü hem de. Bunu halk bilmez.

 Ne zaman yaşandı bu olay?

İki yıl kadar oldu. Bunun üzerine Türk Silahlı Kuvvetleri bu aileyi koruma altına aldı ve tesisleri de bir askeri birliğin içine alındı; orada insansız taşıtlar imal ediliyor.

Öte taraftan bu konuya benzer yine önemli bir bilgi vereyim. Rahmetli Ecevit ve Mesut Yılmaz hükümeti döneminde, Çanakkale'ye giden TÜBİTAK çalışanlarını taşıyan bir araca tır çarptı, olaya kaza süsü verildi ve bu insanlar öldürüldü.

 Yani en nitelikli beyinlere ve dayatmalara karşı çıkan projelere karşı gizli bir kampanya var?

Evet. Yine 2012 yılı sonu itibariyle elimdeki rakamlara göre söyleyeyim çünkü daha sonraki yılların rakamlarına araştırmalarımda ulaşamadım; Irak'ta, işgalden sonra 190 bin gazeteci, öğretim üyesi, öğretmen, iktisatçı, mühendis, hukukçu, keskin nişancılar tarafından vurularak öldürüldü.

Sonuç olarak günümüzde savaş iki unsur üzerinden gidiyor maalesef. Bir; o ülkenin okumuş kesimi ortadan kaldırılıyor. İki; o ülkenin, o milletin millet olarak çoğalmasını, yani ırk olarak çoğalmasını önlemek için kadınlara tecavüz ediliyor veyahut türlü yöntemlerle doğuramaz hale getiriliyorlar. Nitekim İkinci Dünya Savaşı esnasında İsveçlilerin İsveç Çingenelerine benzer uygulamalar yaptığını görüyoruz. Bugün de Bosna'da ve Irak'ta Müslüman kadınların başına bunlar gelmiştir. Yani savaşın böyle bir gayri insani tarafı da var.

Peki Türk savunma sanayii, dayatmalara karşı ne durumda?

Artık Türk ordusu bu konuda maharetli ve bu silahları, sistemleri Suudi Arabistan'a ve pek çok ülkeye satıyor. Öte taraftan milyonluk, milyarlık teknolojik silahlar yazılım ve internet yoluyla çalışıyor. Örneğin bir muhabereye girdiğinizde bir virüs gönderiyorlar ve sistem çalışmaz hale geliyor. İşte bütün bunları becerecek kadronuzun olması gerekiyor. Bunu satmak için de çok iyi reklam yapıyorlar. Tehdit algısını büyütüyorlar. Bu tehdit algısının karşısında da başta Suudi Arabistan olmak üzere pek çok ülkeye silah satıyorlar.

Özetle; yılan büyüktür ama yılanın belalısı akreptir. Akrep büyüktür, ama akrebin belalısı sarı yaylak diye bir hayvandır. Küçücük bir hayvandır; Akdeniz'de, Ege'de çok olur. Yılan akrebi görünce kıpırdayamaz; akrep, sarı yaylağı görünce kıpırdayamaz. Çünkü sarı yaylak arkadan gelir, akrebin kıskacını kesiverir ve oturup beynini yer. Şimdi teknolojik silahların da belalısı, yani akrebin sarı yaylağı da basit yazılımlardır. O anlamda Türk milleti, hükümetimiz, devletimiz bu yazılım meselesine çok önem vermek durumunda.

Sanki silah satın almaktansa bu silahlara karşı daha ucuz savunma sistemleri geliştirmek, daha iyi bir çözüm...

İngiliz Genelkurmay Başkanı David Richards, 17 Ocak 2010'da *The Sunday Times*'a verdiği bir mülakatta özetle şöyle diyor: "Günümüzde siber savaşlar başladı, artık savaş jetlerini, savaş gemilerini satın almayı bırakalım. Siber çağımızda siber savaşlara, insansız uçaklara ihtiyacımız var. Sadece terör teşkilatlarına karşı verilen savaşlardan bahsetmiyorum. Artık devletlerarası savaşlarda da durum bu.

Geçmişte olduğu gibi tankların karşısına süvariyle çıkmamak gerekiyor. Oysa Soğuk Savaş'ın bitişinden beri gerçeği inkâr ediyoruz. Eskisi gibi cepheler söz konusu değil. Irak ve Afganistan'daki düşman, düşük bütçeli ucuz silahlarla ölümcül tehdit oluşturabildiğini gördü." İngiliz Genelkurmayı "Siz neden ders almıyorsunuz" diye İngiliz siyasetçilere açıkça yükleniyor.

Silah satın almanın yüksek maliyeti, zaferi garantilemiyor.

Evet. İngiliz Genelkurmay Başkanının bu sözlerinin altını iyi çizmek gerekir. Bu anlamda elbette bir savaş ekonomisi, bir savaş endüstrisi sürekli pompalanacak, çünkü bunu ülkelere satacaklar yüksek fiyatlara. Ama biraz önce verdiğim örneklerde olduğu gibi; bu silahları almak başka şey, bu silahları kullanmak başka şey ve bu silahların parçasını tedarik etmek bambaşka bir şey. O zaman yazılımlarla ve hafif, daha etkili silahlarla savaş, daha net sonuç veriyor.

Irak ve Afganistan işgali, bir şeyi daha gösterdi; Amerika havadan bombaladı, ama muharebe alanına piyade postalı değmedikçe, havadan bombardımanla savaşı kazanmak mümkün değil.

🖎 *Psikosiber Savaş ve Para Oyunu* adlı kitabınızda, savaşlarda mikroçiplerin nasıl kullanıldığından bahsediyorsunuz ve şöyle bir ifadeniz var: "ABD ordusu ve ajanları, Pakistan veya benzeri yerlerde muhtelif kabilelere mensup kişilere bu çipleri yerleştirmeleri için para ödüyor. Sonra da uzaktan kumandalı uçakları yani droneları ile dünyanın öbür ucundaki Las Vegas'tan 60 kilometre uzaklıktaki hava üssünde yerleşik bir operatör vasıtasıyla uçuruluyor. O zaman bu mikroçiplerle savaş çıkarılabiliyor."

Kesinlikle... Ve bunu artık Amerikan film endüstrisi Hollywood da saklamıyor zaten. *Good Kill* diye bir film vardır ve o film Las Vegas'tan 60 kilometre mesafedeki yerde operasyona katılan pilotun ruhsal durumunu anlatır. Bir pilot oturduğu yerden hiç görmediği bir yeri, hiç görmediği insanları uydu yoluyla, internet yoluyla vuruyor. Çünkü o insanların beynine ya da vücudunda bir yere mikroçip takılmış. Daha önce de bahsettim, öyle tutup takılmasına da gerek yok. Su püskürterek bile yerleştirebilirsiniz mikroçipleri ya da gökyüzünden atabilirsiniz. Bu konuda da çok ciddi iddialar var.

İşte bu açıdan baktığımızda binlerce kilometre öteden, örneğin Las Vegas'tan Afganistan'daki hedefleri çipler vasıtasıyla bulup ortadan kaldırmak mümkün. Hedefi yok ederken de oradaki masum insanların ölmesini de umursamıyorlar. Yeter ki, hedeftekini ortadan kaldırsın, buna bakıyorlar. Bu anlamda da bir savaş ekonomisi var elbette.

Savaş ekonomisinde de bu üst teknoloji (hightech) ürünü silahları almak başka şey, kullanmak başka şey, tamiri bakımı başka bir şey. O halde bunları satmak için de bir korku imparatorluğu yaratmak zorundasınız.

ABD, Çin, Rusya gibi ülkelerin askeri yapıları içinde siber savaş birimlerinin olduğu biliniyor. Siz de bahsettiniz. Siber mücadelenin yoğunluğu hangi aşamada?

Devletin iki temel yükümlülüğü vardır. Bir, güvenlik sağlama; iki, ekonomik refah sağlama. Modern istihbarat dediğimiz; milli istihbarat ve sürecin işleyişine istihbarat çarkı adı verilir. Söz konusu çark 4H dediğimiz bir sisteme dayanır; "herkes", "her şey", "her daim", "her yer" istihbaratın konusudur. Yine modern istihbaratı üç ana kola ayırıyorum. Bir, hedef olanlar bağlamında istihbarat; iki, modern istihbarat; üç, kullanılan araçlar açısından istihbarat.

Öte taraftan siber istihbarat deyince, siber uzay, siber tehditlere de bakmamız gerekiyor. Siber âlem; bilginin tanımlanması, kaydedilmesi, iletilmesi gayesiyle ağ merkezli sistemleri, internet ve benzeri haberleşme ağlarını da içine alan bir âlem. En geniş manasıyla siber uzay ise bilişim ve iletişim ağlarını şekillendiren uzayı ifade etmektedir. Siber savaş ise; ekonomik, siyasi, askeri veya psikolojik gayeler için hedef seçilen ülkeye yönelik bilgi ve iletişim sistemleri üzerinden gerçekleştirilen organize saldırılardır.

Günümüzde siber teknoloji uzmanlarının yönetiminde siber savaşlar giderek önem kazanmaktadır. CIA'in yan kuruluşu sayılan Rand Corporation şöyle bir tespitte bulunmaktadır: ABD'de yeterli sayıda siber güvenlik uzmanının olmaması milli güvenliğin tehdit altında kalmasına neden olmaktadır. Örneğin Estonya, başkenti Tallinn'deki ana meydanda bulunan meçhul Rus askeri heykelini şehir dışına taşıyınca Rusya bunu hakaret olarak kabul etti. Bu heykel İkinci Dünya Savaşı'nda Almanlara karşı direnen Rus askerlerini temsilen Tallinn'in meydanına dikilmişti. Biraz da Rusların Estonyalılara gözdağı vermek için yaptığı söylenir. Estonya, Rus heykelini dağın başına taşıyınca 27 Nisan-9 Mayıs 2007 arasında Estonya bilgisayar sistemine bir milyon bilgisayarın kullanıldığı siber bir saldırı gerçekleştirildi. Böyle kapsamlı bir siber saldırı dünyada ilk kez gerçekleştirildi. Daha sonra 2008'de Rusya, Gürcistan'a saldırdı. Rusya önce Gürcistan'ın altyapılarına siber saldırı düzenleyerek devleti çökertti, sonra askeri müdahalede bulundu. Yani devleti çalışamaz hale getirdi. Estonya işte bu bağlamda 14 gün boyunca tam manasıyla felç oldu. NATO ve AB'de görev yapan siber savaş uzmanları Estonya'ya gelerek bu sorunu çözdüler.

 ABD ne yapıyor bu alanda?

ABD 2009 yılında merkezi Fort Meade Maryland'de bulunan bir siber komutanlık kurdu. Bu askeri üs şu anda faal... Yine ABD Milli Savunma Kanunu'na 2010 yılında bir madde eklediler; her ne kadar milletlerarası normlara göre kanunsuz olsa da bu kanun maddesiyle artık siber savaş yapmayı serbest ve meşru hale getirdiler.

ABD'nin İran'a karşı Stuxnet casus programını kullanarak bir siber savaş başlattığı haberi 1 Haziran 2012 *New York Times*'ta yer aldı. Daha sonra zaten biliyoruz ki, İran'ın nükleer çalışmalarını İsrail ve Amerika işbirliğiyle sabote ettiler. Yine 19 Haziran 2012 tarihinde *Washington Post* gazetesi, ABD'nin İsrail ile beraber geliştirdiği Flamesadlı bir programla İran'ın bilgisayar sistemlerine girip nükleer çalışmalarına sekte vurmaya çalıştığı haberini verdi.

Amerikalıların geliştirdiği sessiz savaş silahı olarak adlandırılabilecek bir program var. Phalanx dedikleri siber savaş programlarının bir parçası ama siber savaşın da bir üstü denilen kötü maksatlı yazılımlar üzerinden yapılıyor ve buna "malware" deniyor. Casus yazılımlara ise "spyware" deniyor. Bu programlar aracılığıyla yeni bir siber saldırıyı kolayca başlatmanız mümkün.

Siber savaşta hem karşı tarafın bilgisayar ağını virüslü programlarla felce uğratabilirsiniz. Diğer yandan casus yazılımlarla hedef bilgisayarlarda bulunan verileri alıp kullanabilir, istediğiniz yere nakledebilirsiniz. Pentagon'un İleri Savunma Araçları Proje Ajansı adlı bir kurumu var. Buna kısaca DARPA deniliyor. DARPA açık ifadesiyle Star Wars türü projelere imza atıyor. Yani ilk başta "Bu komplo teorisidir" diyebileceğiniz projelere imza atıyor. İşte günümüzde siber savaşta kullanılan, İsrail ile birlikte geliştirdikleri Stuxnet adlı yazılımlar artık deşifre olmuş vaziyette. Deşifre olmayanları bilmiyoruz ama önümüzdeki zaman içinde araştırmalarla muhtemelen öğreneceğiz.

İsrail de bu alanda hayli faal ve ABD ile çok yakın işbirliğinde...

İsrail ordusunun internet sayfasında duyurulduğuna göre, siber âlemde amansız bir savaş yürütüyor İsrail ordusu. Bu siber savaşı ABD ile işbirliği yapmadan yürütmesi mümkün değil, deniyor. İsrail'in çok sayıda savaş kurumuna sahip olduğu biliniyor. Bunlardan bir tanesi 8200 adlı askeri istihbarat birimi. Bu birimin, "Amerika'nın Küresel Kulağı" denen NSA'e denk geldiği iddia ediliyor.

Bir diğeri, 8200'ün İsrail'in ordu bünyesindeki kolu: C41 dairesi. Bu kol, askeri şebekeleri 8200 ile birlikte işbirliği içinde düşman saldırısına karşı koruyor. C41 dairesinin Tel Aviv'deki Kirya askeri karargâhında bir siber savunma üssüyle saldırı üssünün olduğu muhtelif kaynaklarda yer alıyor. Bunlara elbette MOSSAD'ın kendi birimleri de ekleniyor. Öte taraftan siber güvenlik de dünya pazarında hızla büyüyor. 2012 yılında dünyadaki siber güvenlik pazarı 64 milyar dolardır. Bunun 2017'de 120 milyar dolara, 2022'de ise 250 milyar dolara çıkacağı tahmin ediliyor. Yani artık yeni bir para kazanma alanı var, tabii yüklü miktarda paradan bahsediyoruz.

"Amerika'nın küresel kulağı" olarak nitelendirilen
NSA'in kartal figürlü logosu

Peki siber saldırıların dışında hangi savaş enstürümanları var?

Alaska ve Kanada'nın IRI diye elektromanyetik saldırılar yapabilen bir birimi olduğunu artık biliyoruz. Bu birimlerin deprem oluşturma, yani fay hatlarını tetikleyerek, deprem oluşturma kabiliyetinden söz ediliyor. Nitekim bu konuda Rus kaynakları Amerika'yı, Amerikan kaynakları da Rusya'yı suçluyor.

Katrina Kasırgası gibi kasırgaların olduğu günlerde Amerikalılar kasırgalara sürekli Rus kadın ismi koyuyorlardı ve ardından Amerikan kaynakları da Katrina kasırgasında Rusları suçluyordu. Aynı şekilde California orman yangınında da Rusları suçladılar. Ruslar da Sibirya steplerindeki buğday tarlalarının bundan 5-6 yıl önce cayır cayır yanmasından Amerikalıları suçladılar. Burada bir dengeyi de arz edeyim. Şöyle bir benzetme yapmak gerekirse; Rusya'nın elindeki bu teknoloji Ferrari ise, Amerika'nın elindeki teknoloji daha Murat 124'tür.

🔊 **O zaman şunu çıkarabiliriz buradan; Amerikalılar bunları yaptıysa, Ruslar kim bilir neler yapar?**

Evet. Mesela Van depremini ve 19 Ağustos 1999 depremini, Rus kaynakları HAARP'a yüklüyor. Öte taraftan Japonya'daki Fukuşima nükleer santralindeki kaza, Endonezya'daki tsunaminin bir HAARP ürünü olduğu hemen hemen kesin gibi. Yani katmanlarla oynuyorlar ve bunlar da yeni bir şey.

HAARP'ın Fas temelli radarları var. Bunlar da zaten Evanjelizmden çok ayrı düşünülebilecek şeyler değildir. Fas temelli radarların özelliği şu; elektromanyetik sistemle çalışıyor ve uçakları bloke ediyor, Suriye'nin düşürdüğü iddia edilen Türk fantomunu muhtemelen HAARP düşürdü. Çünkü iki şey iddia edildi; füzeyle düşürüldü dediler ama uçağımızı çıkardık, yanık yoktu, füze izi yoktu. Aşağıdan uçaksavar ateşiyle düşürüldü dendi, ki uçakta uçaksavar izi de yoktu.

🔊 **Yine sizin kitabınızda hukukçu köşe yazarı Glenn Greenwald'un bir ifadesi var; internet hem büyük kolaylık hem de yeni bir savaş alanı. İnternet bizim postane ve telefonumuz değil, aksine dünyamızın merkezi. Hemen hemen** her şeyin yapıldığı bir yer. **Arkadaşlıkların kurulup çevre edinildiği, kitapların ve filmlerin seçildiği, siyasi etkinliklerin organize edildiği ve en özel verilerin oluşturulup depolandığı yer. Kendi kişilik ve benlik bilincimizi geliştirdiğimizi ifade ettiğimiz yer. Aslında gerçek dünyadan başka bir dünya da yaratmış olduk böylece.**

Kesinlikle. Özellikle genç okuyucular için belirtmek isterim ki, bilgisayarı, cep telefonunu ve internet adreslerini fütursuzca kullanıyorlar. İşte bu anlamda dikkat etmemiz gereken şeyler var. Siber casusluk ve savaşı nasıl yapıyorlar; yazılımlar ve cihazlar üzerinden.

Unutmayın bilgisayarınızdaki bilgiler, bilgisayarınız kapalıyken bile çalınabilir. Cep telefonunuz kapalıyken bile dinlenebilir. Cep telefonunuz kapalıyken bile sizin fotoğrafınızı çekebilirler. Mesajlarınız siz hiç farkına varmadan alınabilir, bir başka yere transfer edilebilir, takip edilebilir.

Yüklenilen yazılımlarla cep telefonu, tekrar edeyim, kapalı olsa dahi dinlenebiliyor, takip edilebiliyor. Öte taraftan casus programla hedef alınan bilgisayarı ve internet bağlantılarını takip edip istenilen yere aktarabiliyorlar. Yine casus program, elektronik postayla hedefteki bilgisayara gönderiliyor.

Elektronik posta açılınca program siz hiç farkına varmadan devreye giriyor, siz elektronik postayı belki sildiğinizi zannediyorsunuz ama o arada elektronik postaya eklenmiş olan o program anında sisteminize giriyor.

Artık internetin açık olduğu her daim kayıt yapabilir ve istenilen kişiye sizin hakkınızdaki bilgileri verebilir. Neticede bunlardan kaçış yok, ama akıllı olan dikkatli olur.

🖐 Teröre karşı bir güvenlik endüstrisi de oluştu. Terör en sinsi yollardan vurduğu ve güvenli yaşamı tehdit ettiği için bütün ihtimallere karşı güvenlik geliştirmek, ayrı bir endüstrinin görevi oldu. Konvansiyonel savunma endüstrisinden farklı olarak bu endüstri de para basıyor. Terörün ekonomisi bağlamında bu da çok önemli...

Bu noktada havaalanlarını saymamıza bile gerek yok. Alışveriş merkezlerine hepimiz haftada en az bir kez gidiyoruz. Ama gençlerimiz genelde buralarda vakit geçiriyor ve o cihazlardan girip çıktığında bir radyasyon duşundan geçtiğini de bilmesi gerekir herkesin. Bu, insan sağlığı açısından son derece zararlı. Öte taraftan milyar dolarlık bir sektör bu, çünkü bu cihazların üç yıl gibi bir süre içinde değiştirilmesi gerekiyor. Neden derseniz, sürekli teknoloji yenileniyor ve cihazlar geliştiriliyor, yani her bir üst modelin daha iyi sonuç verdiğini, daha iyi gösterdiğini iddia ediyorlar. Olay kısır bir döngü. Artık havaalanlarında insanların mahremine bile giriliyor. İnsanları çırılçıplak gösteren bir cihaz Amerika'da kullanılmaya başlandı.

🖐 Ne kadar acı ki; eğitime, sağlığa, çocukların gelişimine, spora harcanabilecek sınırlı kaynaklar, tanka, topa ya da güvenlik kamerasına, X-Ray cihazına veya akla gelmeyen binlerce kaleme harcanıyor. Savunma ya da terörle mücadele adı altında harcanan para aslında büyük bir israf. Savaş ya da terörü önleyecek malzemeyi satanlarla savaşın tarafları, vekalet verenleri, aynı devletler. Üstelik sattığı silah ve malzeme, ihracat geliri sayılıyor. Bir ülke silah satarak para kazanıyor. Ayıca sattığı silahı kredi ile borç vererek satıyor. Barış gelirse trilyon dolarlık savaş endüstrisi ne yapar?

Şimdi bu hikâye tabii ki yeni değil. Atamız Osmanlı 1854 Türk-Rus-Kırım harbinden önce Londra borsası ile Paris borsasından borçlanmıştı. Sonra birden Rus-Türk savaşı çıkarıldı. *Türkiye Ekonomisi 1838-2010* kitabımda da anlattım; oradan borçlandığımız paraların faizini bile peşin ödedik. Türkiye'ye, Osmanlı Türkiye'sine gelmeden Fransızlardan, İngilizlerden silah aldık, yani adamlar parayı bir cebinden alıp diğer cebine koydu. İngilizler ve Fransızlar bize o günlerde "Siz de Avrupalısınız" dediler. Sözde bize destek olmak için de İngiliz ve Fransız ordu birlikleri bugünkü Eminönü'ne geldiler. Oysa destek olmak isteyen, cepheye gider. Burada yeri gelmişken şunu belirteyim; Osmanlı Türk tarihinde randevuevleri, genelevler gibi meşru olmayan kurumlar azınlıklar tarafından işletilirdi. İlk defa 1838 Balta Limanı Serbest Ticaret Antlaşması'yla başlayan ve 1854'te Rus-Türk savaşından sonraki süreçte bu tür genelevlerde Müslüman kadınlar da çalışmaya başlamıştır. Yani bu savaş aynı zamanda ahlaki ve sosyal yıkıma neden olmuştu.

Savaşı hafife almamak gerek. Bir savaşın arkasında toplumu bitirme operasyonları da vardır. Savaş kendi milli bekanı korumak için elbette meşrudur, ama durup dururken savaş, bir ülkenin, toplumun felaketidir. Üstelik günümüzde savaşlar çok daha acımasız bir şekilde gerçekleştiriliyor. Bunu en iyi John Perkins *Bir Ekonomik Tetikçinin İtirafları* adlı kitabında anlatır. Kendisi de bu tür kurumlarda çalışmış. Sizi borçlandırırlar, size silah satarlar. Üstelik o para gelmez bile ülkenize. Size otoyolları, havaalanları yaptırırlar; eğer bir bahane bulup da bu ekonomik tetikçilerin söylediklerinin dışına çıkmaya kalkarsanız, bu kez onların istihbarat kurumlarının esas oğlanları devreye girer. Eğer onları da aşarsanız o zaman Pentagon liderliğindeki "koalisyonları" üzerinize salarlar.

📢 **Koalisyonlu savaşlar deyince aklımıza Irak işgali, Afganistan işgali, Libya'ya müdahale geliyor. Afrika ülkelerinde medyaya bile yansımayan nokta operasyonları var. Bunların da bir ekonomik faturası ve bu faturalardan kâr edenler var değil mi?**

Amerika'nın Irak'a askeri müdahalede bulunduğu yıllarda Amerika Birleşik Devletleri'nin federal devlet borcu yaklaşık 8 trilyon dolardı. 2015'in sonunda yani 12 sene sonra Federal Hükümetin borcu 19 trilyon doları devirmiş vaziyette. Eyaletlerin borcu da ikiye katlanmış durumda. İşte sorduğunuz sorunun cevabı burada; FED'i kontrol eden aileler, Anadolu deyimiyle malı götürüyorlar.

📢 **Sizin de belirttiğiniz gibi Amerika'nın belirli ailelerinin FED'i ve kilit kararları kontrol ettiği ve savaştan para kazandığı iddiası var. Bu yüzden ABD'yi savaşa zorluyorlar. Peki Amerikan başkanı, Kongre, siyasi yapı bir kenara itiliyor ve savaş kararını bu aileler mi alıyor? Baktığınız vakit bunu dışarıdan gören biri "komplo teorisi" diyebilir.**

Buna komplo teorisi demenin hiçbir mantıklı gerekçesi yok. Bir örnekle durumu açıklayayım: İkinci Dünya Savaşı'nda yaşanan Pearl Harbor olayının istenseydi önlenebileceğine dair öyle çok kaynakta bilgi var ki, kısaca Amerika istese bu saldırıyı önleyebilirdi. Çünkü haftalar öncesinden Japonların Pearl Harbor'a saldıracağı belliydi. Ama Amerikan halkı savaş istemiyordu. Amerikan başkanı da savaş istemiyordu. Az önce sözünü ettiğimiz bu aileler savaş istiyordu. Ve Japonların Pearl Harbor'a saldıracağı bilgisinin, özellikle başkana ulaşması engellendi. İstihbaratın başkana gitmesi engellendi. Başkanın artık geri dönemez bir noktaya geldiği aşamada ve Pearl Harbor saldırısından sonra ise Amerikan halkının yüzde 95'i savaş istiyordu artık. Bu aileler de daha çok para kazanarak istediklerine ulaşmış oldular.

Burada kast ettiğimiz, Amerika'daki finans sistemini kontrol eden aileler. Yani direkt ülkenin para basmasında rol oynayan aileler. Bir başka örnek verelim; tarihi bir belgedir bu: Fransa ile İngiltere arasındaki Waterloo Savaşı'nda hem Fransa'yı hem de İngiltere'yi Rothschild ailesi finanse etmiştir. Ayrıca Amerikan İç Savaşı'nda yine bu aileler hem Kuzeyi, hem Güneyi finanse etmişlerdir. Bundan dolayı Pearl Harbor için de böyle bir senaryo var.

🖋 **Diyoruz ya bu ülkenin başkanı yok mu, meclisi yok mu, demokratik sistemi görmüyor mu bu olanları diye... Moda deyimle "checks and balances" işlemiyor mu, yoksa bu bir ezber mi?**

Eğer Amerika'nın en büyük televizyon kanalları, gazeteleri, *New York Times, Washington Post, Chicago Tribune, Philadelphia Inquirer, Los Angeles Times* gibi gazetelerin sahipleri, film şirketlerinin sahipleri 7 aile ise, bu mecralarda 7 ailenin görüşüne muhalif yayın yapamazsınız.

🖋 **Kuralların altüst olduğu dünyada gayri nizami çatışmaya siyasi ve dini boyutlar da eklendi. Barış dini İslam'ın imajı, zihinlerde terör ve şiddet algısıyla yeniden şekillendi. Elbette bunlar planlı programlı projeler. İnsanları İslam ile korkutmaya çalışıyorlar. Peki ama neden? İslam korkusu kimlerin işine nasıl yarayacak?**

Batı medeniyeti şeytansız yapamaz. Batı medeniyeti kendi toplumunu ayakta tutmak için mutlaka ötekileştireceği bir zümreye ihtiyaç duyuyor. Avrupalılar daha önceki çağlarda Yahudileri ötekileştirmişti. Öyle şeyler uydurmuşlardı ki, misal "Yahudilerin hamursuz bayramında Hıristiyan çocuklarını keserek onların kanıyla özel ekmeklerini yaptıkları" gibi. Daha sonra sosyalistler ve Sovyet Bloğu şeytan postuna oturtuldu. 1980'lerden itibaren de komünizmin ve Doğu Bloğu'nun çökeceği anlaşılınca bunun yerine 1978'de, özellikle Ruslara açık kapı bırakılarak Afganistan'a girilmesi sağlandı. Ruslar Afganistan'a girince de oradaki mücahitlere destek verildi. İçinden devşirilenler oldu.

Öte taraftan 1978'de İran da bir darbe oldu. Humeyni iktidara geldi. Humeyni ve Saddam'ı 10 yıl savaştırdılar. İki tarafa da silah sattılar. Ama burada iki büyük algı operasyonu yaptılar. Birincisi, iki Müslüman ülkeyi savaştırarak "Bakın, Müslümanlar kan ve gözyaşı içindeler" demek istediler. O zamanlar Amerika'daydım ve ekranlar birbirini boğazlayan Müslümanların kanından geçilmiyordu. İkincisi de, Batı'nın kendi içinde yaşadığı mezhep savaşlarının benzerini Saddam ve Humeyni liderliğindeki İran-Irak savaşına taşıdılar; yani aslında Şii ve Sünni savaşını başlattılar. İşte bu anlamda Afganistan'daki objektif şartlardan devşirdikleri Taliban, El Kaide türü militanların kökenleri de vardır. Zaten Mısır'daki Müslüman Kardeşlerin en azından birkaç kolu İngiliz istihbaratının kontrolü altındadır.

Nitekim çok önemli iki örnek vermek istiyorum. Yıl 1998, ben Kanada'da British Columbia Üniversitesi'ndeyim. Güney Afrikalı beyaz, Bibi diye bir arkadaşımla aynı evde yaşıyorum; o Kanada'ya göçmüş. Bibi'nin yeğeni geldi bir ara, BBC'de çalışıyordu ve Müslüman olduğunu söylediğinde afallamıştım. Ama daha ilginci bana Prens Charles'ın da gizli Müslüman olduğunu söylemesiydi. Aradan kısa bir müddet geçti; Bibi, bana Kanada'ya Türkiye'den bir şeyh geldiğini söyledi. "Cumartesi günü konferansı varmış. Onu dinlemeye gidelim," dedi ve gittik. Gittiğimde gördüğüm Kıbrıslı şeyh Nazım Kıbrısi'ydi. Nakşibendi şeyhidir. Yanında çok güzel İngiliz kızları vardı. Ve en azından kızların herhalde yarısı MI5'in, MI6'nın ajanıydı, yani gözlerinden okunuyordu.

Mamafih Nazım Kıbrısi kürsüye çıktı ve "Ey müminler sevgili kardeşlerim. İngiliz Kraliyet Ailesi Hazreti Peygamberin soyundandır," dedi. Ben bunu gözlerimle gördüm, kulaklarımla duydum. Sonra Türk basınında da yer almış bu. Ama herkes bilir ki İngiliz Kraliyet Ailesi Alman kökenlidir. Hatta Alman Musevisi oldukları iddiası da vardır. Bunun üzerine salonu terk ettik. Yani, İslam üzerine bir oyun oynanıyor.

Buna benzer bir de Meryem Cemile olayı vardır...

Evet, onun hikâyesini herkes bilmeli. 1960'ta New York Üniversitesi'nde felsefe doktorası yapan Margaret Marcus adlı bir kadındı aslında. Margaret Marcus, Alman Musevisi, ama bir anda Yahudi inancından vazgeçiyor ve Hıristiyan oluyor. Belgelerle sabittir bu. Ben kendisiyle hayatının son zamanlarında tanışma imkânı buldum. Mamafih Margaret Marcus Hıristiyan olunca bu kez Müslümanlığı öven yazılar yazmaya başlıyor. Yaklaşık 1-1.5 sene yazdıktan sonra da Ramazan ayında Hıristiyanlıktan da vazgeçiyor ve "ben Müslüman olacağım" diyor ve Meryem Cemile adını alıyor. Meryem Cemile o günkü şartlarda İslam ile sosyalizmi birleştiren Pakistanlı Mevdudi'nin sağ koluyla evlendirildi. Mevdudi'yi iki anlamda analiz edelim. Mevdudi mübarek İslam'ı sosyalizm ile eşleştiriyor ve "İslam, sosyalizm ile kardeş gibidir" diyordu.

Rahmetli Kaddafi sanırım bu söylemden hareketle, ülkenin adını Libya Arap Halk Sosyalist Cemahiriyesi koydu. Bu arada Mevdudi halka "Televizyonu seyretmeyin, kâfir işidir, zındık işidir" diyordu. Ama kendisi, Londra gazetelerinde, Londra otellerinde dekolte hanımların hizmet verdiği kokteyllere, partilere katılıyordu.

Bu arada Meryem Cemile'nin yazıları hızla devam ediyor ve kitapları yayılıyordu. Meryem Cemile'nin birçok İngilizce eserini de okudum. Bir gazetemiz de Meryem Cemile'nin iki üç kitabını Türkçeye çevirip insanlarımıza bedava dağıttı. Ve maalesef Meryem Cemile'nin eserleriyle İsrail'in politikaları çok ilginç bir şekilde birbiriyle örtüşüyordu.

Meryem Cemile diyordu ki: "Müslüman için vatan, seccadeyi serdiği yerdir. Aşırı vatanseverlik ve milliyetçilik İslam ile uyuşmaz." Aynı şeyi İsrailli liderler de söylüyor. Meryem Cemile'nin kitaplarını, görünmez bir el Arap dünyasının tamamında milyonlarca adet basıp dağıtıyor bedava. Bu bir misyonerlik. Müslümanlığı çok seven bir Yahudi, Müslüman olmuş, onun kitaplarını dağıtıyorlar. O kişinin temel düsturu da; Müslüman için vatan mefhumu, seccadeyi serdiği yerdir. Yani Amerika'da seccadeyi serebiliyorsan senin vatanın orasıdır. Çok ilginç bir şekilde 1970-75'lere kadar Arap toplumlarında da, Türk toplumunda da dindarlık ve milliyetçilik eşanlamlıydı; yani hem milliyetçi hem dindardı insanlar. Sonra dindarlar ile milliyetçileri ayırdılar. Dindarlık ile milliyetçiliği suni olarak ayırdılar ve sanki "dindarlar milliyetçi olamaz" fikri yerleşti. "Milliyetçi olan da dindar olamaz" gibi bir noktaya getirdiler.

1967'de bir Pazar sabahı İsrail Hava Kuvvetleri dünyanın en modern hava kuvvetlerine sahip olan Mısır ve Suriye hava kuvvetlerini iki saat sürede yok etti. Ve Meryem Cemile'nin misyonu tamamlanmıştı. Sonra Meryem Cemile yazmaz oldu zaten. İşte maalesef o günden beri mübarek İslam'ı sosyalizm ile evlendirmek isteyen bu Batı ajanları var. Berlin Üniversitesi ve Harvard Üniversitesi destekli iki vakıf kurdu Batılı dostlarımız, Müslümanları çok seviyorlar sanırım. Nedir biliyor musunuz vakıfların adı: Kalvinist Müslümanlar Vakfı. Yani, Kapitalist Müslümanlar Vakfı, yani "Sosyalizmi İslam'a yediremedik, bugün Kapitalizmi verelim" demek bu.

11 Eylül sonrası gelişmelerden en çok etkilenen ülkelerden biri Türkiye. Türkiye'nin yaşadığı süreç de malum. Dünyada İslam karşıtı tüm gelişmeler Türkiye'yi de etkiliyor.

12 Eylül öncesinde, Osmanlı'da bizim insanımızı Alevi, Sünni diye ayırmaya kalktılar. Yani Alevi Sünni diye çatıştırmaya kalktılar. Alevi'de de, Sünni'de de üç temel: Allah bir, peygamber bir, Kuran bir. Peki bu İslam'ın yüzde 95'i değil mi? Yüzde 95'i. Alevi de buna inanıyor, Sünni de inanıyor. Yüzde 95'i inanç temeli aynı olan Alevi Müslüman Türk ile Sünni Müslüman Türk'ü kavga ettirmek istediler. Dönelim şimdi Hıristiyanlığa. Katolik Hıristiyanlık, önce 4 İncil'e inanır, sonra Tevrat'a bakar. Protestan Hıristiyanlar önce Tevrat'ın 5 kitabına inanır, sonra İncillere bakarlar. Yani inancın temeli baştan farklı. Onlar ise birbirlerini severken, bizim Alevi Müslüman'ımız ile Sünni Müslüman'ımızı boğazlatmak istiyorlar.

Aynı şekilde Şia yani Şii Müslümanlık ile Sünni Müslümanlığı kavga ettirmek istiyorlar. Ama burada kabahat elbette Batı'da değil. Kabahat Müslümanların "oku" ayetini anlayamayıp, 700 ayetteki aklı kullanamaması. Çünkü yüce Allah ayetinde açıkça söylüyor, o aklı kullanmayan medeniyetleri biz helak ederiz diye. Zuruh suresi 3. ayeti; *"Biz size apaçık bir Kuran meydana getirdik. Anlayıp aklınızı kullanıp, değerlendirmeniz için"* der.

İslam'da en çok akılla ilgili ayet vardır. Anadolu'da mesela akıl baliğ olmayan çocukları oruca kaldırmazlar, namaza götürmezler. Akıl baliğ olduktan sonra yavaş yavaş öğretirler. Yani akıldan yoksun ise zaten sorumlu değilsin.

California Üniversitesi'nde sizin ilginç bir tespitiniz var...

California Üniversitesi'nde bir gün kütüphaneye çıktığımda üzerinde "özel katılımcılar girebilir" yazılı bir bölüm gördüm. Mamafih oraya özel bir izinle girme imkânı buldum. Arnold Toynbee adında bir İngiliz siyasetçi ve tarihçi vardır. Onun Türklerden ve Müslümanlardan hoşlanmadığını biliyoruz. Toynbee'nin 1955 yılına ait "çok gizli" damgalı bir raporunu gördüm o özel bölümde. Ve o gizli raporda şöyle diyordu: Artık günümüzde güney Müslümanlığı -parantez içinde Suudi Arabistan olarak belirtmişti- Mısır Eş'abi eksendeki İslam şeyh ve şıhın elindedir. Batı medeniyeti için tehdit değildir. Parayla şeyhi, şıhhı satın alabilir ve istediğinizi yaptırabilirsiniz diyordu. Ama kuzey Müslümanlığı -yine parantez içinde Semerkant, Buhara, İstanbul eksenindeki Hanefi Türk Müslümanlığı yazmış- Mustafa Kemal gibi isyancılar çıkarır diyordu. "Batı medeniyeti için tehdittir ve buraya dikkat" diye yazmıştı.

Türkiye bu oyunları nasıl bozar?

Her zaman söylediğim gibi; siyasi, ekonomik ve sosyal olayların laboratuvarı tarihtir. Tarihe baktığımızda Türk milletinin 5 bin yıllık geçmişi var; 17 imparatorluk kurmuş bir millet. Her şeyden önce imparatorluk geleneği var. Öte taraftan kurumsal bir şekilde yaklaşık 3 bin yıla varan bir ordusu bulunmakta. Bu anlamda ordusuyla Türkiye, İslam dünyası içinde de farklıdır.

Ayrıca dünyadaki 1 milyar 700 milyonluk İslam âlemi içinde Türkiye'nin bir farkı vardır. Öncelikle bu farkı Cumhuriyete ve Gazi Mustafa Kemal Atatürk'e borçlu olduğumuzu belirtelim. Bugün öğretmenlerimizin yüzde 52'si kadınlarımızdan oluşmaktadır. Bu oran OECD ve bütün İslam ülkelerinden daha yüksektir. Üniversitelerdeki öğretim üyelerimizin de yüzde 24'ü kadındır. Bu rakam da OECD ve İslam ülkelerinin tamamından daha yüksektir. Doktorlarımızın yüzde 21'i kadındır. Bu rakam da OECD ve İslam ülkelerinin tamamından daha yüksektir.

Milli gelir bağlamında Türkiye yine bütün İslam ülkelerinde bir numaradır. Bize yakın İran'dan bile yaklaşık 250 milyar dolar öndeyiz. Özetle böyle bir fark var. Elbette problemlerimiz var, peki eksik olan yapımız ne? Eksik olan yapımız da rahmetli Atatürk'ün ölümünden itibaren başlayarak, Türkiye'de ekonomik dengeler değişmiş ve toplumsal birliği sağlamak yerine ülke, küçük bir Amerika olacağız eksantrikliğiyle istikrarsızlaştırılmıştır. Yine 24 Ocak 1980 kararlarıyla ve Kemal Derviş ile Sherman Robinson'un raporuna paralel olarak neoliberalizm treninin son vagonuna bindirmişlerdir bizi.

24 Ocak 1980 kararlarından sonra özellikle 2001 krizinde bize adeta kurtarıcı Mesih gibi gönderilen Kemal Derviş ile birlikte Türkiye, üretimden ticarete yönlendirilmiştir. Maalesef mevcut hükümetimiz Ak Parti iktidarı da Derviş projesini

A'dan Z'ye uygulamıştır. Nereye kadar uygulamıştır, 2008 krizine kadar. Çünkü 2008 krizi, diğer bütün 1994, 1999 ve 2001 krizlerinden farklıdır, reel ekonomik krizdir ve Türkiye de içindedir. Diğerleri; 1994, 1999, 2001 krizleri sermaye tabanlı krizlerdir Türkiye'de. İşte bu anlamda ülkeyi; KOBİ'leri destekleyen, üretimi destekleyen, istihdamı artıran bir ekonomik politikaya yönlendirmediğimiz için Türkiye üretim prosesinde çok ciddi kayıplarla karşı karşıyadır. Sayın Cumhurbaşkanı da "3 yıldır patinaj çekiyoruz" dedi ki, bana göre 2008'den beri patinaj çekiyoruz. Öte taraftan Türk üniversite eğitimi, daha doğrusu anaokulundan doktoraya kadar Türkiye'de eğitim sil baştan yeniden kurulmak durumundadır.

Eğitim sistemimizin çağımıza ve hedeflerimize dar geldiğini biliyoruz...

Eğitim sistemimiz değişmediği takdirde bilim üretemeyiz. Türkiye'de akademisyenlik, doktora formatı mutlaka yeniden kurulmalı, yeniden yapılandırılıp yeniden şekillendirilmeli. Daha önce şöyle bir söylem vardı: "YÖK'ün başındakiler solcular" diye. Şimdi de muhafazakârları yerleştirdiler, değişen bir şey yok; yani koltuk aynı, kelle farklı. Yarın da bir bakarsınız liberalleri yerleştirelim ya da milliyetçileri koyalım derler. Ama sistem aynıysa hiçbir şey yapmanız mümkün değil. Onun için mutlaka Türkiye'nin milli bekası için eğitim sistemi baştan sona milli formatla değiştirilmeli.

Ayrıca bir yurtiçine yönelik, bir de yurtdışına yönelik psikolojik harekât merkezleri, açık psikolojik savaş merkezleri kurmak durumundayız. Çünkü dünyada algı operasyonlarının bu kadar gerçekleştirildiği bir ortamda, Türkiye'nin bekası ve ayağa kalkması için bu merkezlere ihtiyaç vardır.

O zaman cevap şu: Türkiye bu badirelerden çıkabilir ama toplumsal fay hatlarını germek, ayrıştırmak yerine toplumsal fay hatlarını bütünleştiren, solcusuyla, sağcısıyla, AKP'lisiyle, CHP'lisiyle, MHP'lisiyle; açıkçası dedesinin kim olduğuna ve nereden geldiğine bakmadan "ben bu vatanın evladıyım, ben Türküm, bu memleketin çocuğuyum" diyen ve bir vakit, beş vakit namaz kılan ya da hiç namaz kılmayan insanlar bir araya gelirsek bu badireyi atlatırız. Bir araya gelmezsek ağır bedel ödeyerek atlatırız. Önemli olan mümkün olduğu kadar az bedel ödeyerek bu badireyi atlatmak. Çünkü neoliberal dünya çığrından çıkmış durumda.

🕮 **Türkiye içindeki oyunların aslında doğrudan Türkiye'nin bölgesel hedeflerine yönelik olduğu da anlaşılıyor. Türkiye'nin çevresinde, 500, 1000 ve 2000 kilometrelik daireler çizilince, bu bölgelerde Türkiye'nin etkisinin kırılması amaçlanıyor. Bu daireleri ve kapsadıkları alanları unutmamız ve 'Kusura bakmayın, biz ilgilenmiyoruz' dememiz mümkün mü?**

Mümkün değil. Üç sebepten mümkün değil:

Bir; Türkiye yani Anadolu ve hinterlandı kendi soyumuzdan yaklaşık 300 milyon insanın yaşadığı bir coğrafya; Çin'den İngiltere'ye kadar. O zaman "ben soydaşlarımla ilgilenmiyorum" demek gibi bir lüksünüz olamaz. Batı bir tek vatandaşı için kıyameti koparıyor. Artı, içimizdeki gayrimüslimler bizim için bir tehdit değil zenginliktir. Gayrimüslimler, Batılı müdahale etmediği sürece tarih boyunca Türk milletiyle haşır neşir olmuşlardır. Örneğin benim gayrimüslim komşularım var. Ben onların bayramını kutlarım, onlar da benim bayramımı kutlar. Hem milli hem dini bayramlarımızı. Kimsenin kimseyle bu

117

anlamda bir derdi yok. Ama ne zamanki Batılılar hain hesaplar yaptı, sorunlar yaşandı. Maalesef İstiklal Harbi sırasında, Mısırlı ve Ermeni asıllı tebamızı kullandılar. En azından bir kısmını kullandılar. Bugün de Kürt asıllı insanlarımızı kullanmaya çalışıyorlar ama bu adamların derdi Kürtlerimizle falan değil, yani umurlarında bile değil Kürt asıllı insanlarımız.

İki; biz bir imparatorluğun bakiyesiyiz. 600 küsur yıl, yaklaşık 20 milyon kilometre kareye hükmetmiş bir milletin çocuklarıyız biz. Ve açık ifade edeyim; Tunus, Cezayir, Fas'a giderseniz, orada 50 yıl bile sürmeyen Fransız emperyalizminden sonra insanların yozlaştığını, değiştiğini görebilirsiniz.

Osmanlı Türkiye'sinde hiç kimsenin diline, dinine müdahale edilmemiştir. Eğer o günkü çağlarda müdahale etseydik, misal Balkanlar'dan Viyana önlerine kadar kılıçtan geçirseydik "Niye kılıçtan geçiriyorsun?" diyen mi vardı, hayır. Diyebilecek olan mı vardı, hayır. Ama mensubu olduğumuz din ve Türk gelenek görenekleri buna izin vermez, çünkü insana saygı ve sevgi temelindedir. Yunus'un sözünde olduğu gibi: "Sevelim yaratılmışları Yaradan'dan ötürü." Dini de, dili de, ırkı da farklı olsa, insan insandır. İşte bundan dolayı biz bir imparatorluğun devamıyız. İmparatorluk bakiyesi olmanın bize yüklediği bir borç var.

Üç; bir haritayı açarak Anadolu'ya şöyle bir bakın, sonra dünyaya şöyle bir bakın. Erzurum'dan, Diyarbakır'dan, Antalya'dan, İzmir'den, Samsun'dan ya da İstanbul'dan kalkan bir F16; Moskova veya Londra'ya neredeyse aynı süre içinde ya da çok kısa süre içinde varır. Böyle bir coğrafyada oturuyorsunuz. Böyle bir coğrafyada oturuyorsanız bu şu demektir; kızınız çok güzel demektir. Ama kızınız çok güzelse kızınızı iyi yetiştirmek, kızınıza iyi bakmak zorundasınız. İdealiniz kızınızın iyi bir evlilik yapması. Hayat bilgi ve tecrübeden oluşuyor.

 **Ve tecrübe, en pahalı bedeller ödenerek kazanılan bir şeydir, çünkü zamanla edinilir...**

Bilgi ve tecrübeyi siz biliyorsunuz, kızınız bilebilir ama tecrübesi yoktur. O zaman kızınızı iyi korumak durumundasınız. Bu vatan da 1000 yıldır Müslüman Türk'ün kanıyla sulanmıştır. Müslüman Türk durup dururken savaş da çıkarmamıştır. Ama maalesef Anadolu hinterlandı tarih boyunca emperyalizmin göz bebeğidir. Bu bugün de böyledir, yarın da böyle olacaktır. Arnold Toynbee dahil Avrupalıların, Amerika strateji uzmanlarının ve pek çok uzmanın dediği gibi: "Anadolu ve hinterlandına sahip değilseniz, dünyada hegemonya kuramazsınız."

PARANIN ŞİFRELERİ

🕮 **Günümüz dünyası çok kutuplu ve gri bölgelerle dolu. Küresel güçler, top tüfek tehdidiyle ya da yumuşak güçle etki çatışması sürdürüyorlar. 21. yüzyılda ekonomi ve finans, hem silah oldu hem de bir savaş alanı... Yaşanan her çatışmanın bir parasal maliyeti var. Çok taraflı çatışma sürerken, çatışmaya taraf olan ya da çatışmaya sürüklenen ülkelerin siyasal sistemleri ve ulusal ekonomileri de sınavdan geçiyor. Bu düzensizlik ne zaman başladı?**

Her ekonominin bir siyaseti, her siyasetin bir ekonomisi vardır. Bunu *Türkiye Ekonomisi 1838-2010* kitabımın başında da yazmıştım. Çünkü siyaseti ve ekonomiyi birbirinden ayırmak mümkün değildir. Zaten, London School of Economics and Political Science'tan Güney Koreli John Chan "Ekonomi bilim değildir siyasettir, siyaset de bir sanattır," der ve ekler: "Para oyunlarında, bankacılıkta kaç kişinin inandığına bağlı olarak insanların doğru veya yanlış olması mümkün olan bir şeye inandırılmaları gerekir."

Ben iki şeyi öğrendim. Bir; eğer paranın tarihini ve paranın tarih boyunca oynadığı fonksiyonu bilmiyorsanız, özellikle Batı toplumlarını anlamanız mümkün değildir. Çünkü para; dini, toplumu, bilimi değiştirip dönüştürüyor. İki; bilmemiz gereken, dinler tarihi ve ezoterizmin tarihidir. Çünkü Batı medeniyetinin temelinde bu değerler var. Para da bunun bir parçası zaten.

Türkiye için konuşacak olursak, muhafazakâr çevrenin beylik bir lafı vardır: "Kardeşlerimizden yani Müslüman ülkelerden para alalım, yatırım yapalım." Buraya dikkat edin, Türkiye'de 14 yıldır İslami söylemi olan bir iktidar var. Buna karşılık son 12 yıldır Türkiye'ye gelen Arap Müslüman parası 6 milyar dolar, Avrupa Birliği kaynaklı para ise 66 milyar dolar. Ve bugün dünyada İslam'a hakaret eden yayınların çoğu Katar'ın merkezindeki Amerikan üssünden yapılır. 44 dilde Evanjelist radyo ve televizyon yayınlarıyla İslam'a her gün hakaret edilir. Katar devlet fonları, Suudi devlet fonları, Dubai devlet fonları, Körfez'deki devlet fonlarının tamamı New Yorklu Musevi bankerler tarafından alınır, işletilir. Hatırlayın, Yaser Arafat öldüğünde 800 küsur milyon doların New Yorklu Yahudi bankerlerde olduğu anlaşılınca Araplar ne yapacaklarını şaşırmışlardı.

🐚 **Evet, çok ilginç bir mesele o. Konuyu biraz araştırdığımda farklı iddiaların da bulunduğunu gördüm... Tekrar sorumuza dönersek, küresel finansın düzensizliği ne zaman başladı?**

Küresel dünya düzenini anlamak için bazı önemli tarihlerin altını tekrar çizmemiz gerekiyor: 15 Ağustos 1971; doların, altın ve gümüş bağının koparıldığı tarih. Vietnam Savaşı'nın olduğu günler. 1972 ve 1973 petrol krizi; petrolün varili 2.5 dolardan 10 dolara çıktı ve İsrail-Arap savaşı yaşandı. Öte taraftan 1978'de Washington Mutabakatı ile Neoliberal kapitalizmin doğuşu... 1978 Çin Komünist Partisi Genel Sekreterliğine getirilen Deng Şaoping ile Çin'de başlayan dönüşüm... 1978'de Afganistan'ın Sovyet Sosyalist Cumhuriyetler Birliği tarafından işgali, Taliban, El Kaide ve IŞİD sürecinin başlangıcı... 1978'de İran İslam Devrimi, Humeyni'nin iktidara gelmesi, ardından Humeyni-Saddam savaşı, İslam dünyasında da Sünni-Şii ayrımının körüklenmesi... 24 Ocak 1980 kararlarıyla Türkiye'nin neoliberal trenin son vagonuna bindirilmesi... 1989'da Türk Parasını Koruma Kanunu'nun kalkmasıyla Türkiye'nin dünyanın en liberal sermaye piyasasına dönüşmesi... 1994, 1999, 2001'de sermaye tabanlı krizlerle Türk bankacılık sisteminin, Türk ekonomisinin hallaç pamuğu gibi atılması... Öte taraftan bankacılık krizleri... 1990'da Varşova Paktı'nın ve Sovyet Sosyalistler Birliği'nin dağılması... 1991'de Saddam'ın Kuveyt'i işgali ve ABD ve müttefiklerinin Irak'a saldırması... 1999'da ABD Başkanı Clinton ile Monika Lewinsky skandalı... Bunlar hep para politikalarının uç beyleri...

🌀 **Bu önemli tarihlerde tek bir ülke görüyoruz: Amerika... ABD doları ve ABD askeri gücü el ele küresel etkiyi tamamlıyorlar. ABD siyaseti bu ikilinin birleştirici unsuru... Dolar ve orduda pek değişiklik yok ama ABD siyasetinde, Beyaz Saray'da pusula zaman zaman şaşmıyor mu?**

Şaşmaz olur mu, hem de nasıl şaşıyor! 1929 krizinden sonra Amerika'da yatırım bankalarına bir kanunla sınırlama getirildi. Bu kanunun adı Glass Steagall Kanunu'dur. Öncelikle bankacılık sektöründe; bir ticari bankalar vardır, bir de yatırım bankaları. Yatırım bankalarını halk bilmez, çünkü yatırım bankaları mevduat kabul edemez. Yatırım bankalarına kaldıraç oranı da deriz. Leverage oranı da dediğimiz yapı, yani 1 dolarlık ya da 1 TL'lik banknota karşı kaç TL borçlanabileceğinizi gösteren yapıdır.

Mamafih ben Kanada'da British Columbia Üniversitesi'ndeyken Clinton-Monika skandalı patlak vermişti. Medya, Clinton'a çok yükleniyordu ve herkes Clinton'a gitti gözüyle bakıyordu. Clinton önce inkâr etti, Monika Lewinsky ise kanıtlar sundu; yani adama tezgâhlanmış bir işti aslında. Ama Amerika'nın başkanının, daha doğrusu bir siyasinin ofisinde nefsane duygularına yenilmesi olacak iş değil. Monika birkaç sene önce bir dergiye mülakat verdi, "beni çok fena kullandılar" diye. Tabii genç olmanın tecrübesizliği. Tekrar altını çizeyim; bilgi, elbette çok mühim ama tecrübe çok daha önemli bir olgu...

🌀 **Bill Clinton hâlâ ABD'nin en başarılı başkanlarından biri sayılıyor... Eşi Hillary'nin siyasi tırmanışının ardındaki güç aynı zamanda... O günlerde Bill Clinton, skandalın en diplerinden çıkmayı başardı ve Demokrat Partili olmasına rağmen Wall Street'in de sevdiği bir başkan oldu. Galiba "Bırakınız yapsınlar, bırakınız geçsinler" dediği için...**

Clinton, o günlerde özür dileyerek hata yaptığını kabul etti hatırlarsanız. Ertesi gün merkez medya, "helal olsun, çapkın başkan itiraf etti" manasında 8 sütunda manşet attı ve Clinton'ın popülaritesi bir anda arttı. Ama 2008 krizine geldiğimizde bir şeyi gördük. Bizde de şimdi son dönemlerde moda olan bir torba yasa var ve torba yasanın kuyruğuna bir şey iliştiriveriyorsunuz, kimse anlamıyor. Torba yasanın birine Clinton'ın son zamanlarında bir yasa iliştirmişlerdi. O da; "öz kaynağı, sermayesi, ödenmiş sermayesi 5 milyar dolar ve üstü olan yatırım bankalarında kaldıraç (leverage) oranına bakılmaz" diye bir kanun. İlk başta bahsettiğim Glass Steagall'e ise hiç atıf olmadan kanunu hazırlamışlar. Bakınız nasıl ustaca torba yasaya iliştirmişler. Yatırım bankaları böylece türev ürünler denen, biraz karabiber, biraz tarçın, biraz tuz, işte aklınıza gelen bütün baharatları koyun, işte bu eksantrik ürünlerden açıkçası türetilmiş zehirli yatırım araçlarına sahip oldular. Sonra bakıyoruz ki, kaldıraç oranları 1'e 33, 1'e 40, 1'e 90, 1'e 1000 ve bundan sonra Amerika'da ipin ucu kaçtı. Mortgage kredisi olarak bildiğimiz hadiseler yaşandı. Aslında Amerika'nın ipini çeken Clinton. Çünkü Monika Lewinsky skandalında Clinton'ı ellerine aldılar ve Clinton, Amerikan halkına ağır bir bedel ödetti. İşte biraz önce sizin de söylediğiniz "Amerika bazen pusulayı şaşırmıyor mu?" sorusunun cevabı bu: evet şaşırıyor!

🖋 **Sonra 2008 krizi yaşandı ve ABD bu olayın ne siyasi sorumlusunu ne de finansal sorumlusunu buldu. Kimse de cezalandırılmadı. O halde 2008 sonrasında dünya jeopolitiğinin birden rayından çıkması hiç de tesadüf değildi...**

2008 küresel mali krizi, ABD'de mortgage kriziyle başlayarak bütün dünya ekonomisini bir girdabın içine çekti ve ABD, tarihinde hiç görmediği kadar karşılıksız dolar bastı. Mart 2009'da ABD ordusu küresel para savaşları tatbikatına başladı. CIA ile 16 Amerikan istihbaratının ve Pentagon'un danışmanı olan finansçı ve hukukçu James Dickens'ın *Kur Savaşları* ve *The Date of Money* adlı kitaplarında bunların ayrıntıları anlatılır.

2010 ve sonrasında, Arap Baharı ve diğer olaylarla; Saddam, Kaddafi ve diğerlerinin para ve altın stokları yağmalandı. Arap Baharı bu anlamda bu bölgedeki varlıkların da yağmalanması hareketidir. Nitekim Fransa; Kaddafi'nin paralarının hepsini alıp yurtdışına götürdü ve özel harekât istihbarat birimleriyle içeriden işbirliği yaparak yağmaladılar. Öte taraftan 2010 ve sonrasında; Ukrayna'ya Putin'in saldırması ve Kırım'ı ilhak etmesi, Suriye iç savaşı, PKK, PYD, IŞİD'in yeni misyonu, küresel iklim değişikliği, yeni yurt arayışları, Paris'te gerçekleştirilen "terörist Müslümanların" katliamları, İsviçre Merkez Bankası'nın frankı yüzde 40 revalüe etmesi, 2 milyon insanın batması... Çin'in turizm şirketleri yoluyla altın stoklaması, Almanya'nın ABD'den 3500 ton altınını geri istemesi, Türkiye'de gazete ve televizyon haberleriyle altına yönelik manipülasyonlar ve 5 milyar dolarlık altın satışı... Türkiye Odalar Borsalar Birliği Başkanı Hisarcıklıoğlu'nun da söylediği gibi, kur savaşları ikazı ve çirkin ve kirli bir kur savaşının Türkiye'ye karşı uygulanması... İşte bunların her biri para politikalarının açık şifreleridir.

Bütün bu anlattıklarımızı şöyle de özetleyebiliriz; para bir silahtır. Siyaset ise tetiği ne zaman çekeceğini bilmektir. Balonlar, sürdürülemez hale gelen kredi genişlemesinin ürünüdür. Kredi genişlemesi yavaşladığında bazı varlık fiyatları düşüşe geçer, sonra kredi piyasası donup kalır. Bir balon patladığında piyasanın en kırılgan unsurları, en hızlı genişlemiş ve en fazla kaldıraç kullanmış olanlardır. Rejimler sakin dönemlerde tıkır tıkır işler, ancak kriz dönemlerinde liderin önüne daha inatçı engeller dikilir ve önümüzdeki yıllarda ekonomik ve mali krizlerden kaçınma ihtimali zayıf görünmektedir.

2008 krizinde sizin de bahsettiğiniz gibi ABD'deki kâğıttan şatolar yerle bir oldu. ABD'nin finansal sistemini, var olmayan konut ipoteğine dayalı hayali değerler üzerine inşa ettiği anlaşıldı. Peki 2008 krizinde biz neyi fark ettik?

Neoliberal merkez iktisat yanlısı akademisyenler şunu iddia ederler; neoliberalizm dünyanın en iyi iktisat sistemidir, aman devlet müdahale etmesin. Ama 2008 krizinde dünya, faturasını Amerikalıların ve milletlerin, yani fakir kesimin ödeyeceği kâğıttan şatoların yapıldığını gördü. İşte bu şatolar devrilince neoliberaller sus pus oldular ve aman devlet kurtarsın bizi dediler. Ne var ki artık kurtulmaya imkân vermeyecek şekilde tüm merkez bankaları; FED, Japon, İngiliz, Alman merkez bankaları durmadan para basıyor, piyasaya kâğıt sürüyor. Asla bir daha kurtuluş olmayacak. Bu anlamda bir dahaki kriz, herhangi bir tedbirle düzelmeyecek kadar büyük olacak. Ben gelecek bu krizin açıkça 10 yılı bulacağını da zannetmiyorum.

🖋 **Bu kriz ABD'nin kriziydi ama krizden herkes etkilendi. ABD krizi neden "küresel kriz"e dönüştü?**

Çünkü dünya medeniyetinin parası 1944'e kadar İngiliz sterliniydi. 1944'ten itibaren Amerikan doları oldu. Ve 15 Ağustos 1971'den bugüne kadar da karşılıksız basılmaya başlandı. Amerikan doları, Amerikan ticaretiyle küresel para işleminin yüzde 87'sinin yapıldığı bir para. Dünyadaki ticari işlemin yüzde 87'sinin yapıldığı dolar ise karşılıksız basılıyor. Dolara hâkim olan Amerika'daki bu finans oligarşisinin yaptığı usulsüzlükler de elbette dünyayı etkiler.

🖋 **Peki çok övülen ve yere göğe konulamayan küreselleşmenin, sadece iyilikler değil, finansal hastalıklar da yaydığı yeterince anlaşılmadı mı? Küreselleşme kanalları açılınca bu açık kanallardan finansal zayıflıkların da bulaşacağı düşünülmedi mi, yoksa bu risk bizlere mi söylenmedi?**

Şimdi usturuplu bir yalan dönemi yaşatıldı. Bu noktada, Almanların *Frankfurter Allgemeine Zeitung* gazetesinin sahibi, editörü Frank Schierrmacher de liberal olan merkez sağdan bir düşünür. Onun bir kitabında 1978 Washington Mutabakatı ile dünyaya dayatılan postmodernizm, küreselleşme, neoliberalizmle anı yaşayan ego manyak yeni nesiller yetiştirildiğinden bahsediliyor. Her şeyin fiyatını bilen ama kıymetini bilmeyen, hep ben diyen bir insanlık peyda oldu deniliyor kısaca. İşte bu inanç, bu haleti ruhiye hiçbir ahlaki değeri bırakmadı ve yerle yeksan etti. Bundan dolayı bir tarafta nüfusun 100'de 1 bile olmayan ama dünyanın devasa parasını, ekonomisini kontrol eden elitler grubu; diğer tarafta aç, fakir, fukara yüzde 99 var.

🖎 **10 yıl içinde Türkiye'yi ve dünyayı etkileyecek büyük bir kriz olacağından bahsettiniz. Neler olacak ve ne yapmalıyız?**

2008'den beri sözüm ona küresel krizi tedavi ediyorlar ve reçete ise şu; tıpkı şeker hastasına şeker vererek komaya sokmak gibi. Yani şu anda mali krizin dünyadaki tedavi yöntemi, durmadan karşılıksız para basmak... Bu aynı zamanda bir spekülasyondur. Yani bir taraftan fiyatların genel düzeyi düşerken, bir taraftan da dünya ticaretinin tepe taklak olması. Enflasyon ile deflasyonun iç içe girmesi, açıkçası bu. İşte bu yüzden dev bankalar gümüş ve altın stokluyorlar. Almanya, Amerika'dan 3500 ton emanet altınını istedi.

Öbür taraftan Amerika Birleşik Devletleri kendi altın stoklarını Westpoint Askeri Akademisi'nin merkezinde, yerin yedi kat altında saklıyor. Dünyanın muhtelif ülkelerinin -bizim de bir kısım dahil- altınları; 11 Eylül'de uçakların çarptığı Dünya Ticaret Merkezi'nin iki blok gerisindeki Dünya Bankası'nda saklanıyor. Diğer büyük bankalar da bir taraftan altına ve gümüşe yatırım yapıyor. Çin Merkez Bankası turizm şirketleri eliyle altın topluyor. Çünkü önümüzdeki dönemde bu küresel

2005'te basılan ve Amerika, Kanada,
Meksika'nın ortak para birimi olan Amero

parasal savaş, altın ve gümüş üzerinden yürütülecek. Amerika 2005'te Kanada, Meksika ve Amerika'nın ortak para birimi olan Amero'yu bastı, piyasaya sürdü. Çin itiraz edince, açık ifade edeyim, 700 milyar Amero'yu da Çin'e sus payı olarak verdiler.

Özetle şunu söylemek mümkün: Önümüzdeki 10 yılda uluslararası ticaretin para birimi dolar düşecek; önümüzdeki 1-1.5 yıl içinde dolar-euro kuru, euronun aleyhine, doların lehine değişecek. Yani euro daha aşağıya gidecek bu çapraz kurlarda. Bu para oyunlarını; bölgesel savaşlarla, asimetrik savaşlarla, terörizm ile daha da ileri taşıyacakları kanaatindeyim.

2008 krizi Türkiye'de korkulduğu kadar büyük bir etki yaratmadı. Türkiye göreceli hızlı büyümeye yeniden geçti, mali disiplinini korudu. Türkiye IMF'den uzak durdu. IMF şimdi ne yapıyor?

Kriz sonrası IMF'ye biçilen görev, Dünya Merkez Bankası rolü. Tek para birimi, tek Dünya Merkez Bankası... Bu tasarıyı

Birleşmiş Milletler'e getirdiler. Yanılmıyorsam 24 ülke tarafından imzalandı. Yani IMF'ye dünyanın tek merkez bankası olma misyonu yükleniyor ve yüklenecek.

Biz 2001 krizini yaşadığımızda devlet batan bankaları kurtarmak istemişti. O günkü şartlarda bu batan bankaları devletimiz kurtarmış olsaydı, 7 milyar dolar civarında bir maliyetle bu işten çıkacaktı. Bize dediler ki aman müdahale etmeyin, neoliberalizmde böyle bir şey olmaz, batan batar, kalan kalır. Ama gördük ki 2008 krizinde Amerika batan bankaları kurtardı, İngiltere kurtardı, Almanya kurtardı, Belçika kurtardı, İspanya da...

Peki bize niye yasak? Açık söyleyeyim, küresel parayı idare eden oligarklar ahlaksız. Bize farklı, kendilerine farklı politikalar uyguluyorlar. Bu anlamda Türkiye, finansal sistemi 2001'de hercümerç olup yeniden kurulduğu için 2008 krizinden az etkilendi. 2001 krizi sermaye tabanlı ve ağır bir gribal enfeksiyondu. Ama 2008 küresel mali kriziyle Türkiye'nin ve dünyanın yakalandığı hastalık bence zatürree veya kanser. Çünkü ağır ağır ilerliyor. Bugün Türk ekonomisi reel anlamda, üretim anlamında ciddi bir kriz içinde.

2008 krizinin Türkiye'ye bir olumlu etkisi varsa, o da dünyanın en önemli 20 ekonomisinin G-20 olarak bir araya gelmesi ve Türkiye'nin de bu oluşumda yer almasıdır. Türkiye'nin 2020, 2030 ve 2040 yıllarındaki ekonomik gücünü öngörebiliyor muyuz?

Evet, Türkiye'nin şansı var. Önümüzdeki 10-20 yıl içinde en büyük ekonomiler listesinde 15. sıraya ve daha yukarılara çıkabilmemiz için Türkiye'nin mutlaka KOBİ merkezli bir üretim-yatırım politikası uygulaması gerekiyor. Yani KOBİ merkezli üretim, istihdamı artırıcı, belli sektörleri seçen bir yatırım politikası. Bu iş, inşaat ve tüketimle olmaz.

✍ **Geleceğin ekonomik olarak güçlü Türkiye'sinde nüfusun rolü ne olacak? Nüfus neden ve nasıl önemli, Türkiye için nüfusun ekonomi politiği nedir?**

Açık ifade edeyim, doğruyu kim söylerse, ister Sayın Cumhurbaşkanı, ister Davutoğlu, ister Kılıçdaroğlu, ister Bahçeli söylesin; doğru, doğrudur. Bu noktada Sayın Cumhurbaşkanının dile getirdiği -ki ben bu düşüncelerimi Halk TV'de programa çıktığımda da söyledim, çünkü doğruyu her yerde söylerim- nüfus ile ilgili görüşlere katıldım.

Sayın Cumhurbaşkanı beğenirsiniz beğenmezsiniz, görüşüne katılırsınız katılmazsınız; benim de katılmadığım yerler var, mesela açılıma katılmıyorum, Suriye politikasına katılmıyorum. Ama Sayın Cumhurbaşkanının söylediği üç doğru şey var; ilki, üç çocuk yapın dedi. Önyargılı olmadan, Cumhurbaşkanı bir şey söylediğinde onun önüne bir bilgi geldiğini de düşünmeliyiz. 15-64 yaş aralığındaki çalışana karşılık nüfusun çalışmayanlara oranı Japonya'da, Amerika'da, Almanya'da, Rusya'da, Fransa'da, İngiltere'de günden güne artıyor. Bizde de hızla tırmanıyor. Önümüzdeki 10 yılın sonunda, nüfusun çalışan vatandaşlarına karşılık çalışmayanların oranının yüzde 30'lara çıkma ihtimali var. Buna bağımlılık oranı denir ve son derece tehlikelidir.

✍ **Günümüzde Batılı ekonomilerin nüfus sorununun ağırlaştığını ve yaşlanan nüfusları nedeniyle Batılı ekonomilerin dinamizmlerini ve ekonomik büyüme potansiyellerini kaybettiklerini de biliyoruz. Türkiye ve "gelişen ekonomi" denen ülkelerin çok değerli bir varlığı varsa, o da genç nüfus**

ya da genç tutulması gereken nüfustur. Nüfus yaşlanınca ekonomi de geri dönülmez bir çıkmaza giriyor değil mi?

Evet. Sayın Cumhurbaşkanının söylediği de tam olarak bu aslında. Türk insanı özellikle bu üç çocuk meselesi üzerinde durmalı. Yeri gelmişken şunu belirtelim; Amerika üzerinden İsrail destekli bir vakıf aracılığıyla bu ülkeye doğum kontrol metotları uygulandı. Türkiye'de doğumun en yüksek olduğu bölge Güneydoğu Anadolu'dur ve binde 8'lerdedir doğum oranı. Akdeniz'de, Ege'de, İç Anadolu'da, Marmara'da, Karadeniz'de binde 2.5 ile 3.5 civarındadır. Peki bu doğum kontrol yöntemleri, doğumun en yüksek olduğu bölge Güneydoğu'da uygulanmadı da, neden nüfusun büyük çoğunluğu Türk kökenli olan bölgelerde uygulandı? Buna komplo teorisi diyemezsiniz! Açık ifade etmek gerekirse, Sayın Cumhurbaşkanının bu üç çocuk yorumuna katılıyorum.

İki; Sayın Cumhurbaşkanı sezaryen ile ilgili de açıklamalar yaptı. Amerika Birleşik Devletleri'nin resmi istatistiklerine göre 2014 yılının sonunda Amerika'da kadınların yüzde 4.5'inin sezaryen ile doğum yaptığı görülüyor. Türkiye'de ise yüzde 49 sezaryen ile doğum yapıyor. Peki, nedir bunun handikabı? Artık biliyoruz ki, sezaryen ile doğan çocuklar zekâ geriliğinden tutun, kolay hastalanmaya kadar pek çok riskle karşı karşıyadır. Ayrıca kadında rahim kanseri, meme kanseri riski; bir de tabii kalıcı bel ağrısı sorunları var. Kısaca Sayın Cumhurbaşkanının bu görüşünü de destekliyorum, yani sezaryen mecbur kalınmadıkça olmamalı, ki sezaryenle bir kadın ancak maksimum üç çocuk doğurabiliyor.

Üçüncü olarak Sayın Cumhurbaşkanının nükleer santral yapılması fikrine de katılıyorum ve bunu bir anekdotla açıklayayım: Bundan birkaç yıl önce Taksim Meydanı'nda çıktım. Sevimli bir kızımız geldi yanıma, "Biz Greenpeace adına faaliyet gösteriyoruz. Nükleere karşıyız, imzalar mısınız," dedi. "İmzalarım kızım ama önce bir soru soracağım cevap vereceksiniz," dedim. "Greenpeace'in Shell'in ortağı olduğunu biliyor musunuz?" diye sordum. Dünya medyasında da yer aldı. Eğer nükleeri protesto edeceksek edelim ama bunu nerede edelim, Türkiye'de var mı nükleer santral, yok. Peki zararlı mı zararlı, peki kömür zararlı mı zararlı. Ama dünyada 600 nükleer santral var; Fransa'da, Almanya'da, İngiltere'de, Amerika'da var. Niye oraya gidip protesto etmiyorsunuz, değil mi? İki tane biz yapalım bu santralden de, zararını biz de görelim bakalım. "Çünkü çocuğum nükleer santral sadece enerji değildir, nükleer santral nano eknolojiye geçebilme becerisidir," dedim. Bu konuda uyanık olmalıyız.

FED, İngiliz Merkez Bankası, Alman Merkez Bankası, bunlar tarihi geçmişi olan kuruluşlar ve bu kuruluşların temelinde bazı zengin aileler var. Eski para, aileler, modern merkez bankaları bağlantısı bugün nasıl işliyor?

İngiliz Merkez Bankası tamamen Rothschild ailesinin elindedir. Dünyada yöntem farkı olarak Rothschild'larla Rockefeller'lar zaman zaman karşı karşıya gelirler. Rothschild'lar daha çok Amerikan Cumhuriyetçilerinin modeline yakındırlar. Rockefeller'lar ise Demokratları destekler; zaten damatları da Brzezinski'dir.

Peki, parada tarihin eski nüfuz grupları hâlâ etkili mi? Mesela Tapınak Şövalyeleri aynı zamanda bir parasal ticari güç sembolüydüler. Unutulup tarihin sahnesinden silindiler mi, yoksa bir başka formatta varlıklarını sürdürüyorlar mı para özelinde?

Para biliyorsunuz Lidyalılar tarafından bulundu. Lidya ve eski Yunan'da bir kadının istediği erkekle evlenebilmesinin yolu, altın sikke biriktirmesi, para biriktirmesiydi. Bu, kadını gayrimeşru yollara itti. Yani kadın para biriktirmek istiyor ve geçici bir süre fahişelik yapıyor. Öte taraftan aslında Haçlı Seferleri bir para operasyonudur. Yani Tapınak Şövalyelerinin, Sion tarihinin akıllı insanlarının Avrupa'yı organize ederek söğüşlediği bir operasyondur. O anlamda Roma'yı da, İstanbul'u yani o dönem Bizans'ı da söğüşlediler. İşte bugüne etkisi var. 1307'de Jacques de Molay'ın Fransa'da tutuklanıp daha sonra 1314'te yakılmasıyla birlikte 1307'de Tapınak Şövalyelerinin bütün varlıklarının Fransa'dan ayrıldığını biliyoruz.

Daha önce İngiltere, İskoçya'ya gittikleri söyleniyordu. Ama bunun doğru olmadığı, Tapınak Şövalyelerinin gemilerinin İstanbul Büyükçekmece körfezine geldiği söyleniyor. Büyükçekmece körfezinde o zamanlar Osmanlı Türkleri yok; yıl 1307, Bizans'ın içine kapandığı oralara gücünün yetmediği bir dönem. Büyükçekmece gölünde gemiler demirliyken, altın

Tapınak Şövalyelerine ait Prag'da sergilenen mühür

stokları Karadeniz'e doğru, Pentagon'un 5 köşeli yıldızı şeklinde yapılmış tepelere gömülüyor.

🕊️ Altınlar hâlâ duruyor mu?

Duruyor. İşte Kutsal Kâse hadisesinin patlak verme eğilimi şuradan. Kanal İstanbul projesinin Silivri'den geçeceğini düşünerek para babaları Silivri'deki arsaları kapattılar. Ama oradan geçmeyeceğini öğrenince hayal kırıklığına uğradılar. Daha sonra biliyorsunuz Başbakan açıkladı, Kanal İstanbul'un yeri belli değil diye. Çünkü Kanal İstanbul, muhtemelen Tapınak Şövalyelerinin bu servetinin yattığı güzergâhtan geçecek. İddia o ki, Magdalalı Meryem'in kemikleri de orada olabilir. Ahit Sandığı olabilir. Bu ise Katolik Hıristiyanlığın sonu demektir.

🕊️ Peki bunlar çıkacak mı buradan?

Yani ihtimal ama altının çıkacağı kesin. Devletimizin ilgili kurumları altın var mı yok mu buraları araştırdı; bana verilen bilgi, bu altınlar var.

🕊️ Az önce "finans bir silahtır, politika da silahın tetiğini ne zaman çekeceğini bilmektir" dediniz. Din ise bu formülü kutsamaktır. Dünyadaki mevcut tabloda silah nerede ve namlu kimin üzerine doğrultuluyor?

Silah bir kere para ve bu silahın ana kaynağı ise FED. Şöyle tanımlayalım, FED üzerinden dünya da küresel merkez sermayeyi kontrol eden bir grup elit var. Sayıları sadece bir düzine civarında. Bu elit grup; dünyadaki para hareketleri üzerinden her türlü kontrolü sağlıyor. Nitekim dünyanın milli geliri 2015 sonunda 82.5 trilyon dolar. Buna mukabil dünyada dolaşan serseri para 835 trilyon dolar. Öte taraftan 2015 yılında yapılan dünya çapındaki finansal işlemlerin toplamı 2.5 katrilyon dolar. 2015'te yapılan faiz takasları 550 trilyon dolar. Yine 2015 yılında yapılan döviz takasları, yani üretim ve satıştan kopuk para oyunlarının tutarı 350 trilyon dolar. Özetle şunu söyleyebiliriz: 2015 yılında yapılan araştırmalar göre, dolar ve euro üzerinden yapılan küresel finansal işlemlerin yüzde 96'sı spekülatif ve manipülatif.

🖋 **IMF ve Dünya Bankası, para sisteminin trafik polisliğini yapmak için kuruldular. Bugün bu işlevleri sürüyor mu? Trafik eski trafik değil, hatta trafik yoğunluğu var. Ne dersiniz?**

IMF ve Dünya Bankası'nın işlevleri sürüyor. Bu anlamda IMF'ye yeni bir misyon yüklenmiş vaziyette. IMF'ye küresel merkez bankası rolü verilmek isteniyor. Bu anlamda Birleşmiş Miletler'e bir teklif sunuldu. O teklifleri önümüzdeki günlerde daha çok gündeme getirecekleri görülüyor. Çünkü geriye dönüp baktığımızda, dünya ekonomisinde aslında kur savaşlarının yaşandığını görüyoruz. Bu kur savaşlarının sonunda da her seferinde, küresel para oligarklarının daha güçlendiği anlaşılıyor.

Örneğin birinci kur savaşı 1914-1945 arasında, ikinci kur savaşı 1967-1987 arasında yaşarırken, üçüncü kur savaşı 2009 yılında başladı. Bunun nereye ve nasıl varacağını kestirmek de mümkün değil. Peki günümüzde kur savaşı hangi paralar arasında derseniz; günümüzde kur savaşı öncelikle dolar ve yuan arasında. Euro ve yuan arasında da bir savaş var gibi gözükse de, euroyu dolardan çok ayrı düşünmemek lazım. Dolar ile euronun arasındaki fark, iki yolcunun bir gemideki mesafesi kadardır. Yani euronun kaderi dolara bağlıdır.

Dünya para sistemi o kadar karmaşık hale geldi ki, örneğin eskiden piyasalarda işlem gören varlıkların değerlemesi, risk-getiri dengesi daha şeffaf ve gerçekçiydi. Şimdi sanal para ve sanal borç sistemi üzerine bir dünya inşa edildi. Nedir bu türev meselesi, daha doğrusu türev nasıl bir siyaseti simgeliyor?

Aslında 1994 yılında bütün bu belaların nasıl olacağı yönünde ipuçları vardı. Japon finans uzmanı Ryo Kuroki'nin *Wall Street Kartalını Vurun* diye bir kitabı vardır. Bu kitapta anlatılan Türkiye'dir. Kitabın sonuna doğru bunu fark edersiniz. Ayrıca kitapta, dünyadaki para olayları gelecekle ilgili manipüle ve speküle ediliyor. Bunun için türev ürünler, kredi kartları çıkarılıyor. Önümüzdeki 20 yıl içinde nakit para ortadan kalkacak. Çünkü insanların bileğine veya uygun gördükleri bir yere, pirinç tanesinden daha küçük bir çip takılacak. Sizin bütün kimlik ve kredi kartı bilgileriniz orada olacak.

Bugün nakit parayla alışveriş yapabilirsiniz ama yeni sistemde nakitsiz bir toplum tezgâhlanmak isteniyor. Nakitsiz toplum da insanları daha çok kontrol etmeye yönelik bir adım. Çünkü bileğinize takılan çipi okutarak işlemlerinizi yapıyorsunuz. Örneğin, merkezi sisteme kafa tutmaya kalktığınızda, muhalif olduğunuzda ya da merkezi sistemin, oligarkların canını sıktığınızda bu çipiniz devre dışı bırakılır ve bir işlem yapacağınızda bilgisayar sizi refüze eder; böylece açıkta kalırsınız. Nakdiniz de yok, ne olacak, hiçbir şey yapamayacaksınız. Yani dünya böyle bir düzene gidiyor. Nitekim İrlanda'da bir banka ödemeleri nakit yapmayacağını müşterilerine şimdiden duyurdu.

Öte taraftan eğer cebinizde bir kredi kartı, bir cep telefonu, bir de internet adresi varsa sizi dünyanın her yerinden kontrol ederler, ne yaptığınıza kadar. Kredi kartı, cep telefonu, internet adresi, başka bir şeye gerek yok ki, sizi esir alırlar. Eğer bu kredi kartı ve kimlik bilgileri bir mikroçipe dönüştürülürse sizi zıvanadan çıkarabilir, öfkelendirebilir ya da kuzucuk haline getirebilirler.

🖋️ **Finansal borcun kriz yarattığı bir dünyada kredi ve borcun politiği nedir? Ekonomi politik yerine borç/kredi politik üzerinden gidersek, "Borcu alan emir alır" diye düşünmekteyim, ne dersiniz?**

Kesinlikle doğru. Müslüman olmadığı halde faize karşı olan bir iktisatçı vardır, adı Keynes. Oysa bugünkü para sistemi faiz üzerine oturtulmuş bir sistemdir. Bugün karşılıksız basılan banknot sistemine dayalı kredi, yani borç sistemi, yani faiz sistemi devam ettiği sürece insanlığın zulümden kurtulması mümkün değildir. Bu kadar net. Mutlaka bu karşılıksız basılan banknot sisteminin değişmesi ve buna son verilmesi gerekiyor.

🖋️ **Borcu neden hep dolarla veriyorlar? Dolar çok değerli ve değeri tartışılmaz bir para birimi mi? Yoksa matbaada basılmış, şık desenli mürekkepli bir kâğıt mı?**

Neden dolarla borç veriyorlar, çünkü bugün dünyanın hegemonik gücü Amerika Birleşik Devletleri'dir. 1944 Bretton Woods Antlaşması'ndan bu tarafa da dünya ticaretinin, dünya uluslararası ödeme sisteminin parası dolardır. Bundan dolayı yine dönüyoruz dolaşıyoruz Evanjelistlere geliyoruz. Evanjelist inanca göre mutlak iki gücün temsilcisi Roma İmparatorluğu ve ABD imparatorluğudur. Daha önce söyledik ama küresel düzenin para şifrelerini anlamak için Evanjelistlerin bu görüşlerinin altını yeniden çizmeliyiz.

Milattan sonra 200 yılında Roma İmparatorluğu, ABD İmparatorluğunun milattan sonra 2000 yılındaki yaşıyla aynı yaştaydı. Roma İmparatorluğu uzak sınırlarındaki kontrolünü kaybediyordu. Fakat Roma İmparatorluğu'nun paraları, sikkeleri hâlâ her yerde dolaşımdaydı. Yani paranın asimetrik gücü üzerinden küresel hegemonyası vardı. Ama kısa süre sonra, günümüz dünyasında ABD doları gibi Roma parası da alım gücünü, hatta bazı bölgelerde kazandığı derin saygıyı yitirmişti. Roma'nın parasının dolaşımdan kalkması, eski imparatorluk sınırları içinden hızla türeyen çok sayıda yeni hükümdarın verdiği hükümler veya aralarında yapılan anlaşmalar sebebiyle olmadı. Roma İmparatorluğu'nun parası gözden düştü, çünkü paranın kendisi de gerçekten gözden düşmüştü. Kaybolmuştu. Tıpkı 15 Ağustos 1971'den bugüne ABD dolarının yaşadığı gibi. Doların katili FED'in arkasındaki küresel merkez sermayeyi kontrol eden oligarklardır.

🌾 Roma sikkesinin somut bir varlığı vardı ama?

Roma sikkeleri ile ABD doları arasında çok belirgin bir fark vardır. 2015 sonunda 815 trilyon dolar, banknot haline

Roma sikkesi

getirilmeye bile gerek duyulmadan bilgisayar ekranlarında ışık hızında gelip, ışık hızında havaya uçup gidiyor; ama Roma sikkeleri, altın sikkeler toprağın altında hiçbir şey olmamış gibi varlıklarını sürdürdüler. Arkeologlar Roma topraklarının her yerinde hazineler buluyorlar. Belirsizlik ve korku zamanlarında altın biriktirme güdüsü bazen kabaca, bazen de daha ince biçimlerde tarih boyunca görülmüştür. Eski çağlardaki gibi arka bahçeye ya da büyük bir ağaç veya kayanın dibine altın gömmekle; 1930-1931'de İngiltere Merkez Bankası'nın altın rezervleri oluşturup saklamak şeklindeki gayretleri arasında esas itibariyle fark vardır. Veya FED'in İkiz Kulelerin yakınında deniz seviyesinin 15 metre altına veya ABD hazinesinin Fort Knox'taki askeri üssün 70 metre altına, şimdiki zamanda altın saklamasıyla eski çağlarda altın saklanması arasında fark vardır. O da şudur: FED patronları, serbest piyasa ekonomisi ve demokrasi yalanıyla altın ve gümüşü türlü manipülasyonlarla saklarken, insanlığa karşılıksız dolar kakalıyorlar.

🖐️ **Yani siz doların kâğıt ve mürekkep maliyetinden oluşan bir sanal para olduğunu söylüyorsunuz.**

Evet, 100 dolar 6.5 senttir sadece.

🖐️ **Peki doların gücü nereden geliyor? Üzerinde "Tanrı'ya İnanırız" diyor ama doların değerini böyle inançla garantiye almak mantıklı bir durum değil. ABD güveni garanti almak için mi Tanrı'nın adını yazıyor?**

15 Ağustos 1971'e kadar doların üzerinde "on gold in on silver", yani "altın ve gümüş karşılığı" diye yazıyordu. Sonra *gold* kelimesindeki "l" harfini çıkardılar ve "God we trust", yani "biz Tanrı'ya güveniriz" sözünü eklediler. Wall Street'te tanıdığım finans uzmanı Daniel'e doların üzerindeki Tanrı ifadesini sordum. "Hocam, o senin bildiğin Tanrı değil, doların kendisi Tanrı zaten," dedi.

Üzerinde sembolik unsurlarla, Tanrı'ya atfın olduğu 1 dolarlık banknot

🌀 **Dolarda Tanrı'ya atıf var ama başka semboller de var. Yani Tanrı'nın bizim anladığımız anlamda değil bir başka ima olduğunu söylediniz ama dolar üzerinde kuşlar, böcekler değil de farklı semboller olması tesadüf mü?**

Paranın fonksiyonunu anlatması için önce birkaç alıntı yapalım: "Medyanlı tüccarlar oradan geçerken Yusuf'u kuyudan çekip çıkarttılar ve Yusuf'u 20 gümüş parçasına İsrailoğullarına sattılar. Onlar da Yusuf'u Mısır'a götürdüler." Tevrat Tekvin 37.28. "Bana bir ülkenin parasının kontrolünü verin, kanunları kimin yaptığına bakmam," diyor Mayer Rothschild.

141

"Toplumumuzda iki aç ayı var: para ve statü," diyor İbn Hanbel.

"Arkadan çekiştirip durmayı, yüze karşı eğlenmeyi adet edinenlerin vay haline ki, o ki, onu toplamış da onu sayıp durmuşlardır. O malın kendisini ebedi kılacağını zanneder." Kuran, 104 Sure ayet 1-3.

"Parasal çöküşün günlük hayat açısından manası derindir. Dün bir jambonlu sandviçin 14 bin mark olduğu bir kafede aynı sandviçe bugün 24 bin mark istendiğini görünce hayret ettim." *Daily Mail* muhabiri. 22 Temmuz 1923 Almanya. Doların sırrına baktığımızda ise; Charles Al Totten adlı Amerikalı bir subay 1897'de "Cumhuriyetin kuruluşuyla ilgili sır dolu bir şeyler bulunmaktadır" diye yazar. Amerikan dış politikasının temeli Manifest Destiny'dir. Manifest Destiny'nin temel iki unsuru vardır: dolar ve Pentagon. İşte bu anlamda dünya milletlerince bu Manifest Destiny'nin kabullenilmesi, kabullenilmeyince de gerekli terbiyenin verilmesi gerektiğine inanırlar.

En çok sembolik unsur 1 dolarlık banknotta var galiba?

1 dolarlık ABD banknotu iki asırda geliştirilen Amerika'nın büyük mührüne çok şey borçludur. David Ovason, *Dolar Banknotundaki Gizli Semboller* adlı eserinde bunu anlatıyor. 1 dolarlık banknotun üzerinde bulunan piramidi ve kartalı içeren iki yuvarlak simge ya da çerçeve, bir nevi büyü olarak defalarca tekrarlanmaktadır. Hatırlatalım; Kabala yani Musevi tasavvufu büyü ritüellerinden oluşur. Dolar banknotundaki büyü de kadim sembollerden, nümerolojiden ve gizli hizalanmalardan oluşmaktadır. Elbette banknot daha fazla gayeye hizmet edecek şekilde tasarlanmıştır. Her şeyden önce bir para birimi milletin can damarıdır. Büyü ve mistizm asla geçici şeylerle ilgilenmez.

Bunun yerine uzun zaman dilimlerinde değişmeyen ve zamana meydan okuyan şeylerle ilgilenir. Mesela Roma rakamıyla dolar banknotu üzerinde yer alan 1776, kurucu babaların inancına göre kutsal bir tarihtir ve çok milletten bir tek büyük millete doğru ilerleyen yeni çağın başladığı andır. İllüminatinin de başladığı andır.

Klasik piramidin üzerindeki ışığın manasını tam olarak kavramadan, pagan Mısır üçgeniyle ilgili ve Hıristiyanlığın 33 sayısının sırları hakkında belli bilgilere sahip olmadan, banknotun üstündeki iki büyülü daire sembolünü tam olarak anlamak mümkün değildir. Bizim bildiğimiz dolar sembolü, dolar banknotunun üzerinde yer almaz.

Dolar kelimesi Alman "tailor" kelimesinden türemiştir. Tailor ilk defa 1519'da basılan gümüş paralar için Almanya'da kullanılmıştır. Dolar işareti bu imgede çarmıha gerilmiş olan İsa'nın şifa gücü ile Hazreti Musa'nın milattan önce 1350'de çölde İsrailoğullarını ölümden korumak gayesi ile Tanrı tarafından yaptırıldığına inanılan, pirinçten büyülü yılanın şifa gücü arasında bir paralellik oluşturmaktır.

Orijinal dolar adı kutsal sayı ile ilişkilidir. İddiaları böyle. Musa'nın yılanı için kullanılan İbranice kelime Naşhaş şeklinde telaffuz edilir. Bu kelime ile İbranice Mesih kelimesinin telaffuz sayısının sayı değeri 358'dir. Yani bugünkü anlamda Latin alfabesi N harfi 58, CH 8, SH 300; toplamı 358. Öte yandan Mesih kelimesinin İbranice karşılığı, M 40, SH 300, I 10, CH 8; bunun da toplamı 358'dir. Bu iki kelimenin sayı değerinin aynı olması büyücülerin, Kabalistlerin pirinç yılan ve Mesih arasında bir ilişki kurmalarına sebep olmaktadır. Tıpkı Eski Ahit'teki yılanın İsrailoğullarını iyileştirmek için bir direğe asılması gibi, Mesih İsa da dünyayı iyileştirmek için çarmıha gerilmiştir. Nümerolojik olarak genellikle sayılar indirgenir. Eğer 358'i oluşturan rakamları tek tek toplarsanız

16 sayısına ulaşırsınız. Dolar banknotundaki iki dairevi bölümün altındaki piramidin üzerindeki Latince tarihi de dahil ettiğimizde toplam 16 kelimeye ulaşırız; yani "Annuit Coeptis" 2 kelime, "MCCLXVI" 1 kelime, "Novus Ordo Seclorum" 3 kelime, "The Great Seal" 3 kelime, "A Plurubus Unum" 3 kelime, "of the United States" 4 kelime. Toplam 16 kelime yapıyor. Şayet 16 rakamını da indirgersek 7 sayısına ulaşırız. Dolar banknotunun üzerindeki 2 dairevi bölümün altında 7 kelime bulunmaktadır. "The Great Seal of the United States ve One" kelimesi dolar banknotunun arka kısmında 7 kez görülmekte olup, Kartal çerçevedeki Latince "Unum" kelimesi 1 manasına gelmektedir. Nümerolojide ve Kabala'da 7 sayısı özel bir öneme sahiptir. Ruhun 3, madde 4, üzerindeki gücünü gösterir. 7 sayısı tamamlanmış Süleyman Tapınağı için kullanılır ve dolar banknotu üzerindeki tamamlanmamış piramit ile arasında bir ilişki vardır.

✍ Merkür, Süleyman Mührü... 1 dolarlık banknot sanki bir semboller seçkisi ?

Ortaçağ astrologları ve büyücüleri bazen Merkür gezegenini göstermek için dolar sembolünü kullanmışlardır. Tanrı Merkür tarafından kullanılan asa ise; çevresine iki yılan dolanmış bir asadır. Merkür, astroloji büyü geleneğinde para ve bankacılığı yönetir. Bazı Batı bankalarının ana kapılarına ya da cephelerine Merkür'ün ya da yılanlı asanın modellerini işlemeleri geleneksel bir astrolojik uygulamadır.

Washington DC'deki merkez bankasının yani FED'in ana kapısının üzerinde ABD'nin bir dişisi olarak kişiselleştirilmiş heykeli, elinde yılanlı asa tutan bir kadındır. Bu heykel 1937'de modern dolar banknotunun tasarlanıp basılmasından 2 yıl

Doların üzerindeki piramit ve göz sembolü

Doların üzerindeki kartal sembolü

145

sonra yapılmıştır. Dolar banknotundaki iki daire, ABD'nin büyük mührünün "Great Seal" tasarımlarını temel almakta olup, Kabalist büyü sembollerini içeriyor. Yani dolar banknotundaki Süleyman'ın mührüdür; 13 artı 1, 5 köşeli yıldız; 6 köşeli Davut yıldızı da bir yıldız oluşturacak şekilde bir araya getirilmiştir. Dolar banknotundaki her şeyi gören göz kadim büyü, Kabala geleneğinden gelmektedir.

"A Plurubus Unum" çoktan yaratılan, 1 ve 13 harften oluşur. "Annuit Coeptis" teşebbüsümüzden lütfunu esirgeme; "Novus Ordo Seclorum" çağların yeni düzeni veya yeni dünya düzeni anlamındadır ve İsa'nın geleceği kehanetinde bulunan Şair Vergilius'ün meşhur eseri *Eclogues*'ten alınmadır.

Doların altınla bağlantısı kopunca, Tanrı bağlantısı mı geldi?

Banknotun üzerinde sadece 1 tane İngilizce vecize vardır. "In god we trust" 1971'de konmuştur ve doların, altın ve gümüşle bağı koparıldıktan sonra yazılmıştır.

Washington DC'deki senato binasının giriş kapılarından güney girişi üzerinde bu vecize yer alırken, doğu girişinde "Annuit Coeptis" yer alır. Batı girişinde "Novus Ordo Seclorum" vecizeleri yer alır. Kabalist büyü uygulamalarında güney, batı, doğu yönündeki konumlar ve güneşin konumuyla yakından ilgilidir. "A Plurubus Unum" vecizesi Latince olarak başkan yardımcısının kürsüsünün hemen ardındaki yerde yer alır.

Kabala'da yani İbranilerin gizli bilgeliğinin sisteminde, alfabenin her harfinin bir sayı değeri bulunmaktadır. Dolar banknotlarının en büyük sırrı, içinde piramit bulunan çerçevededir. Ve bu anlamda İslam'a sokulan ebced ve cifir hesabının Arap alfabesine verilen rakamsal değeri ile İbranicedeki harflere verilen Kabala değerleri aynıdır.

O zaman bu ebced ve cifir, Kabala'dan gelme...

Tabii palavra, uydurma. Hıristiyanlığı tamamen esir almış Yahudilik, İslam'a da ciddi şekilde girmiş.

Doların gücünü FED'in değil, asıl Amerikan ordusunun güvence altında tuttuğu söylenir. ABD piyasalarında işler ne zaman karışsa ABD ordusunun dünyanın en güçlü ordusu olduğu vurgulanır. Çin ve Rusya ne diyor bu işe?

2014 yılının Ocak ayında Rusya'daydım. Sen Petersburg'a konferans vermek için gittiğim o günlerde 1 dolar 33 ruble civarındaydı. Ama 2014'ün Ekim ayına gelindiğinde 1 dolar 88 ruble oldu. Yani Rusya'yı çok fena öptüler. Kim öptü, küresel para babaları. Neden öptüler, çünkü Putin iktidara geldiğinde küresel para babalarına olan borçların bir kısmını ödememekle tehdit etti. IMF'yi de tehdit etti.

Borcun bir kısmını da silmiş, yine para babalarının temsilcisi durumundaki Kadarowski kardeşleri hapse atmış, mal varlıklarına el koymuş ve Sibirya'da ayda 35 dolara gardiyan elbisesi diken zavallı bir adam durumuna getirmişti. Bundan dolayı özellikle küresel para oligarkları devlet kapitalizmi dediğimiz devlet fonlarını kontrol etmekte zorlanıyorlar. Özellikle Putin'e karşı bir kinleri var.

Bu anlamda tabii Rusya'nın böyle bir şeye sıcak baktığını söylemek mümkün değil, ama Amerika'da bir laf vardır, "F16 olmadan McDonalds olmaz, dolar olmadan da F16 olmaz" diye.

147

2009'da ABD ordusunun yaptığı küresel finans savaşı tatbikatını da konuşalım isterim. Pentagon'un finans savaşı oyununun ABD ordusu açısından içerdiği derslerden biri, Amerikan doları topyekûn çökse de ABD'nin son çare olarak başvuracağı muazzam operasyon nedir bu?

Amerika'da 1978'den itibaren sessiz sedasız zaman içinde kanunla düzenlenen bir yapı ortaya çıktı. O da FEMA... Bizdeki sıkıyönetimin, olağanüstü halin karşılığıdır. İlk bakışta bizdeki afetin karşılığı gibi görünüyor; yani sel baskını, yangın gibi doğal afetlerde yardım eder gibi...

Amerika Birleşik Devletleri'nde görünen o ki; önümüzdeki bu seçimde veya bir sonraki seçimde bir kadın başkan seçilecek. Bir kadın başkandan sonra Amerika'da bir homoseksüel başkanın seçilme ihtimali kuvvetle muhtemel. Bu homoseksüel başkan da bir kararname ile yönetimi FEMA'ya devredip kenara çekilebilir. FEMA'nın yapacağı iki operasyonu söyleyeyim, gerisini okuyucumuz kendisi değerlendirsin.

FEMA'nın ilk operasyonu, doları yürürlükten kaldırmak, bütün bankalara el koymak olacaktır. İkinci operasyonu, Amerika bir anda 55 milyon insanı kamplara dolduracak, çünkü FEMA'nın kontrolünde kamplar yapıldı.

Ne yapılacak sonra o insanlara?

Toplama kampları gibi düşünün. O insanlar ya kuzulaşacak ve sisteme ayak uyduracaklar ya da kim vurduya gidecekler; hoş geldin komünizmdeki Gulag Takımadaları. Neoliberalizm ile sosyalizmin farkı yok. Diğerinde komünist partinin seçkinleri devlet üzerinden parayı kontrol ediyor. Birinde şirket diktatörlüğü ve şirket sosyalizmi söz konusu.

☞ **Avrupa teoride ABD'nin müttefiki. Ama onların da merkez bankası ve ayrı finansal operasyonları var. Euronun savunulmasıyla, ABD kadar Çin de ilgili. Hatta Çin'in dolara alternatif para olsun diye euroyu desteklediği de biliniyor. Yine geldik paraların siyasetine.**

Evet, bu sorun baştan sona doğrudur. Ama öyle gözüküyor ki küresel para sistemini kontrol eden merkez sermaye, eurodan çok umutlu değil, yani euroyu giderek zayıflatacaklar. Çünkü tek dünya para birimi, tek dünya merkez bankası, tek dünya polis gücü, tek dünya askeri gücü dedikleri sistemi hızlandırmak istiyorlar. Bunun için de yeni bir küresel kaosa ihtiyaçları var. Bu yüzden mesela İngiltere, Avrupa Birliği'nden ayrılacağını söylüyor. Zaten İngiltere euroya girmemişti. Önümüzdeki günlerde İspanya, Portekiz, hatta İtalya, Yunanistan'ın yaşadığına benzer sıkıntıları yaşayabilir. Hatta Almanya'nın da, Fransa'nın da durumu iyi değil. O açıdan var gücüyle para savaşlarının devam edeceğini düşünüyoruz. Çünkü ortada açık ifade etmek gerekirse, paraogrisi veya krediogrisi diyebileceğimiz bir durum var. Örneğin; X bankasından 50 bin lira kredi alıyorsun ve bana bu 50 bin liranın yerine bir çek yazıp geliyorsun. Ben de bunu alıp başka bir bankaya gittim ve diğer banka bunu varlık olarak kabul ediyor; 100 bin liralık varlık üretiyorlar, üç kişiye veya bir kişiye 100 bin liralık kredi açıyorlar. Yani yoktan bir para var etme olayı… Tam bir düzenbazlık var dünyada.

☞ **Peki Çin'in yuanı uluslararası ticarette kullanılan konvertibl para yapma çabası ne aşamada, ne olacak?**

2015 yılının sonlarında küresel ekonominin üç büyüğü; ABD'nin doları, Avrupa Birliği eurosu, Çin'in yuanı. Baktığımızda bu üç ülkenin -Avrupa Birliği ülkeleri tek değil ama bir tek ülke gibi kabul edersek- gayrisafi yurtiçi hasılasının toplamı, dünya toplamının yüzde 60'ını oluşturuyor. Yani dünyanın 82.5 trilyon dolarlık milli gelirinin yaklaşık 50 trilyon doları bu üç ülkeye ait. Pasifik'te dolar ve yuan; Atlantik'te dolar ve euro; Atlantik'ten Pasifik'e kadar olan alanda yuan ve euro arasında bir çekişme, savaş yaşanıyor. Rekabet şartları haftanın 7 günü 24 saat acımasızca devam ediyor. Kurşunların, tankların, F16'ların ve füzelerin savaşından önce yaşanan, yaşanacak olan klavyelerin savaşı bu.

Evet, savaş hatlarında sadece ulus-devletler yok. IMF, Dünya Bankası, Dünya Ticaret Örgütü ve ulusüstü küresel şirketler, hight fonlar, özel aile fonları var ve artık paranın geleceği üzerinde devletler kadar bu aktörler de söz sahibi. Kur savaşları açısından baktığımızda da, birinci ve ikinci kur savaşlarının tarafları sadece resmi kuruluşlarken, üçüncü kur savaşlarının tarafları resmi ve özel kuruluşlar artık. Üçüncü kur savaşının en büyük riski dolar merkezli dünya kâğıt para sisteminin çökmesi. İlk iki kur savaşında altın standardı çökmüştü, çökertilmişti. Bu arada yeri gelmişken okuyucularımıza söyleyelim, asgari 5 yıl dokunmamak üzere altın ve gümüşe para yatırsınlar.

James Dickens, üçüncü kur savaşının bütün kur savaşlarını sona erdirebilecek bir savaş olabileceğinden söz etmekte. Niall Ferguson büyük bir dünya yangınının başlama ihtimalinin, can sıkıcı olsa da 1914'teki kadar yüksek olacağını kaleme aldı *Para* kitabında. 1990 yılına gelindiğinde Braid şöyle diyordu: "Son zamanlarda Merkez Bankacılığı insana çok hüzün verecek kadar ayağa düşmüş bir meslek haline gelmiştir." Maalesef günümüzde bankacılık topyekûn ayağa düşmüştür. Çalışanlardan özür diliyorum ama görüntü bu.

🕮 **Çin Komünist Partisi son 35 yıldır bir anonim şirket gibi çalışıyor ve Çin'in devlet kapitalizmini yönetiyor.**

Bu oyunda Çin Komünist Partisi'nin rolü önemli. 1978 yılında Çin Komünist Partisi sekreterliğine Deng Şaoping'in getirilişinden bahsetmiştik. Deng'in ilk işi, pazar ekonomisi için güçlü bir program ortaya koymak oldu, neoliberalizm için. Çin'deki zinde güçler ve küresel merkez sermaye tarafından desteklendi. Şaoping 1982'de Mao'nun karısı dahil dörtlü çeteyi tutuklattı. Şaoping'e göre gerçeği olgularda aramak gerekirdi. Kedi fare yakalıyorsa kedinin renginin hiçbir önemi yoktu. Kitaplarda söylenenleri körü körüne takip etmemek gerekti, yani Marksizm'in kurucularının tasavvurları Çin'e pek uymuyordu; diğer ülkeleri taklit etmek yerine, Çin'in özellikleri doğrultusunda bir sosyalizm kurma yolunu bulmak gerekiyordu. Şaoping şöyle tanımlanmaktaydı: piyasa yanlısı, komünist ve otoriter. Fakat Rockefeller ailesinin damadı olan ABD'li stratejist Brzezinski, Deng Şaoping felsefesini Ticari Komünizm olarak niteliyordu. Ancak Şaoping'in yeni politikalarından daha çok Komünist Partisi'nin elitleri ve siyasi bağlantılarını kârlı iş ilişkilerine dönüştürebilenler faydalandı. Yani orada da elit bir sınıf ortaya çıktı. Nihayetinde bu durumun Mao döneminden pek farkı yoktu. Her daim Komünist Partisi'nin seçkinlerinin nüfuz alanı meselesiydi para ve güç.

🕮 **Çin, Dünya Bankası'na alternatif olarak Asya Altyapı Yatırım Bankası'nı kurdu. ABD'nin itirazına rağmen çoğu ülke bu birliğe katıldı. Türkiye de bu bankaya üye oldu. Çin para savaşlarında bir kazanım mı sağlamış oldu?**

Çin'in bugün içinde bulunduğu ekonomik şartlar Amerika Birleşik Devletleri'nin 1929'daki şartlarıdır. Yani 1929'da Amerika'da kriz niye patladı; ihraç edebileceğinden, tüketebilecek olduğundan fazla üretim yaptığı için. Çin de bugün aynı durumda. Amerika alamıyor, keza Avrupa da aynı durumda. Onun için bu tür kuruluşları kurabilirler, geliştirmeye çalışırlar ama ben bunların kısa sürede bir sonuca varabileceğini düşünmüyorum. Çünkü Çin mal satabilmek için Amerika'yı finanse etmek durumunda. Amerika karşılıksız basıyor, Çin'in malını alıyor, Çin bunu topluyor, Amerikan hazine fonlarının tahvillerini alıyor, yani bir kısır döngü var. Bunun ne zaman son bulacağını kestirmek mümkün değil ama ben 10 yılı geçeceğini zannetmiyorum.

🕮 **Eski bir teoridir ama ABD, Çin'i zorlamak için doların şeklini ve rengini değiştirip Çin'in elindeki dolarları geçersiz hale getirebilir mi? O zaman ne olur? Çin elindeki dağlar kadar ABD tahvilini ne yapacak?**

Bunu Çin de biliyor, Amerika da biliyor; Çin'in elinde bugün tahmin edilen 3.8 trilyon dolarlık Amerikan hazine tahvili var. Zaten Amerika'nın doların şeklini değiştirmesine gerek yok; 2005 yılında Başkan Bush Meksika, Kanada, Amerika için yeni para birimi Amero Kararnamesini imzaladı.

Genellikle para hareketleri 20 yılda devreye girer. 10 yılı gitti, demek ki bu tahmini doğruluyor. Önümüzdeki 10 yılda hoş geldin yeni para birimi.

🕮 **Dolarda Tanrı'ya atıf var ama euronun üzerinde böyle bir atıf yok. Birtakım köprüler var. Bu paralar matbaadan çıkıyor. Altın ne diyor bu matbaa ürünü kâğıt baskılara?**

Para sistemini kontrol eden büyük bankalar geçen yaz çok büyük miktarda ons anlamında altın aldılar, gümüş topladılar. Dünyada altın ve gümüş fonları üzerinden altın alışverişleri yine 6-7 bankanın kontrolü altında. Gümüşse 3-4 bankanın kontrolü altında. 1980 yılında dünyada alınıp satılabilen altın, yani döviz olarak kullanılabilen altın miktarı 2.2 milyar ons idi.

Ama çok ilginç; 2014'ün sonuna gelindiğinde dünyada alınıp satılabilen altın miktarının, yani döviz olarak kullanılabilen altın miktarının yeniden 2.2 milyar ons olduğunu görüyoruz. 1980 ile 2014 arasındaki 34 yılda ne kadar altın üretilmiş? 2.9 milyar ons. 1980'de alınıp satılabilen altın miktarı 2.2 milyar ons, 2014'te yine 2.2 milyar ons. Aradaki 2.9 milyar ons altın nereye gitti, yani peyniri kim yürüttü?

Elbette küresel para oligarkları. Yani dünyaya kâğıt veriyorlar, psikolojik algılarla dünyaya bu kâğıdı yediriyorlar. Tabii bu anlamda bir de uyuşturucu trafiği var.

Dünyanın 2012 yılındaki milli geliri 77 trilyonken, bunun 1.1 trilyonu ilaç endüstrisiydi. Yarısı antidepresanlar, kokain.

20 euroluk banknot... Üzerindeki simgeler diğer eurolar da olduğu gibi köprüler, kemerler ve kapıları tasvir eder. Bu banknotta 13. ve 14. yüzyıla ait Avrupa yapıları sembol olarak kullanılmıştır.

🌀 **Altının mevcut sistemdeki rolü nedir, bundan sonra ne olacak, altına hâlâ gerek var mı, altının küresel piyasada fiyatlaması gerçekçi ve şeffaf biçimde mi yapılıyor?**

Şeffaf biçimde yapılmıyor, speküle ediliyor. Şu anda altının, onsu 1244 dolar. 1971'in 15 Ağustos'una kadar 1 ons 31.1 gram altın, 35 dolardı. Ancak 15 Ağustos'ta aldıkları kararla her şey değişti. Fransa lideri Charles De Gaulle buna itiraz etti. "Madem bu kadar Amerikan dolarını stoklattın, al dolarlarını, ver altınımı," dedi. Nükleer savaş gemilerini Amerika'ya gönderdi, uçağa bile güvenmedi üstelik. "Bir tane füzeyle altınları yok ederiz," dedi. Ve Amerika'ya dolarlarını verdi, altınları aldı. 1980'e gelindiğinde altının onsu 850 dolardı. 2008'e gelindiğinde 1980 dolardı. Bugün ise aşağı çekmeye başladılar, speküle ediyorlar, çünkü peyniri çaktırmadan yürütüyorlar.

Türk kadını dünyanın en akıllı yatırımcısıdır. Harvard'da, İstanbul Üniversitesi'nde okumasına gerek yoktur. Tarihi geleneklerimizden dolayı gidersiniz Fatma teyzeye, dest-i izdivaç için kızı Emine'yi istersiniz. Aslında Emine'nin oğlunuzda gönlü olabilir de nezaketen bir sorar. "Tamam kızım da istiyor ama ne kadar beşi bir yerde takacaksınız?" diye. Aslında Fatma teyze, kızının, damadının ve müstakbel torunlarının istikbalini düşünüyor. Ben iki tane yatırıma inanırım. Her dönemde altın ve gümüş... İnternete bakın, son 20 yılda döviz ve faizden reel bir tek kuruş kazanan varsa ben bu işi bırakacağım.

🌀 **Altın yanında emtia fiyatları diye bir icat çıktı ve buğdayın, soya fasulyesinin, kahvenin üzerinden spekülasyonlar başladı. Ne istiyorlar buğdaydan?**

Bunun öncelikle karşılıksız para basımıyla alakası var. Dünyanın milli gelirinin 82.5 trilyon olduğunu söyledik. Ortada dolaşan banknotlar üzerinden 835 trilyon. Bir de küresel iklim değişikliği ayağı var bu işin. Şu bir gerçek, dünyada bir küresel iklim değişikliği oluyor. Dünyanın bir gıda krizine doğru gittiği de bir gerçek. Petrol nasıl varille satılıyorsa buğday da bushel ile satılır. Buğdayın busheli eskiden 200 dolar civarındayken, bugün 700 doların üzerinde. Bir ara 1000 doların üzerine çıktı. Yani önümüzdeki 10 yıl gıda krizinin patlayacağı, gıda savaşlarının yaşanacağı, daha doğrusu su, gıda savaşlarının yaşanacağı bir dönem.

Amerika'da bir Katrina Kasırgası olmuştu biliyorsunuz. Genellikle Amerikalılar kasırgalara, fırtınalara Rus kadın isimlerini verirler, söylemiştik. Bundan 7-8 yıl önce Rusya'nın steplerindeki buğday başakları kurudu. HAARP denen bir teknoloji var. Buna iyonosferi ısıtan teknoloji de deniyor. İşte Rusya'nın Sibirya steplerindeki buğday başaklarını Amerika'nın kuruttuğu yönünde bir inanç yayıldı. Ertesi yıl da California ormanları cayır cayır yandı.

🖋 **Petrolde de büyük kavga var ve petrolü olan ülkenin abad değil, berbat olması gibi bir kural oluşmaya başladı. Petrol ihracatçısı olmak bir felaket vesilesi oldu, neden?**

2008 krizine giderken dünyanın petrol üretimi maksimize olmuştu ve fiyatı da 150 dolar civarlarına doğru dayanmıştı. Bugün baktığımızda petrolün varili 37 dolar, daha değerlisi olan Brent petrolü 39 dolar. Ne yapıyorlar, bu neden böyle oldu? Bir, artık dünyanın çok büyük petrole ihtiyacı yok. Yeni enerji sistemleri geliyor. İnternet enerjisi denen bir şey geliyor. Bu da güneşten, rüzgârdan istifade edebilmek demektir.

Bu konuda yeni teknolojiler ve çalışmalar var. Amerika'nın artık petrole ihtiyacı yok. Bu da Amerika'nın Ortadoğu ve

Körfez petrolüne ihtiyacı olmadığını gösterir. Çünkü Amerika kendi petrolünü çıkarıyor. Ayrıca Amerika kaya gazı diye bir şey çıkarıyor. Dünyada en çok kaya gazı rezervi olan ülkelerden biri de Türkiye. Geleceğin yakıtlarından birisi kaya gazı. Onun için Amerika bunu bol miktarda çıkarıyor. Türkiye'nin de böyle bir imkânı var.

🌸 Çıkarmaya başladı mı Türkiye?

Başladığı söyleniyor, ama Amerika bol miktarda çıkarıyor. Kaya gazı böyle bir imkân Türkiye için. Öte yandan petrol üreticisi ülkeler eskisi kadar para kazanamıyor, varilin fiyatı düştü biliyorsunuz. Suudi Arabistan bundan birkaç yıl önce 100 milyar dolar ticaret fazlası verirken, bugün ticaret fazlası vermediğini görüyoruz. Çünkü petrol varili düştü. İşte bu anlamda yeni nesil ulaşımda hidrojen öne geçiyor.

Hidrojenin bor temelli olduğunu biliyoruz. Yeni enerjide nükleer santrallerin öne geçtiğini görüyoruz. Yeni nükleer santraller toryum bazlı ve toryumun özellikle -232 elementi sıfır radyasyona yakın... Radyasyonun sıfırlanabildiği bir durum.

Bundan 5 yıl önceki rakamlarla; Hindistan'ın 150 milyar dolarlık, Norveç'in 27 milyar dolarlık toryumla çalışan nükleer santraller kurduğunu biliyoruz. Bu arada Isparta'da uçağı düşerek yaşamını yitiren 9 mühendisimizin, akademisyenimizin toryumla alakalı çalışıyor olması acaba bir komplo teorisi mi?

🌸 Petrolde trend nedir; petrolün ucuz olması, pahalı olması kime yarıyor?

Petrolün ucuz olması, Rusya ve petrol üreticisi ülkeleri terbiye ediyor. Özellikle Rusya'ya yönelik bir terbiye etme modeli. Çünkü Rusya dünyanın en büyük petrol ihracatçılarından birisi.

1971 yılının 15 Ağustos'unda Amerikan dolarının, altın ve gümüşle bağının koparılmasından sonra, 1972-1973'te petrolün varili 2.5 dolardan 10 dolara çıktı. Bu süreçte özellikle petrol ihracatçısı Arap ülkelerinde çok ciddi bir petro-dolar oluştu. Sonra devreye Musevi bankerler girdi. Bunu özellikle üçüncü dünya ülkelerine, gelişmekte olan ülkelere pazarladılar. Hep söylerim, Arapların parası vardır, sermayesi yoktur. Siz götürürsünüz X bankasına 100 bin Türk lirasını yatırırsınız, artık paranız vardır ama sermayeyi X bankası istediğine verir. Aynı şey Arap'ın parası için de geçerli, ayrıca o paraların faizleri, hatta ana paralarının çoğu New York'ta yok edildi. Niye? Çünkü hemen arkasından bir Arap-İsrail savaşı çıkarıldı. Arap ülkelerine bu para karşılığı silah verdiler.

🖋 **Petrol ve Ortadoğu deyince bir de IŞİD var artık. Ortadoğu petrolü açısından bakarsak ne görürüz?**

IŞİD vekalet savaşçısıdır, yani mayın eşeği tabiri caizse. Ortadoğu'daki bu hadise, küresel iklim değişikliği yüzünden zor durumda kalacak Batılı ülkelere gıda ürünü yetiştirecek yeni topraklar kazandırma, kiralama, satın alma imkânı verirken; öte taraftan IŞİD'in varlık gösterdiği ve el koymaya çalıştığı yerler Fırat havzası, yani suyun olduğu yerler. Bu bir anlamda da su savaşı, petrol savaşı değil. Petrolü şimdilik satıyorve harçlıklarını çıkarıyorlar, militanlarını besliyorlar.

157

VATİKAN'IN ŞİFRELERİ

Vatikan, Roma'nın içinde küçücük bir devlet. Tarih boyunca Katoliklerin bu küçük ruhani devleti hakkında öyle iddialar ortaya atıldı, öyle senaryolar yazıldı ki, korkalım mı, kızalım mı, endişe mi duyalım, karar vermek oldukça güç. Vatikan çok bilinmeyenli bir denklem. Bir bilinmeyeni çözseniz, karşınıza diğeri çıkıyor. İnanılması güç sırları, gizli geçitleri, şifreleri ve yeraltı yollarıyla Vatikan tam anlamıyla dünyanın en esrarengiz devleti. Vatikan, kendi pasaportu olan, devlet kuruluşları ve bürokratlarıyla başlı başına bir devlet. Peki, yapısı, kuralları, yasakları ve onu diğer devletlerden ayıran temel farklılıkları ile Vatikan nasıl bir devlet?

Vatikan'ın dayandığı temel, yüce Yaradan'ın Hazreti İsa'ya gönderdiği, tebliğ ettiği din ile alakası olmayan bir Hıristiyanlık. Hangi Hıristiyanlık derseniz; Anadolu'da Mersin Tarsus ilçemizde doğup büyüyen Yahudi kökenli Paulus'un Roma paganizmi ile Yahudi geleneklerini bağdaştırarak sentezizm dediğimiz bir yaklaşımla yeni bir din peydahlaması hadisesidir.

Vatikan'dan meydana bakan bir görünüm

Meydandan Vatikan'a doğru bir görünüm

Yani bugünkü Katolik Hıristiyanlığı ilahi olmaktan ziyade, Roma paganizmiyle Yahudi Kabalasından beslenen bir pagan inançtır. 4. yüzyılda kavimler göçü ile başlayan, Karadeniz'in altından ve üstünden Hun Devleti lideri Attila'nın bugünkü Macaristan steplerinden Almanya uçlarına kadar gittiği bir dönem var.

Bu dönemde Roma'da bugünkü anlamda olmasa bile bir Papalık var; bu Batı Roma İmparatorluğu dönemi. O devrin Papası, Attila ile görüşmek istiyor. Attila, "Papa benim dengim, muhatabım değil, Dışişleri Bakanımızla görüşsün," diyor ve Papa tarihin kaydettiği ilk Dışişleri Bakanı olan Attila'nın eşiyle görüşüyor. Bu sürecin sonunda 432'de Batı Roma İmparatorluğu'nun yıkıldığını ve buna paralel olarak da Vatikan'ın ciddi bir güç kaybına uğradığını görüyoruz. Bu güç kaybından Haçlı Seferlerine kadar Vatikan'ın bir toparlanma süreci var. Bu dönemde ise Vatikan, Avrupa milletlerinin derebeylikler ile paramparça olmasını çok iyi kullanmış, değerlendirmiş ve giderek daha büyük bir güç kazanmıştır.

Vatikan'ın ilk küresel operasyonu Haçlı Seferleridir. Haçlı Seferleri, görünüşte bir dini hareket olsa da, Doğu'nun zenginliğini ve parasını talan etme operasyonudur. Gerçekten de bunda başarılı olmuşlardır. Bu süreçte Vatikan'ın kanatları altında, Tapınak Şövalyeleri ile Sion Tarikatının Kudüs'ten neşet ettiğini görüyoruz ki, günümüzde bile dünya siyasetine, ekonomisine en önemli yön veren unsur Tapınak Şövalyeleri ve Vatikan'dır.

Vatikan ile Papalık makamı aynı kavram sanılıyor. Yine de birbirine özdeş sayılır ama aslında durum öyle değil. Papa Katoliklerin başı, yeryüzündeki tüm Katoliklerin kutsal pederi ama sadece Vatikan devletinin devlet başkanı...

Papa'nın tam olarak görevi nedir, hem Katoliklerin lideri hem de Vatikan devlet başkanı olarak?

Papa, inançlarına göre Tanrı'nın yeryüzündeki temsilcisidir. Yani onlara göre Papa'nın sözü Tanrı sözüdür. Baba oğul kutsal ruh yani teslis inancı bağlamında Papa, Tanrı'nın yeryüzündeki sözcüsüdür, temsilcisidir. Papa yanlış yapmaz, Papa yanlış söylemez. Bundan dolayı ilahi bir gücü var, Tanrı'nın yeryüzündeki temsilcisi ve sözcüsü olma anlamında. Ama bunun ötesinde de dünyadaki bütün Katolik ülkelerin açıkçası devlet başkanlarının devlet başkanı demek daha doğrudur.

Papa Katoliklerin ruhani lideri diyoruz, diğer yandan Protestan Hıristiyanlar hiç mi itibar etmiyorlar kendisine?

1525'te Martin Luther'in başlattığı hareket, önce de belirtmiştik, Evanjelist bir harekettir. Bu önce prütenizm, daha sonra Evanjelizm diye anılmıştır. İlk Evanjelist kişinin ise Efes'teki Yuhanna olduğu iddia ediliyor. Bu anlamda Protestanlar Papa'ya çok fazla itibar etmezler. Protestanlara göre, Tanrı'nın vaat ettiği, tanımladığı ve belirlediği bir kader vardır. İnsanlar o kaderi yaşarlar. Bu anlamda Protestanlığa göre Tanrı'nın belirlediği kaderi insanlar yaşar. Amerika'nın da "Manifest Destiny" yani belirlenmiş kaderi vardır. Amerika'nın kaderini de Tanrı belirlemiştir. Bu anlamda Protestanlar için Papa çok fazla saygıdeğer birisi değildir.

Neden Katolikler böyle bir devlet kurma ihtiyacı hissediyorlar? Şimdi, Vatikan kutsal bir kent, Kudüs gibi, Mekke gibi, Medine gibi. Bunlar da kutsal mekânlar ve şehirler ama Vatikan biraz daha farklı görülüyor. Vatikan'ı farklı kılan bir devlet olması mı?

Hayır. Kudüs'ün, Mekke'nin, Medine'nin Yaratıcı tarafından kutsanmış bir hali var. Kudüs'e baktığımızda, Hazreti İsa'nın doğduğu topraklar. Öte taraftan Kudüs, Mescid-i Aksa'dan Sevgili Peygamberimiz Hazreti Muhammed Mustafa'nın Miraç'a yükseldiği yer. Mekke Kâbe, Allah'ın evidir. Medine de Hazreti Peygamber efendimizin... Ama Roma'nın böyle Yaradan tarafından kutsanmış bir hali yoktur. Paganizmin tabiri caizse kutsadığı, zorla kutsallaştırdığı bir mekândır Roma.

Aslında farklı hiçbir özelliği yok ama farklılaştırılıyor algı olarak.

Evet. Yahudiliğin ve Hıristiyanlığın hiçbir kutsal liderinin mezarı net olarak belli değildir. Yani ne Hazreti Meryem'in, ne Hazreti İsa'nın... Mesela Roma'da olduğu söylenen Petrus'un mezarı bile tartışmalıdır. Ama İslam Peygamberinin mezarı da, Kâbe'nin yeri de bellidir ve hâlâ ayaktadır.

Dört halifenin mezarı bellidir. Ama Katoliklik ve Yahudilik için böyle değildir. Yahudilik için çok kutsal olan Süleyman Tapınağı, iddia ediliyor ki bugünkü ağlama duvarıdır. İkinci Süleyman Tapınağı'nın bir kalıntısı, o da şüphelidir. Semavi dinler içinde ayakta kalan bir tek İslam'dır bu anlamda. Diğer her ikisinin uydurma masallardan oluştuğunu görüyoruz.

Bozulmuş olanla, bozulmayan İslam.

Evet muharref deniyor zaten. Muharref Tevrat, muharref İnciller denir bunlara.

Curia, Papa'nın adına ama kilisenin hayrına ve yararına çalışma yapmakla yükümlü kılınmış bir kurum. Vatikan'ın beyni olarak adlandırılan Curia nedir? Evanjelizm

kitabınızı okuduğumda bana dini, ruhani değil de sanki dünyevi ve seküler bir kuruluş gibi geldi, ne dersiniz?

Vatikan'ı Türkiye'de en iyi bilenlerden birisi rahmetli Aytunç Altındal idi. Rahmetli Aytunç Altındal'ın belgelere dayanan kitaplarında görüyoruz ki, aslında Vatikan, ilahi olmaktan ziyade bir dünyevi Tanrı imparatorluğu. Tanrı'nın elçisi gibi görünüyor ama bir dünyevi imparatorluk. Bu anlamda bahsettiğiniz Curia da sekülerdir, mesela Opus Dei de seküler bir kurumdur. Ama ne yaptığı ne ettiğiyle ilgili çok şaibe vardır. Mafya türü ilişkilerden tutun da, P2 Mason locasına kadar uzanan bir ilişkiler ağı. Bu da Tanrı üzerinden dünyevi postlar elde etmeye çalıştıklarının göstergesidir.

Zaten Hıristiyanlık da dünyevileşmiş bir dindir. Dünyevileştirmekten kastım ise şu; para ve ikbal edinmenin, küresel hegemonya kurmanın bir silahı durumundadır Vatikan.

🖎 **Beni burada şaşırtan şey şu aslında: Hıristiyanlık, cennet peşinde koşan ve temel doktrinlerinde cennetin bu dünyada değil, manevi âlemle olacağına inandırılan bir dini kurum iken, zaman geçtikçe görüyoruz ki bu inanç sisteminde bir değişiklik olmuş. Artık cenneti bu dünyada arıyorlar sanki... Aynı inanç Yahudilikte de var. Hıristiyanlarda biraz Yahudileşme mi var, ne dersiniz?**

Kesinlikle. Zaten Yahudilerde öbür dünya inancı yoktur, bu dünya inancı vardır. Hıristiyanlıkta öbür dünya inancı vardır ama ifade ettiğiniz gibi Hıristiyanlığın da tamamen dünyevileştiğini görüyoruz. Örneğin; haftanın 6 günü günah işliyorsunuz, o bataklıktan bu bataklığa gidiyorsunuz, sonra da Pazar günü kilisede, papaz efendi perdenin arkasından sizi dinliyor, siz de yaptıklarınızı ağlayarak, sızlayarak anlatıyorsunuz. Sonra Papa hazretleri veya papaz sizin günahınızı affediyor.

Sizi hemen orada sanal bir duştan geçiriyor, yıkanıyorsunuz. Günahsız olarak yeni bir haftaya başlıyorsunuz. Eh artık Pazar gününe kadar bir hafta daha vaktiniz var, istediğiniz kadar günah işleyebilirsiniz. Bu şuna benzer; bir zamanlar *Tercüman* gazetesi vardı, Türkiye'de çok satan ve iyi gazetelerden biriydi. *Tercüman*'ın üst başlığının altında şöyle bir yazı vardı; "Güneş her sabah yeniden doğar, her sabah taze bir başlangıçtır" diye. Bunu Vatikan veya Katolik Hıristiyanlık için uyarlarsak: "Hayat her pazartesi yeniden başlar, cumartesi günü akşama kadar istediğiniz günahları işleyebilirsiniz."

Papalık seçimlerinde Katolik âlem, ruhani liderlerini binlerce yıllık geleneklerine bağlı kalarak tam bir törenler silsilesi içerisinde belirliyor. Nasıl başlıyor bu törenler, kriteri nedir Papalığın, kimler Papa olabilir?

Bir meclis var ve bu meclisin aday gösterdikleri arasından bir kurul toplanıyor; aday gösterilenlerden biri Papa seçilinceye kadar oylama yapılıyor. Papa seçilince bir ateş yakılıyor ve Şapel'den duman çıkıyor. Duman çıktığında da Papa'nın seçilmiş olduğunu görüyoruz ama tarihe baktığımızda bir kadının erkek kılığına girerek Papa seçildiği günler de var. Bunun için şimdi, Papa adayları seçilmeden önce, tabiri caizse, indir donunu operasyonu yapılıyor, çünkü kadın mı erkek mi görmek istiyorlar.

Örneğin; *Baba* filminde de anlatıldığı gibi, 48 saat, hatta 24 saat bile yaşamayan Papalar var. Bu anlamda Vatikan dünyada entrikanın en çok döndüğü yerlerden biri olabilir.

Kadın bir Papa olduğundan bahsettiniz. Bu Vatikan tarihinin en ilginç olaylarından biri; kadın Papa Joan. Tarihteki tek kadın Papa olan Joan, 853'te ölen 4. Leo'dan sonra

**kendini Papa seçtirmeyi başararak, 8. Joan unvanını almış.
Papa Joan'ın hikâyesini sizden dinleyebilir miyiz?**

Çok enteresan bir hikâyedir kadın Papa Joan. Hatta şu kadarını söyleyeyim, Vatikan'ın Papalık sisteminin silmeye çalıştığı bir utanç lekesidir. Bu kadar katı kuralları olan bir kurumun yaptığı bu tarihi hata, Vatikan tarafından kabul edilemez bir vakadır ve nihayetinde yüzyıllardır da silmeye çalıştıkları bir lekedir.

Oldukça zeki bir kız olan Joan yaşadığı o çağda kadın olmanın kendisine külfet getireceğini düşünür. Papaların, pederlerin refah içinde süren yaşamlarını görünce de herhalde "ben nasıl yaparım da bu kuruma dahil olurum" diye düşünmüş olmalı. Bir yaştan sonra da hep erkek elbiseleri giyer ve kendini erkek olarak tanıtır herkese... Ardından kilise günleri başlar ve yükselerek Papalığa kadar gelir. Yanılmıyorsam iki ya da üç sene kadar Papalık yapar ama hizmetkârı ile ilişkisi sonucu hamile kalınca değil Papalığı, hayatını bile yanına bırakmazlar. Ve bu olayı öğrenir öğrenmez de öldürürler Papa Joan'ı... Gerçekten Vatikan'ın en ilginç olaylarından biridir... Vatikan hâlâ sıcak bakmaz bu olaya, üstünü kapamaya, yaşanmamış saymaya çalışır..

Sadece kadın Papa Joan değil ki, Papalar tarihi son derece enteresan olaylarla dolu; siyasetle uğraşan, iktidar için her şeyi yapan, hatta Haçlı Seferlerini başlatan Papalar var. Bunun yanı sıra Katolik doktrin uyarınca kadınlarla ilişkiye girmeleri yasak olmasına rağmen, aşklarıyla ve gayrimeşru çocuklarıyla tarihe geçmiş Papalar da var. Papa evlenemez, çocuğu olamaz değil mi; ileride ailesine, sülalesine bir kutsiyet yakıştırılmasın diye mi aile sahibi olamıyor Papalar?

Evet... Papa ve papazların içinde bulunduğu bu trajediyi en güzel bu sene Oscar alan *Spotlight* filminde izledik.

Resmi rakamlardan ve Batı basınına intikal eden haberlerden öğreniyoruz ki, Vatikan her yıl 100 milyonlarca dolara, hatta milyar dolarlara varan tazminatı ödemek zorunda kalıyor. Papazlar, rahipler özellikle erkek çocuklara musallat oldukları, yani erkek çocuklara cinsel istismarda bulundukları için... Bu anlamda evlenmemek insan yaradılışına ters bir durum ve son derece sakat bir düşünce. Bunun bedelini de Vatikan çok ağır bir şekilde ödüyor. *Spotlight* filmi de bunu detaylı bir şekilde zaten anlatıyor.

Papa Joan'ın doğum sahnesini tasvir eden gravür (British Museum 1474)

🖋 **14 Ekim 2015'te bütün basını meşgul eden bir haber yayınlandı. Dünya genelinde 1 milyar 200 milyon inananı bulunan Katolik Kilisesinin lideri ve Vatikan şehir devleti başkanı Papa Francis, Roma ve Vatikan'daki skandallardan ötürü kendi cemaatlerinden ve bütün dünyadan özür diledi. Peki neydi bu son zamanlarda meydana gelen skandallar? Bir, Vatikan'ın büyükelçisi 67 yaşındaki Episkopos Joseph**

Veselovsky görev sırasında birçok kez para karşılığı çocuklarla cinsel ilişkiye girmekle suçlanmıştı. Veselovsky, Katolik Kilisesi tarihinde Vatikan mahkemelerinde bu suçtan yargılanacak olan ilk üst düzey din adamı olacaktı. İki, 17 yıl Vatikan'da önemli görevlerde bulunmuş olan Monsenyör Krzysztof Charamsa ise eşcinsel olduğunu açıkladı. Katolik Kilisesinin çağdışı yaklaşımına meydan okumak için eşcinsel kimliğini açıkladığını söyleyerek sevgilisiyle birlikte gazetelere poz veren rahip, hemen Vatikan'daki ve ona bağlı üniversitelerdeki tüm görevlerinden alındı. Bu ve buna benzer çok olay var. Bu haberlerin ışığında şunu söyleyebilir miyiz: Artık Vatikan bu olayların üstünü örtmek istemiyor ya da artık bu skandalların üstünü örtemiyor. Vatikan artık baş edemediği bu skandalları kabul ederek bir taktik mi uyguluyor?

Aslında durumu çok güzel özetlediniz. Öncelikle son Papa'nın seçiminden geriye doğru gidelim. Son Papa Francis, Arjantin kökenli ve özellikle sosyalist fikirleriyle tanınan bir papaz. Tarihte ilk kez bir Papa yani Papa Benedictus istifa ettirildi ve yerine Papa Francis getirildi. Neden derseniz; çünkü ortada bir gerçek var, Katolik Hıristiyanlığın güçlü olduğu yer Avrupa'dan ziyade, Güney Amerika ülkeleridir. Yani Meksika'dan aşağıya kadar çok ciddi bir şekilde Katolik Hıristiyan nüfus hâkimdir. Ancak son yıllarda her gün yaklaşık 5500 kişinin Protestan, yani Evanjelist Hıristiyanlığa geçtiği görülüyor. Bu ise Papalığın ve Katolik Hıristiyanlığın altını oyuyor. İkincisi, Dan Brown'ın *Da Vinci'nin Şifresi* ile *Melekler ve Şeytanlar* gibi eserleri de etkili oldu. Dan Brown, İngiliz Musevi'si ve Amerika'da Boston civarında yaşayan bir araştırmacı yazar. Kendisinin Tapınak Şövalyeleri mensubu olduğu yönünde de iddialar var.

Özetle; bir taraftan Dan Brown'ın eserleri, diğer taraftan Güney Amerika'da çok sayıda insanın Katolik Hıristiyanlığı bırakmış olması Katolik Kilisesini ürküttü. Bunun çaresi olarak da Opus Dei ile daha mesafeli ve Protestanlara daha hoşgörüyle bakan Benedictus yerine, Protestanlığa karşı ve daha sosyal demokrat fikirlere açık bir Papa getirildi. Belirttiğimiz gibi Güney Amerika'da Katolik Hıristiyanlık kan kaybediyor. Dikkat ederseniz Papa 6. Paul'den, yani 1966-1967'den bugüne bütün Papalar Türkiye'ye geldiklerinde İzmir'deki Meryem Ana Evi'ni ziyaret ettiler.

Ama ilk defa Papa Francis, İzmir Bülbül Dağı'ndaki Meryem Ana Evi'ni ziyaret etmedi. Çünkü Meryem Ana Evi artık Katolikler yerine, Protestan Hıristiyanlar, Kabalistler ve Yahudiler için çok daha önem arz ediyor. Bu anlamda belki Francis'in seçilmesini Tapınak Şövalyeleri, Evanjelistler ve Opus Dei Vatikan arasındaki güç mücadelesinde ön alma operasyonu olarak niteleyebiliriz.

Vatikan'da sürmekte olan ve aileye ilişkin doktrinlerin masaya yatırıldığı ruhani meclis, yani Sinod öncesinde 13 kardinalin Papa'ya yazdıkları mektup da basına sızdı. Bu da İkinci Vatiliks Skandalı olarak adlandırıldı. Papa'ya kimler neden baskı yapmak istiyor? Papa'nın çok önemli bir açıklaması oldu, "Boşananlar da bizdendir" diye... Bu açıklamayla bağlantılı olabilir mi?

Katoliklerin boşanmaya karşı katı bir tutumu vardı, Katolik nikâhı bozulmaz diye de bilinir. İşte günümüzde bu katı tutum insanları rahatsız ediyor. Ayrıca Papalığın ve Vatikan'ın tarihteki engizisyon hadiseleri de unutulmuş değil. Son yapılan kamuoyu araştırmalarında ise Avrupa'da insanların yaklaşık yüzde 42 gibi bir oranı ben ateistim veya deistim diyor. Ya din ve Tanrı inancını tamamen reddediyor ya da Tanrı'ya inandığını ama kurumlara inanmadığını söylüyor. Bu, Vatikan'ın en büyük sorunu artık...

Ayrıca rahmetli Aytunç Altındal'dan öğreniyoruz ki, ateizmin kurucusu yine Vatikan. Yine görüyoruz ki, Vatikan Paris'te para kazanmak için genelev açıyor. Yani Vatikan'ın Hazreti İsa'nın öğretilerini değil, Heredot'un kendi tarihinde anlattığı Yunan geleneklerini, ahlaki değerlerini, pagan Roma değerlerini örnek aldığını görüyoruz.

🕮 **Boşanmak Katolikler için büyük ve değiştirilemez bir doktrindi ve zamanında bu mesele yüzünden yeni mezhepler doğdu. 8. Henry'nin Anglikan Kilisesinin kuruluşuyla bağlantısı bu konuya mı dayanıyor?**

Evet... 8. Henry'nin kurdurduğu Anglikan Kilisesi İngiliz kralının boşanamamasına dayanır ve boşanma Vatikan tarafından tanınmayınca kral yeni bir mezhep oluşturmuştur. Yine biliyoruz ki, engizisyon hadiseleri Protestan Hıristiyanlığın kurulmasını etkilemiş, bunda da yine Yahudi hahamların çok büyük rolü olmuştu. Ama bunların temel sebebi, Vatikan'ın açıkçası ilahi değil, dünyevi olmasıdır.

🕮 **Papa 16. Benedictus'un istifasını dile getirdiniz. Gerçi, 16. Benedictus tarihte emekli olan tek Papa değil. 16. Benedictus'a gelene kadar 7 Papa istifa etmiş; Papa Pontian, Papa Silverius, Papa 18. John, Papa 5. Celestine ve Papa 12. Gregory. Papa 16. Benedictus'un istifası Birinci Vatiliks Skandalının hemen peşinden gelmişti ve o dönemde çok çeşitli söylemler olmuştu. Ama Papa 16. Benedictus isifasında "Tanrı istedi bunu" dese de, sebebinin kara para aklama söylentileri, köstebek skandalı ve Kilise içindeki eşcinsel lobisi** olduğu da iddia edildi. **Aslında Papa'nın istifasının gerçekten basit bir sebebi olamaz mı, Papa her şeyden yorulmuş, mesela tükenmişlik sendromuna kapılmış olamaz mı, bir Papa emekli olmak isteyemez mi?**

O inanca göre, inancın temeli baba, oğul, kutsal ruh. Peki Papa'nın misyonu ne? Tanrı'nın yeryüzündeki temsilciliği... O zaman Tanrı'nın yeryüzündeki temsilcisi yorulabilir mi, hayır, yorulamaz. Bunalım geçirebilir mi, geçiremez. Onlara göre Papa'nın söylediği her kelam da Tanrı kelamı. Tüm bunların ışığında bu istifanın siyasi bir operasyon olduğu anlaşılıyor. Ayrıca Vatikan'da biliyoruz ki çok ciddi bir Musevi yapılanma var. Vatikan'ın içinde Opus Dei ile Opus Dei'ye karşı olanlar arasında kıyasıya bir mücadele var. Dünyanın 2015 sonunda milli geliri yaklaşık 82.5 trilyon dolarken, Vatikan'ın hükmettiği paranın -muhtelif kaynaklarda farklı rakamlar telaffuz edilse de- yaklaşık 15 trilyon dolar olduğu iddia ediliyor. Bu kadar büyük bir paraya ve güce hükmedilen yerde entrikanın olmaması mümkün değil.

Vatikan ve Papalık tarihinde sayısız entrika ve skandala faili meçhul ölümler de eklenebilir, çünkü bugüne kadar 266 Papa'dan kaçının eceliyle, kaçının cinayete kurban giderek öldüğü belli değil. En yakın örnek, sadece 33 gün Papalık yapabilen I. Jean Paul. Vatikan konusunda uzman araştırmacı David Yallop'un belgeleriyle açıkladığına göre, bu Papa, Vatikan'ın içinde bir konspirasyon, yani fesat örgütüyle, P2 Mason locasının ortak girişimiyle öldürülmüş. Vatikan'ın Mason localarıyla bağlantısı nedir, gerçekte var mı böyle bir şey?

Bu konuda çeşitli kaynaklar var. Zaten P2 Mason locası skandalı 1978'de patladığında bu konu yıllarca gündeme geldi, mahkeme kayıtlarına geçti. Bu anlamda Vatikan sallandı. Artık bir komplo teorisi olmaktan çıktı. Vatikan'ın içinde böyle bir güç mücadelesinin olduğu da doğru. Ama bu güç mücadelesinde özellikle Opus Dei kanadına bakmak lazım. Opus Dei İspanya'da 1928'de kurulan, daha sonra Papa Jean Paul tarafından takdis edilen ve bugün de Vatikan'ın açıkçası yeryüzündeki tetikçisi olarak algılanan bir yapı. Opus Dei'yi anlamadan Vatikan'ı tam olarak anlamak mümkün değil. Opus Dei oldukça karanlık bir örgüt ve aslında masonik bir yapılanma da sayılabilir.

🖋 Papa I. Jean Paul mason muydu?

Mason olup olmadığıyla ilgili çeşitli iddialar var. Hatta bu konu filmlere dahi konu oldu. Ama P2 Mason locası skandalı ve Tanrı'nın bankeri Calvi'nin Mason ritüellerine göre İngiltere'de köprüde infaz edilmesi ortaya koyuyor ki, Vatikan içindeki mücadelede bir kısım Mason unsurları kiliselerde ve Vatikan'da güçlü şekilde yer etmiş durumda. İlginç olan noktalardan biri de; engizisyon mahkemelerinde insanlara zulmeden radikal papazların tamamına yakınının Musevi kökenli olmasıdır. Yani bu işe sonradan dahil olanlar oldukça radikalleşiyorlar.

🖋 Vatikan ile Mason localarının bağlantısını konuşurken, mafya ile ilgili de bir gönderme yaptınız. Vatikan'ın mafya ile bir bağlantısı olabilir dediniz. Tarihler 16 Ekim 1978'i gösterirken Papalık tahtına 2. Jean Paul geçti ve 13 Mayıs 1981'de St Peter Meydanı'nda Mehmet Ali Ağca tarafından vuruldu. Ancak yaralı kurtulması çok fazla spekülasyon yarattı. Çünkü iddialara göre Ağca iyi bir nişancıydı ve 4 metre gibi kısa bir mesafeden ateş etmişti. İddia şu: Zaten

Ağca Papa'yı öldürmek için değil, yaralamak gayesiyle ateş etmişti. Mehmet Ali Ağca hikâyesindeki şifreler nedir?

Mehmet Ali Ağca ve onun gibi, ona yakın olanlar... Biz o zamanlar üniversitedeydik. Bunlar Beyazıt kahvehanelerinde Papa'yı öldürmek ve hatta Kremlin'i basmak gibi konular hakkında sohbetler ediyorlardı. O günkü Türkiye'nin şartlarında tabiri caizse geyikti bunlar. Ama Mehmet Ali Ağca'nın tabii ki tek başına cebine silahı koyarak gidip Papa'ya bir suikast düzenlemesi mümkün değil. O dönemde Amerika Birleşik Devletleri, Sovyet Bloğuna darbe indirmek istiyordu. CIA ve Amerikan istihbaratı Polonyalı bir papazı Papa seçtirerek Rusya'ya çok ciddi bir darbe indirdi. Rusya'nın çözülmesinde de zaten büyük payı var bu hadisenin.

Bu noktada özellikle bildiğim bir şey yok, ama çıkardığım yorum şu: KGB veya Bulgar istihbaratı üzerinden Mehmet Ali Ağca'yı kullanarak Papa'ya bir suikast yapıldığını, yaptırıldığını anlıyoruz. Mehmet Ali Ağca istese Papa'yı vurup öldürebilir miydi, muhtemelen öldürebilirdi. Tabii Mehmet Ali Ağca da, bu işlere bulaşan insanlar da aptal değildir. Mehmet Ali Ağca da muhtemelen kendi hayatını garanti altına almak için öldürmek yerine yaralamayı seçti. Sonra da Mehmet Ali Ağca'nın Papa ile gizli ve açık görüşmeleri oldu.

Time dergisine de kapak oldu. "Why Forgive" başlığı ile birlikte, el sıkıştığı fotoğrafları var. Açık ifade etmek gerekirse, bu operasyonlara ve bu ilişkilere matruşka gibi bakmak lazım. Çektikçe içinden başka bir ilişki, başka bir şey çıkar; yine çekerseniz tamamen başka bir şeyle karşılaşırsınız. Siz çekmekten yorulursunuz ama matruşkalar bitmez; bu olaylara öyle bakmak lazım.

🔊 **Vatikan'ın özellikle İkinci Dünya Savaşı sırasında güçlendirdiği bir istihbarat ağı var. Vatikan'ın bir gözlemevi de var.** Ayrıca Vatikan'ın dünya tarihinden sanata, siyasetten politikaya, bilime kadar bütün tarihi belgelediği çok büyük ve önemli bir arşivi var. Vatikan'ın gücü dinsel niteliğinin yanı sıra bilgiden de kaynaklanıyor.

Vatikan iki türlü operasyon yapıyor. Birincisi, ülkelerin istihbarat kurumlarının önemli mevkilerine getirilenleri devşiriyor ya da satın alıyor. Nitekim Türkçeye da çevrilen *Opus Dei* adında bir kitap var. O kitapta, mesela Opus Dei'nin FBI başkanını bile devşirdiği, satın aldığı yönünde iddialar var.

🔊 *Evanjelizm* **kitabınızda şöyle bir ifade var: "1978'de eceliyle ölen Papa 6. Jean Paul, gizli istihbarat örgütleriyle içli dışlı olmuş bir Kardinal olarak tanınıyordu. Vatikan kirli işlerine daima taşeron kullanan bir devlettir. Bu pis işleri temizlemek mafyanın görevidir. Vatikan'ın siyaset âleminde de yarı gizli yarı resmi desteklediği partiler ve siyasetçiler vardır." Vatikan'ın desteklediği siyasi parti ya da siyasetçileri sormak istiyorum, bildikleriniz, konuşabilecekleriniz?**

Vatikan günün şartlarına göre kim işine yarayacaksa onu destekler. Amerika Birleşik Devletleri'nin tek Katolik başkanı Kennedy'dir. Onun dışında Amerika'nın Katolik başkanı yoktur. Ve Amerika'nın Mason olmayan tek başkanı da Kennedy'dir. O anlamda Başkan Kennedy samimi bir dindardır. Bugün Chicago'da Kennedy ailesinin gelirinin yıllık yüzde 90'ını oluşturan devasa bir iş hanı vardır. İş hanının en üst katında Kennedy ailesinin özel kilisesi vardır. Buradan gelmek istediğim nokta şu; mafyayla, bankacılık sistemiyle, siyasetle her türlü toplumun ihtiyacı olan veya toplumun yönlendirilmesinde kullandırılan unsurlarla Papalığın iç içe olmaması

Vatikan'ın labirente benzeyen, üzeri çizimlerle dolu
koridorlarından bir görünüm

zaten akla mantığa terstir. Yani Papalık kendi bekası açısından bunlarla çok rahat bir şekilde işbirliği yapıyor.

◈ *Evanjelizm* kitabınızda Vatikan'ın içinde çeşitli ulusların, başta Fransa, Polonya, Almanya istihbarat örgütleri ile birlikte çalışan kardinaller çıktığından ve bunlardan bazılarının daha sonra Papa yapıldığından da bahsediyorsunuz. Bunlara en iyi örnekler Almanya'daki CDU, CSU.

Evet. Bunlar sağ kanat parti. Vatikan bunları Opus Dei, Cizvitler, Dominikenler, Fransiskanlar gibi yapılanmalar üzerinden destekliyor.

◈ Vatikan'da etkileri ve güçleri tartışılmayacak başlıca akımlar var. Bunlardan bazıları laik, bazıları dinsel nitelikte. Laikler; Opus Dei ile Malta şövalyeleri. Dinsel nitelikte

175

olanlar; Dominikenler, Fransiskanlar, Cizvitler Tarikatı. Vatikan uluslararası resmi ideolojisi ise işte bu dinsel nitelikte akımların ortak paydalarıyla oluşturulmuş olan ve tüm Hıristiyan âlemini bir çatı altında toplamayı öngören ekümenizm hareketi. Yani birbiriyle çatışan tarikatlar var ama bu tarikatlar her ne olursa olsun, Vatikan çatısı altında toplanıyorlar. Aslında Vatikan'da iktidar kavgaları var.

Çok ilginçtir, Vatikan'ın koruması İsviçre vatandaşı olan Katolikler tarafından yapılır. Koruma gücü, askerliğini yapmış Katoliklerden oluşur ve bir albay tarafından komuta edilir. Zaten 1980'li yıllarda o günkü mücadele sertleşince, İsviçreli albay kendi askeri tarafından vurularak öldürüldü. Askerin iddiası da homoseksüel ilişki teklif ettiği için vurduğu yönünde. Dünyada Vatikan'ın ekümenik hareketlerinin merkezi İsviçre'dir. Ekümenik, Tanrısal strateji manasında kullanılır. Bu stratejinin günümüz dünyasında etkili olan üç milletlerarası temsilcisi vardır. İlki, ECEC, yani Avrupa İşbirliği İçin Ekümenik Komisyonu; ikincisi, WCC, Dünya Kiliseler Konseyi; üçüncüsü, CCREC, Avrupa İşbirliği İçin Hıristiyan Sorumlu Komitesi.

Katolik kilisesinin eski spiritüel ekümenizm prensibinin yerine bugün ideolojik bir ekümenizm söz konusu olup, Fener Patrikhanesi de bu ideolojinin Ortodoks temsilcisidir. Öncelikle Vatikan artık Ortodoksluk ile Vatikan'ı bir araya getirmek istiyor.

❧ 2014 yılında Papa Francis Türkiye'ye geldiğinde Şişli'deki Katolik kilisesindeki ayinden sonra Fener Rum Patrikhanesi'ni ziyaret etti. Patrik Bartelemeo da Rumca, "Ortak umut asla düş kırıklığı yaratmaz çünkü bize ve zavallı gücümüze değil ama Tanrı'nın sadakati üzerine kurulmuştur.

Eski Roma ile yeni Roma arasında sembolik köprü kurun ve Havari Petrus ile Havari Andreas arasındaki kardeşlik sevgisini taşıyan sizleri sevgi, şükran ve mutlulukla ağırlamaktayız," dedi. Siz bu buluşmayı nasıl değerlendiriyorsunuz?

Katolik kilisesinin ritüel içeren ekümenizm prensibinin yerine, bugün ideolojik bir ekümenizm söz konusudur; Fener Patrikhanesi de bu ideolojinin Ortodoks temsilcisidir. İnsanlık tarihinin din, siyaset, finans adına en karmaşık, en tehlikeli ve en acımasız dönemlerinden birini yaşıyoruz. Her şey kesin ve kaçınılmaz bir kaosu gösteriyor.

1054'te Katoliklik ve Ortodoksluk ayrıldı. İkinci Vatikan Konsilinde, yani 1964'ten sonra birleşme hareketleri görülmeye başladı. Günümüzde Ermeni Patriği Mutafyan hasta ve dışarıda tutuluyor. Geçmişlerine dönüp baktığımızda; Paulus ve Petrus Roma'da öldürülmüştür. Petrus, Roma'nın ilk piskoposuydu. Petrus'un halefleri papalardı. Ancak Petrus'un Roma'ya gidip gitmediği tartışmalıdır. Süryaniler kadim kiliselerini Petrus'un kurduğunu söylerler. İşte bu noktada ortada dini olmaktan ziyade siyasi bir yapılanmanın var olduğunu görüyoruz. Bu yapılanmanın da özellikle İslam dünyasına karşı tezgâhlandığını düşünüyorum; özellikle Fener Rum Patrikhanesi, Türkiye Cumhuriyeti Devleti'ne karşı bir ekümenizm kazanarak ülkemiz içinde bir Vatikan olma hayali gütmektedir.

✏ Tarikatlardan ve Vatikan'ın içerisindeki iktidar kavgalarından bu noktaya kadar geldik. Vatikan ve Papalık hakkında çıkan skandallar, bu tarikatlar tarafından özellikle yaptırılıyor olabilir mi?

Aslında olayın özüne baktığımızda, bu, Tarsuslu Paulus'un yerine Efesli Yuhanna'yı geçirme mücadelesidir; yani amaç

Katolik Hıristiyanlığı bitirip yerine Protestan Hıristiyanlığı, yani Yahudi Hıristiyanlığı etkin kılmaktır. Çünkü Katoliklere göre Yahudiler, İsa'nın katilidir, ama Protestanlara göre öyle değildir. Protestanlar önce Tevrat'ın 5 kitabına, sonra İncillere inanırlar. Katolikler önce İncillere inanır, sonra Tevrat'a tarihi bir realite olarak bakarlar.

Altını tekrar çizmek istiyorum; aslında mücadele Tarsuslu Paulus'un yerine Efesli Yuhanna'yı geçirme mücadelesi olup, teolojik zemindeki bu kayma ile birlikte Katolik Hıristiyanlığı bitirme projesidir. *Baba 3* filmi, Dan Brown'ın kitapları, Mel Gibson'ın *İsa'nın Çilesi* filmi ve kilisenin papazlarının sapkınlıkları buna yeterince zemin hazırlıyor. Ancak Tarsus'un sadece Katolikleri değil, bizi de ilgilendiren bir tarafı var. Mersin'deki Tarsus, aslında Kapadokya merkezli Paulusçuların bölgesiydi; bugün de öyledir. Anadolu'nun batısında 7 inayet dönemi kilisesinin -Efes, İzmir, Bergama, Salihli, Akhisar, Alaşehir, Pamukkale- bulunduğu bölge de Yuhannacıların bölgesidir.

Yuhannacılar; Havari Sepel'in taşlanarak öldürülmesi lehine oy kullanan Paulus'un bir dönek olduğu ve Hıristiyanlık misyonunu çaldığı iddiasındadır. İsa'dan sonra 12 Havarinin görev dağılımı yapıldığında, Yuhanna'nın Batı Anadolu'yu irşatla görevlendirildiği iddia ediliyor. Ancak Paulus bu görevlilerden biri de değildir. Ama dikkat edin, Katolik Hıristiyanlık Paulus'un dinidir, İsa'nın değil. Öte taraftan Yuhanna, kutsal ve yasal bir görevlidir ama Paulus sonradan ortaya çıkmış, İsa'yı hiç görmemiş ve misyonunu sahiplenmiştir. Anadolu bugün geçmişte olduğundan çok daha önemlidir. Hem de bütün Hıristiyanlar açısından önemlidir.

Paulus, Yahudilikten dönüyor, değil mi?

Tabii, 12 Havariden biri de değildir.

12 Havariden biri değil, 13. Havarisi olarak görünüyor. İsa, Paulus'a güya "benim dinimi sen yay" diye vasiyet ediyor. Paulus'u Hazreti İsa'nın öğütlediğine inanılıyor. Ama aslında, Paulus, yolda bir halüsinasyon görerek birden Hıristiyan olduğunu, İsa'nın dinine geçtiğini söylüyor.

Vaat edilmiş topraklar ve son seferde yeni dünya düzeni için fethedilecek ülke, Kabala yorumlarına göre Şalon, yani Edon'dur. Daha önce de belirtmiştik, Edon Anadolu'nun ilk çağlardaki adıdır. Bu anlamda küresel düşünmeli, kimin kime, nasıl ve niçin hizmet ettiğini artık iyi anlamalıyız. Vatikan, Rum Ortodoksluğu ekümenikleştirip buradan Rus ve diğer Ortodoksları kontrol etmek istemekte, her seferinde ziyaretini 30 Kasım'a denk getirmektedir. Böylelikle Evanjelistlere ve Putin'e karşı bir güç kazanmak istemektedir. Çünkü Putin, Rus Ortodoksluğunu Fener Rum Patrikhanesi'nden ve Vatikan'ın ekümenik çizgisinden ayrı tutmaktadır. Ermeni ve Bulgar Ortodoks Kilisesi de Rum Patrikhanesi'nin kontrolüne girmek istememektedir. Bunu devletimizin yöneticileri özellikle iyi bilmelidirler.

Nitekim 23. Joan adıyla Papa olan Bulgaristan Başpiskoposu Roncalli, Meryem Ana Evi'ne çıkmamıştı. Ancak Katolikler için 1961'de haç yeri ilan etmişti. Tarihler 5 Ocak 1820'yi gösterirken buraya, Osmanlı Türkiye'si topraklarına ilk ayak basanlar, ABD Boston merkezli ABCFM kilise kuruluşunun iki papazıdır. Ülkemiz; zaman zaman Vatikan'ın ve Fener Rum Patrikhanesi'nin işbirliği yaptığı, zaman zaman da Vatikan ve Evanjelist Hıristiyanlarla Fener Rum Patrikhanesi'nin üçlü bir işbirliği yaptığı, çok ciddi bir tehditle karşı karşıyadır. Nitekim o iki papazın bir Hıristiyanlık kuruluşu olan ABCFM'den 1833'te aldıkları talimat mektubunda şöyle yazmaktadır: "Bu mukaddes ve vaat edilmiş topraklar silahsız bir Haçlı Seferiyle geri alınacaktır. Anadolu Türklerin değildir. Türkiye aynı zamanda Asya'nın anahtarıdır."

Bu konuyla ilgili Atilla Aylan'ın 17 Kasım 2003 tarihli yazısına bakılabilir. Öte taraftan Sevgi Erenerol'un ikazlarına dikkat etmek gerekir. Türk Ortodoks olan Sevgi Hanım; Evanjelist Kuantum Vakfı, Bülbül Dağı ve Meryem Ana Evi'nin bir bütünün parçaları olduğundan söz ediyor. Ekümenik İsviçreliler Vatikan Meryem Ana Derneği İzmir'de 1953'te kuruldu. Anne Catherine Emmercih'in 1850'de yayımlanan kitapları ve İzmirli Lazarist rahipler bir arada düşünüldüğünde, bir ekümenik hareketin kökenlerinin 1850'li yıllarda atıldığını görüyoruz. Bugün de Papa Francis'in ülkemize gelip Fener Rum Patrikhanesi'ni ziyaret etmesi ve ikilinin birbirinin elini öpmesi bunun bir devamıdır. Ülkemiz Vatikan, Fener Rum Patrikhanesi ve Evanjelist Hıristiyanlık formatlı dini ve siyasi bir operasyonla karşı karşıyadır.

Ne yapacağız o zaman? Fener Rum Patrikhanesi'ni ülke sınırlarımızın dışına mı çıkaracağız?

Hayır tabii ki... Öncelikle Fener Rum Patrikhanesi'nin ekümenikliği yoktur. Fener Rum Patrikhanesi sadece Rum Ortodokslarının lideridir. Bu anlamda Fener Rum Patriği bütün görevlerinde Fatih Kaymakamlığından izin almak durumundadır. Türkiye Cumhuriyeti Devleti'nin İstanbul ili Fatih Kaymakamlığına bağlıdır ve misyonu, görevi, yetkisi de bu kadardır. Ama bu anlamda, çok acı bir şeyi söyleyeyim; geçmişte rahmetli Menderes, Papa'nın elini öpmüştür; Said-i

Nursi Türkiye'de ilk defa Fener Rum Patrikhanesi'ne gidip el öpen insandır; yine Fethullah Gülen, Vatikan'a gidip Papa'ya emrinizdeyim diyen ilk kişidir.

🕮 **Vatikan'da özellikle Haçlı Seferlerinde önde giden Tapınak Şövalyeleri de önemli bir yer tutmakta. Tapınakçılar Vatikan'daki bazı koyu sapkın Katolik tarikatları da yönlendirerek, Vatikan'da güç ve söz sahibi olmaya devam ediyor. Ortodoks ve Protestan Hıristiyanları kâfir olarak gören Tapınakçılar gizemli ve karanlık işlerine tam manasıyla devam ediyorlar. Tapınakçıların Vatikan'da nasıl bir etkisi var, Vatikan Tapınakçıları destekliyor mu, yoksa onlardan içten içe rahatsız mı oluyor?**

Hiç şüpheniz olmasın, Vatikan'ı da, Evanjelistleri de Tapınak Şövalyeleri kontrol ediyor. Yani aynı terzi, farklı kumaşla herkese kıyafetini istediği gibi giydiriyor. Elimde bir doküman var ve bu doküman Anadolu'nun şifresi adıyla bana postalandı. Bu doküman, Anadolu ve İslam üzerinde ne oyunlar oynandığını gösteriyor. Bu, tasavvuf ehli olduğu iddia edilen insanların toplantısında tutulan bir tutanak. Bu toplantıda Meryem Ana Evi, artık Müslümanlara ikinci Kâbe olarak pazarlanıyor. Orası kutsallaştırılmış vaziyette ve oraya Müslümanları da oraya monte etmek istiyorlar.

🕮 **Evet, içimizde Müslüman gibi görünen ama Vatikan ve diğer karanlık odaklara hizmet eden dini gruplar var. Ama Fatih Sultan Mehmet döneminden bir anekdot da bunun tersini gösteriyor. Olay şu: Fatih Sultan Mehmet vefat etmeden önce son seferine hazırlanırken Roma'dan bir mektup alıyor. Mektupta Hıristiyan bir kardinal, "Ömrümün son zamanlarını kendi vatanımda geçirmek isterim, beni İstanbul'da bir** kiliseye almanız mümkün mü" diye ricada bulunuyor. Fatih çok sinirlenerek hemen kardinale bir cevap yazıyor. "Göreviniz tamamlanmadan asla!" Mektubu yazan, Fatih'in çocukluk arkadaşı Sadık. Sultan Mehmet, İstanbul'u fethederken Sadık'ı Hıristiyan kimliğine büründürmüş, kiliseye yerleştirmiş. Sadık kardinalliğe kadar yükselmiş. Şöyle bir iddia var Fatih ölmeseydi son seferinde Roma'yı fethedecek ve Sadık'ı Hıristiyan dünyasına Papa yapacaktı. İçimizde Hıristiyan casuslar varsa bile biz de zamanında bu yöntemi denemişiz, biz de Vatikan'a casus sokmuşuz, ne diyeceksiniz?

Papalığın yani Hıristiyan dünyasının şöyle veya böyle bir lideri varsa, tabii 624 yıl hüküm sürmüş bir Osmanlı Türk imparatorluğunun böyle bir operasyonu yapmamış olması düşünülemez. Ama bugün Batılıların bize yönelik benzer projeler geliştirdiklerini düşünüyoruz.

İslam dünyasında IŞİD ve IŞİD'in bu mehdi bayrağıyla birlikte son yıllarda tartışılan bir şey var: halifelik. Bugün söylenen şu: Hıristiyanların bir lideri var, Vatikan; Müslümanların bu kadar tarumar olmasının sebebi ise bir halifelerinin olmamasıdır. Bu noktada, CIA ve Vatikan, kendi paralellerinde bir halifeyi İslam dünyasının başına geçirmek istiyorlar. Özellikle Türk ama kuvvetle muhtemel Sabetayist olan bir halife istiyorlar. Maalesef bu, pek çok kurum ve kuruluş tarafından projelendirilen bir hadise.

Bugün Türkiye'de pek çok tarikatın liderlik mevkiinde oturan insanlar yabancı kökenlidir. Adı Ahmet, Mehmet veya Cafer el Rumeyri neyse, ama yabancılar. Batı, bu projeyi Endülüs'te de, Osmanlı'da da denedi. Lawrence'ta, Meryem Cemile'de, Taliban'da sonuçlarını gördü. Amerika'da Müslümanların lideri olduğu söylenen Louis Farrakhan diye biri var. Amerika'da aklı başında Müslümanlar, Louis Farrakhan hakkında şunu söyler: CIA'in bebeği. Elbette bu makamlara, bu koltuklara yabancı servislerin girmediğini ya da müdahale edilmediğini düşünmek safdillik olur. O yüzden İslam dünyasında bir kısım muhafazakâr "Halifelik kaldırıldı, ondan kötü durumdayız" diyor. Tarih boyunca halifelik siyasi bir makam olmuştur, dini bir makam değildir. Onun ötesinde halifelik rahmetli Atatürk tarafından kaldırılmıştır ama Türkiye Büyük Millet Meclisi'nin inhisarındadır ve doğru olan da budur. Yani bir halifeye ihtiyaç varsa, Türkiye Büyük Millet Meclisi tüm dünya Müslümanlarının halifesidir, bunu şahıslaştırmak İslam dünyasına zarar verir.

Bir de ılıman İslam projesi var. Vatikan'ın kullandığı araçlardan biri olduğunu iddia ediyorlar; dinler arası diyalog. Ilımlı İslam projesinin doğum yeri de Türkiye olarak görünüyor. Yani en ideal zemin Türkiye mi bu durumda? Niçin Türkiye?

Katoliklik; Hıristiyanlık ve Yahudilikle Roma ve Yunan paganizminin harmanlandığı sentetik, bağdaştırılmış bir dindir. Semavi olmaktan ziyade dünyevidir. Arnold Toynbee'nin 1955 tarihli bir raporu var. O raporda güney Müslümanlığı denen Müslümanlığın, Suudi Arabistan ve Mısır eksenindeki eş'ari, selefi eksenli ve tamamen şeyhin kontrolünde olduğu belirtiliyor. Ama Toynbee'nin Türk Müslümanlığı dediği Hanefi, Semerkant, Buhara, İstanbul eksenindeki Müslümanlık ise ılımlı İslam mavrası ile açıkçası Yahudi, Hıristiyan inancının içine, Hazreti Peygambersiz olarak sokuşturulmak isteniyor. Çünkü Müslümanlarda, özellikle Türklerde Peygamber sevgisinin çok güçlü olduğunu biliyoruz. Öte taraftan Suudi Arabistan

1934'te Mescid-i Nebevi'yi tamir etme bahanesiyle Peygamberimizin mezarını yıkmaya kalkıyor; Atatürk bunu savaş sebebi sayarım diyor. İşte buradan baktığımızda, 17 imparatorluk kurmuş bir milletin çocukları olarak biz Türklerin mankurtlaştırılmasıyla İslam dünyasının kolayca teslim alınabileceği inancı var.

Bunun yolu da Müslümanları Endülüs'te olduğu gibi bölmekten geçiyor; Endülüs'te 3 binden fazla cemaat ve tarikat birbirinin arkasında Cuma namazı bile kılmamıştır. Osmanlı'yı parçalayanlar, yabancı servislerin, özellikle İngiliz servislerinin kontrolündeki cemaat ve tarikatlardır.

Fransız Bilimler Akademisi'nde uzman biri tarafından yayınlanan ve Türkçeye de çevrilen *İslam'da Sır ve Gizli Cemiyetler* kitabına baktığımızda ilginç bilgilere rastlarız. Osmanlı Türkiye'sinin son dönemlerinde şeyhülislamların pek çoğunun Mason locası üyesi olduğu anlatılır. Benzer bir şekilde halifenin de sabetayist ya da Mason locası üyesi olması kuvvetle muhtemeldir.

Peygamberin ve İslam'ın sembol liderlerinin mezarları da ortadan kaldırıldığında mühim sonuçlar doğacaktır. Bunu da IŞİD benzeri bir örgüte yaptırmaya çalışıyorlar. Bu anlamda Albert Pike'ın 1871'deki mektubunda dile getirdiği kehanet niye gerçekleşmesin, elbette gerçekleşir. Üç dünya savaşından sonra İslam dahil bütün dünya dinlerinin ortadan kalkacağı kehaneti...

🍂 **Yani diyalog adı altında bir Hıristiyanlaşma çabası görüyoruz.**

Kabalistleştirme demek daha doğru, çünkü aslında görünürde Hıristiyan ama Kabalistleştirme, paganlaştırma var.

Dinler arası diyalog; Papalığın İkinci Vatikan Konsilinin 4'üncü oturumunda kabul edilen ve 28 Ekim 1965'te Papa 6. Paul'ün onayıyla ilan edilen, Papalığın 3. bin yıl hedefi olarak açıkladığı dünyayı Hıristiyanlaştırma ve gerçek İslam'dan uzaklaştırma projesinin bir yöntemi. Önce İslamofobi oluşturuldu, sonra ikinci Haçlı Seferi ilan edildi. Hatırlarsanız, Bush da bunu dile getirmiş, her ne kadar sonradan özür dilediyse de söz ağızdan çıkmıştı.

Hatırlarsınız, Papa 2. Jean Paul de 2000 yılına girerken yayınladığı mesajda şöyle demişti: "1. bin yılda Avrupa Hıristiyanlaştırıldı, 2. bin yılda Amerika ve Afrika Hıristiyanlaştırıldı, 3. bin yılda ise Asya'yı Hıristiyanlaştıralım."

Bu sözün hayata geçirilme gayesini ben 2002 yılında Pensilvanya Üniversitesi'ndeyken öğrendim. Tabii üniversitenin bulduğu bir evde kalıyordum. Yurtdışında dil eğitimine, mastır, doktoraya giden gençlerimizin çok dikkat etmesi gerekir. Üniversiteler rastgele ev seçmez. Şöyle veya böyle, kiliseyle veya kilisenin bir yan kuruluşuyla işbirliği yapan aileleri seçerler. Bu anlamda Pensilvanya'da evinde kaldığım ailenin Evanjelist Hıristiyanlığın önderlerinden olduğunu daha sonra öğrendim. Tabii beni tarttıktan sonra, bu Evanjelist lider bir gün bana şunu söyledi:

"Önümüzdeki 40-50 yılda Türkiye'nin yüzde 5'ini Hıristiyanlaştıracağız ve ilk hedef Kürt asıllı Türkler." Bu konuşma, Osmanlı Türkiye'sinde Ermenileri sorduğu bir soruyla başlamıştı ki, yeniden belirtelim, Osmanlı Türkiye'sinde devletine karşı isyan eden Ermeniler, Gregoryan ve Ortodoks Ermeniler değildir.

Boston merkezli Evanjelist Board tarikatının, Türkiye'de 1820'den itibaren gösterdiği faaliyetler sonucunda Rumlardan

185

ve Ermenilerden devşirdiği Evanjelistler vardır. Maalesef Güneydoğu'da ve Doğu Anadolu'da bunlar isyanın başını çekmişlerdir.

🕊 **Vatikan'ın finans ve siyaset dünyasına doğal olmayan müdahaleleri hep gizlenmeye çalışıldı ama anlaşılan çok başarılı olunamamış. Bazen mızrak çuvala sığmıyor galiba, ne dersiniz?**

Bunlar komplo teorisi değil; *Opus Dei* kitabını okuduğunuzda ve *Baba 3* filmini seyrettiğinizde, Vatikan'ın nereye ne kadar battığını görüyorsunuz. Hatta Oscar'ı alan *Spotlight* filminde de erkek çocuklarına yaptıkları tacizleri açıkça görüyorsunuz.

🕊 **Peki Vatikan Protokolü nedir? Neden böyle bir belgeye ihtiyaç duyuldu?**

Vatikan Protokolü aslında dini olmaktan ziyade siyasi bir protokoldür. Bu protokolün temeli, açık ve net olarak söyleyeyim, Vatikan liderliğinde ekümenizm. Dünya siyasetine, parasına yön verme hareketi.

🕊 **Vatikan, Tapınak Şövalyeleri, Opus Dei ve diğer dini etiketli ancak bir holding zihniyetiyle çalışan nüfuz şirketleri bunlar. Sabah dua, öğlen siyaset, akşamüzeri para piyasası derken bu trafik karışmıyor mu?**

Karışıyor. Karıştığı için de oğlancılık hortluyor zaten. İlahi olanla parayı birbirine karıştırırsanız bu işin zıvanadan çıkmaması mümkün değil. Görüyoruz ki Vatikan para mevzuunda son derece hasis. İşte Tanrı'nın bankerleriyle, mafyayla, Mason localarıyla iç içe; ayrıca onlarca üniversitesi ve yayın kuruluşu var. Yayın kuruluşlarıyla, üniversiteleriyle açıkçası bir beyin

*Jacques de Molay'ın 1265 yılında Beaune Loncasında yapılan
Tapınak Şövalyeliği'ne kabul merasimini anlatan tablo.
Marius Granet (1777-1849)*

yıkama operasyonu yürütüyorlar. Buna kendileri inanıyor mu
derseniz, ben inandıklarını da zannetmiyorum, ama para te-
darik etmenin, dünyayı idare etmenin bir yolu olarak görülü-
yor.

🌀 **Bu anlattıklarınızın ışığında, "paranın dini, imanı
olmaz" deyimini yeniden yorumlamak gerekiyor galiba.
Deccal'in hâkimiyeti ve para meselesi bu noktada sonuç teş-
kil edecek mi, ne dersiniz?**

Evet, maalesef Türkiye'de özellikle bir kısım çevre, paranın
dini imanı olmaz diyor. Paranın bal gibi dini imanı olur. Eğer
paranın dini, imanı yok ise, bu para niye Vatikan, Tapınak Şö-
valyeleri, küresel finans oligarşisi, yani Evanjelistler, İlluminati

187

arasında dolanıp duruyor da, Müslüman coğrafyaya düşmüyor veya fakir Hıristiyanlara düşmüyor. Demek ki paranın bir dini imanı var. Yani, para elitler arasında pay ediliyor. London School of Economics and Political Science'tan John Gray'in çok güzel bir tespiti var. İlahi olanın üç temeli vardır: kutsiyet, sevgi, korku.

Şimdi gerek İslam, gerek Hıristiyan, gerek Yahudi dünyasında korkutma esas alınmış durumda, insanları korkutuyorlar. Öte taraftan pek çok "izm"in; kapitalizmin, sosyalizmin, faşizmin Yahudi ve Hıristiyan değerlerinden neşet edilmiş seküler ideolojiler olduğunu görüyoruz. Bu kervana son kattıkları ülke de Çin. 1978'den sonra yaşadığı değişimi anlatmıştık. Yani oligarklar; kedi fare yakalıyorsa, adı komünizm olmuş, sosyalizm olmuş, neoliberalizm olmuş hiç önemli değil diyor. Dünya açıkça; insanların kandırıldığı, kutsalın istismar edildiği, dine başvuru politikalarının uygulandığı ama dine başvuru politikalarına baktığımızda da bir tarafta radikalleştirmenin, diğer tarafta içi boşaltılan muhafazakârlığın hortlatıldığı bir yer haline geldi.

Vatikan'ın içindeki güç mücadelesinden bahsettik. Bu güç mücadelesinin gizli örgütler, yapılanmalar arasında olduğunu biliyoruz. Aslında bu gizli örgütlerin asıl hedefi de dünyayı amaçları doğrultusunda şekillendirmek... Örneğin İlluminati'nin hedefi Kudüs merkezli tek dili olan tek bayraklı bir siyasi birlik kurmak. Tabii tek din de gerekli değil mi bu siyasi birlik için? Pek çok kaynak ezoterik örgütlerle İsrail'in hedefinin örtüştüğünü söylüyor...

Ezoterizm dediğimizde zaten halkların içine Kavala ve paganizm girer. İşin içine sentetizm girer. Hepimizin zevkle seyrettiği bir filmden bahsederek gireyim konuya. Brad Pitt ile Morgan Freeman'ın oynadığı *Seven* filminde 7 ölümcül günah işleniyordu: oburluk, açgözlülük, tembellik, kibir, şehvet, haset, öfke. Bunlar Hıristiyanlıkta 7 ölümcül günahtır. Aslında bugün Hıristiyan dünyası gerçekten bu 7 ölümcül günaha batmış durumda. Hoş, İslam dünyası da bu 7 ölümcül günaha batmış durumda. İşte buradan baktığımızda, aslında 7 ölümcül günah üzerinden yürütülen bir dünya projesi var. Bu projede ise üç tane küresel aktörün devreye girdiğini görüyoruz. Bunlardan biri Opus Dei ve Vatikan; *Da Vinci'nin Şifresi*'nde de bu konu işlenir.

Örneğin, Paul Vitt filmlerinde eskiden esas oğlanla esas kızın yanında bir de akil insan olurdu, o da papaz efendiydi. Ama son 20 yılda papaz efendinin yanına başka birini daha oturttular, o da Yahudi bir akil adam. Bu anlamda *Da Vinci'nin Şifresi* dahil Dan Brown'ın kitapları aslında doğrudan doğruya, hem bu küresel güç merkezlerinin hem de Tapınak Şövalyelerinin, İlluminati'nin istediği bilgileri verir.

Üç ana aktörden birinin Vatikan ve Opus Dei olduğunu belirttik. Opus Dei, 2 Ekim 1928 yılında Papaz Jose Maria Escriva de Balaguery Albas tarafından İspanya'da Madrid'de kurulmuş dini bir harekettir ve Papa Joan II. Paul tarafından 1982'de onaylanmıştır. Opus Dei'ye dünya organizasyonundan sorumlu olacak bir piskopos atanmıştır. Organizasyonunun iç yapısı ve üyelerinin ticari yapıları hep gizlidir. Organizasyon 5 yılda bir sadece Papalığa hesap verir, Opus Dei'nin finansmanıyla ilgili hiçbir zaman bilgi verilmez, üye sayısı tam olarak bilinmez. Opus Dei kelimesinin anlamı ile alakalı muhtelif bilgiler vardır. Birincisi ve en yaygın olanı, "Tanrı'nın işi" demektir.

Dan Brown'ın 2003'te yayınladığı ve 40 milyondan fazla satan *Da Vinci'nin Şifresi* kitabına göre, bu iki kelimenin manası: "dövünen öfkeli keşişlerle dolu kutsal mafya." Bazı Katoliklere göre Opus Dei bir mezhepken, bazılarına göre de Katolik Kilisesinin bir parçası veyahut bazılarının ifadesiyle Vatikan'ın küresel silahşorudur. 1995'te bir Cizvit dergisinde "ABD'de Opus Dei" başlıklı bir yazı yayımlandı; yazıyı yazan rahip James Martin, "Opus Dei kendisini tenkit edenlere karşı güçlü hatta tehlikeli ve kült tipi bir organizasyondur, işlerini gizlilik ve hile ile yönlendirerek yürütür," demektedir.

✍️ **Opus Dei yakın tarihli bir örgüt. 1928'de sıradan bir papaz tarafından kurulduğuna inanılıyor. Opus Dei örgütüne Vatikan'ın da destek verdiğinden bahsettiniz. Peki, bugün Opus Dei nasıl bir güce sahip?**

Opus Dei ile ilgili çok ciddi spekülasyonlar olmakla birlikte, Opus Dei'nin nasıl bir güç olduğu konusunda özellikle şöyle bir bilgi vermekte fayda var. Bugün Opus Dei; 5 kıtada 479 üniversite ve liseye, 604 yayın organı, radyo ve televizyona, 52 yayın istasyonuna, 38 basın ve reklam kuruluşuna ve 12 film dağıtım şirketine sahiptir. Ve Opus Dei'nin Vatikan'da seçilen bir Papa'yı öldürttüğü iddiası da vardır. Yine Opus Dei'nin özellikle Papalığı korumakta olan İsviçre kökenli Katoliklerin komutanını öldürttüğü iddiası vardır. Yine Opus Dei'nin P2 Mason locasıyla ilişkisi olan ve Tanrı'nın bankacısı denilen Roberto Calvi adlı kişiyi öldürttüğü iddia edilmekte. Opus Dei finansal bir örgüt ve kurumdur; ama finansal yolsuzluklara karıştığı, kanunsuz yollardan para transferi yaptığı, şirketlerinin silah kaçakçılığına bulaştığı söyleniyor. Özetle; dini faaliyetleri ekonomik menfaatler doğrultusunda bir arada yürüttüğü görülüyor. Enteresan bir şekilde, Dan Brown'ın *Da*

Vinci'nin Şifresi kitabında Opus Dei'nin kanunsuz finansal ve diğer işlere karıştığı yazılıdır.

Diğer taraftan ikinci küresel aktör Evanjelistlerdir, ilk bölümde anlatıldı zaten. Üçüncüsü ise halk arasında İlluminati denilen güçtür; onu bugün tek başına bir kurum olmaktan ziyade; matruşka modeliyle, yani birbirinin içine geçmiş vakıflar yoluyla hem Vatikan'ı, hem Evanjelistleri kontrol eden Kabalist bir güç diye tanımlayabiliriz. İlluminati ya da Tapınak Şövalyeleri denebilir bunlara. Bugün dünya üzerindeki hâkimiyetleri gerek film endüstrisinde, gerek finans sektöründe açıktır. Zaten finans endüstrisi artık öldürücü bir sektöre dönüşmüştür. Bir taraftan politikayı, diğer taraftan askeri operasyonları yönlendirdikleri yönünde bilgiler de var.

Bu üç ana aktörün, yani Opus Dei ve Vatikan'ın, Evanjelistlerin ve İlluminatinin alt birimi olan çok sayıda kurumun var olduğunu görüyoruz.

"Skull and Bones" var bir de, değil mi?

Evet, "Skull and Bones" da bunlardandır. Yale Üniversitesi merkezlidir onlar. Yine Roma Kulübü bunlardandır ve tabii kaynaklarla nüfus üzerine operasyonlar yapmak onun görevidir. Yine Yeniçağ (Newage) tarikatları da bunların kontrolü altındadır.

Siz Irak'ı, ABD'ye Saddam'ın eşi ve en yakınlarının da dahil olduğu Kesnizani Tarikatı teslim etti diyorsunuz. Bu cemaat Saddam'ın eşi dahil askeri ve tüm yüksek seviyeli devlet adamlarını müridi haline getirmiş ve Amerika bağlantılı bir tarikat. Nedir bu işin aslı?

Küresel senaristlerin öncelikle Büyük Ortadoğu Projesi ile Ortadoğu bölgesi başta olmak üzere bütün dünyayı film setine dönüştürdükleri artık herkesçe kabul ediliyor. Yönetmen koltuğunda oturan ve en tepedeki az önce saydığımız ezoterik örgütler ve alt birimleri bile daha filmin sonunu net olarak bilmiyorlar. Bu filmin Irak setinde neler oldu, kısaca değinelim isterseniz.

Yeni dünya düzeninde dünyevi olanla uhrevi olan; masalla gerçek; efsane ile hayatın kendisi birbirine girmiş, karıştırılmış durumdadır. İnsanlar gerçekle sanalı birbirinden ayıramıyorlar artık. Ekonomik hedefler ile mistik hedefler adeta nanoteknolojinin geliştirdiği olağanüstü bir manipülasyon robotu olarak birbirinin içine geçmiş halde çalışıyor.

Mezopotamya, Saddam'dan kurtulmakla zulümden kurtulmadı. Sümer, Akad, Babil, Frig, Asur, Elam, Roma, Arap, Türk kimler gelip geçmişti bu coğrafyadan. Şimdi de Atlantik'in öteki yakasından gelenlere, ABD'ye Irak adeta altın tepside teslim edilmişti. Herkes esas savaş Bağdat'ta olacak derken, Bağdat savaşmadan teslim edilmişti Amerikan askerlerine. Tarih 10 Nisan 2003'ü gösteriyordu. Teslimatı yapan gerçekte Irak'ta herkesin bildiği ama ortalıkta gözükmeyen Kesnizani Tarikatıydı. Tarikat, Körfez Savaşı'ndan sonra Saddam'ın etrafını örümcek ağı gibi sarmıştı. Saddam'ın karısı, çok güvendiği generalleri ve istihbarat kuruluşlarının başındakiler, hepsi tarikat müridi olmuşlardı.

Kesnizani Tarikatı MOSSAD ve CIA tarafından Saddam'ı içten yıkmak, Irak'ı kolayca teslim almak için organize edilmişti. Saddam, 33 yıllık diktatörlüğünde Babil'in 3-4 bin yıllık geleneğinden gelen karşı ihtilal ve suikast vartalarını atlatmıştı. Ancak tarikatın metodu hepsinden farklıydı. Maalesef bugün İslam dünyasının ve Türkiye'nin başına benzer bir problem bela olmuş durumdadır. Pek az istisnayı bir kenara bırakırsak, maalesef hak yolunda olan tarikatlar yabancı servisler tarafından ciddi şekilde kontrol ediliyor. Tarikatın müritleri Saddam'ın en yakınında olanlardı. Onun her hareketini ve her adımını en baştan beri şeyhinin oğlu Nehru'ya aktarıyorlardı; sonra da bilgiler kuş olup MOSSAD ve CIA istasyonlarına uçuyordu.

Nasıl bir tarikat bu Kesnizani?

Anlamı "ben hiçbir şey bilmiyorum"dur Kesnizani'nin, bir Kürt aşiretinin adıdır ve Süleymaniye civarında yerleşiktir. Tarikatın lideri Kürt asıllı Şeyh Abdülkerim Kesnizani'dir. Kendisi sıradan bir tekke şeyhiyken ölünce yerine Muhammed geçiyor; Şeyh Muhammed Abdülkerim Kesnizani ise zikirden ziyade siyasete meraklıydı. Müritlerine de Kuran yerine, adını zikretmeden Kabala öğretilerini anlatıyordu. Şeyh Muhammed'in kendisi ortalarda pek görünmüyordu. Medyatik değildi. Zaten medya, efsaneleri kolay öldürürdü. Onun ismi Irak'ta efsane haline gelmiş, getirilmişti. Şeyh Muhammed Kerkük'e bağlı Çamçamal ilçesinde doğmuş, Bağdat Üniversitesi İktisadi ve İdari Bilimler Fakültesi'ni bitirmişti. Saddam yakalandığında şeyh efendi 60'ncı yaşını kutluyordu.

Kesnizani Tarikatı, baba Abdülkadir zamanı da dahil olmak üzere, Saddam'a bağlılıkta kusur etmiyordu. Kürt, Türk, rejim muhalifleri anında Baas Partisi istasyonlarına bildiriliyordu. Şeyhin Gandi ve Nehru adındaki iki oğlundan Gandi, 1980'li yıllarda faili meçhul bir cinayete kurban gitti.

Şeyh Muhammed'in bir de kitabı vardı değil mi? Siz şüpheyle yaklaşıyorsunuz bu kitaba...

Evet, Şeyh Muhammed kitap yazmaktan da geri durmadı. Tarikatın dönüşümü şeyh efendinin etrafındaki İslam alimlerince gerçekleştirildi gibi görünse de, gerçekte MOSSAD ajanı hahamlarca hazırlanmıştı. Şeyhin kitabı Kabala öğretilerini İslam Mistisizmi adı altında imanlı müritlerin beyinlerine ve kalplerine inceden inceye enjekte etmek için başucu kitabı olarak kullanılmaktaydı. Müritlere MOSSAD'ın hahamlıktan tövbekâr hocaları ders veriyordu. Dönüşüm etkisini göstermiş, bir Kürt tarikatı olan Kesnizaniler Türkmenler ve Araplar arasında kendisine mürit edinmişti. Tarikatın ritüelleri arasına kanlı gösteriler de sokulmuştu. Kan ve acı, ruhi olgunlaşmanın yollarından biriydi. Zaman zaman müritler işin ölçüsünü kaçırıyorlar ve kendilerini muhtelif kesici aletlerle ağır şekilde yaralıyorlardı. Bu durumda da şeyh veya halifesi yaralı yere tükürüğünü ve sürüyor sıvazlıyordu. Mürit acı hissetmiyor veya hissetmiyormuş gibi davranıyordu. Tabii ki bu gösterilerde azımsanmayacak sayıda mürit ölüyordu. Şeyhe göre ölenler yeterli cezbe haline gelmeden, yani bir nevi transallaşmadan kendilerine bıçağı saplıyorlardı. Bu ise onların ölümüne sebep oluyordu, yoksa şeyhin kerametinde bir problem yoktu. Aslında Tarikatın kanlı gösterilerinin hedefi Irak ordusuydu. Vücudunun muhtelif hayati bölgelerine kasatura, bıçak, kurşun girip de ölmeyen müritler efsanesi Amerikalı ve İsrailli kâfirlerle savaşmaya hazırlanan askerleri oldukça etkilemişti.

Öncelikle generaller ve subaylar Kesnizani tarikatının müritleri haline getirildiler. Genelkurmay Başkanı Mareşal Ayad Fatih Elrabi, Genel Askeri İstihbarat Başkanı Mareşal Vefik El Samahrabi, Hava Kuvvetleri Komutanı Mareşal Hamit Şaban, hepsi Şeyh Muhammed Abdülkerim Kesnizani'nin ayağını öperek müritleri arasına katılmışlardı. Irak'ın acımasız istihbstsının sivil ve asker elemanları da tarikatın müritleri arasındaydı artık. Müritler arasında bir isim var ki, Saddam'dan sonra Baas'ın en kuvvetlisi İbrahim İzzet El Duri'ydi. Duri bütün karanlık odaklarla ilişki kuruyor, Saddam'ın bütün pis işlerini organize ediyordu. Duri, şeyhin ayağını öpenler arasına çoktan dahil olmuş bir adamdı. Öte yandan Saddam'ın karısı Sacide Hayrullah, Saddam'ın kardeşleri Vaddam ve Barzan ile oğlu Uday da müritleri arasındaydı.

☞ **Irak liderini bekleyen son yavaş yavaş hazırlanmış neredeyse...**

Evet, beklenen son adım adım geldi Saddam için. Birinci Körfez Savaşı'nda baba Bush Bağdat'ı işgali reddedince İsrail bu duruma çok bozuldu. Uzun yıllardır Kuzey Irak Kürtleriyle temasta olan İsrail işi şansa bırakmak niyetinde değildi. Irak hızlı bir şekilde parçalanmalıydı. Gözüne kestirdiği Kürt tarikatı Kesnizani üzerinden Irak'ın İslami hayatını da kontrol altına alacaktı. Yani MOSSAD damardan girecekti. Ne de olsa önlerinde örnek olarak Birinci Dünya Savaşı öncesinde ve sonrasında İngilizlerin uyguladığı ve başarılı olduğu Vahabilik vardı. Lawrence vardı.

Birinci Körfez Savaşı'ndan sonra MOSSAD Kesnizani Tarikatının önde gelenleriyle muhtelif yollardan temasa geçti ve ilişkileri hızla geliştirdi. Öncelikle Irak Devleti'nin mekanizması içinde yer alanlar ve medya mensupları, uhrevi yollardan ikna edilemezlerse, MOSSAD'ın cömertçe tarikata aktardığı dolarlarla ikna ediliyor, mürit yapılıyorlardı. Şeyh Muhammed ve oğlu Nehru MOSSAD'ın cömertliklerine karşılık olarak ufak tefek jestler yapıyorlardı. Saddam'ın yatak odası dahil istihbaratçı müritlerden derlenen bilgiler oğul Nehru'da toplanıyor, Nehru da bunları MOSSAD'a aktarıyordu. Kadınlar, kumar ve içki Nehru'nun asıl ilgi sahasıydı.

MOSSAD ajanları için de bunların tedariki çok kolaydı, zaten din ve tarikat Nehru'nun umrunda bile değildi. Artık Saddam ve çevresinde neler olup bittiğinden Kesnizani Tarikatı ve şeyhi vasıtasıyla MOSSAD anında bilgi sahibi oluyor ve gereği yapılıyordu. Tarikatın içine MOSSAD iyice yerleşmişti. Şeyh adına rahat rahat operasyon yapar hale gelmişlerdi. Kısaca güneyde Şii Müslümanlar, kuzeyde ise Türkmenlerin büyük çoğunluğu hariç, sivil Araplar, Kürtler ile Irak devlet mekanizmasını elinde bulunduranlar Kesnizani Tarikatı kullanılarak MOSSAD ve CIA tarafından devşirilmiş, psikolojik harbin kurbanı olmuşlardı.

Yani MOSSAD Kesnizani Tarikatının içine yerleşiyor ve Irak böylece çok kolay parçalanıyor. Ama buradan almamız gereken ders tarikatların içine yerleşebilen birtakım gizli örgütler olabilir, dikkatli olmamız gerekir.

Kesinlikle. Burada Türk milletinin, devletinin Kesnizani operasyonundan mutlaka bir ders çıkarması gerekir. Bir kısım tarikat mensubunun, tarikatlara gönülden bağlı olan vatandaşlarımızın da bu işleri yeniden düşünmesi lazım.

İlluminati 1776 yılında kurulan bir örgüt. Peki amacı ne İlluminati'nin? Bütün dinleri yıkıp tek bir dünya dini kurmak ve böylece yeni bir dünya düzeni oluşturmak mı?

Ezoterizmin gerçekte semavi dinlerle alakası yok. Ama özellikle bu anlamda dirençli olan İslam'ı etkilemek için maalesef İslam'a batınilik sokulmuştur. Yani şöyle deniyor; Kuran-ı Kerim'i okuduğunuzda, bir sizin anlayacağınız mana vardır, bir de şeyh efendinin anlayacağı mana. Siz Kuran'ın hepsini anlayamazsınız diyorlar. Ama Kuran ayetlerinden biri "Biz size

İlluminatinin sembolü olan göz, doların üzerinde ve pek çok şirket logosunda kullanılmaktadır.

apaçık ayetler gönderdik, okuyup anlayasınız, aklınızı kullanasınız diye," değil mi?

İşte bu anlamda İslam'a sokulan bu batınilik, Kabala'dan devşirilmiş düşüncelerdir. Bu anlamda İslam'ın batıni tarafı yoktur. İslam apaçık ayetiyle, Kutsal Kitabıyla ortadadır. Ama maalesef İslam'ın Hoca Ahmet Yesevi çizgisi ile Muhyiddin İbn Arabi çizgisi arasında derin farklar vardır. Muhyiddin İbn Arabi çizgisi, batınilik ve tasavvuf açısından Kabala'ya çok benzemekte. Kabala'daki Adam Kadmon bizde Kamil Mümine dönüştürülüyor. Bu konuda derin bilgisi olmadan samimiyetle inanan insanlarımız şunu bilmiyorlar.

Kabala'daki tasavvufun temeli varlıkta birliktir. Yani evrende gördüğünüz her şey Tanrı'nın, Allah'ın bir parçasıdır. Ben de Allah'ın, Tanrı'nın bir parçasıyım. Öyleyse ben de Tanrı'yım. Evet Kabala'nın tasavvufu budur. Muhyiddin İbn Arabi bir kitabında şöyle der: "Bana bu kitabı Hazreti Peygamber yazdırdı." Bu anlamda Hoca Ahmet Yesevi Hazretleri daha o çağda özellikle tarikatlara karşı çok dikkatli olunması gerektiğini derinden derine anlatıyor. Elbette tasavvuf da, tarikat da olabilir; ama tarikatların içine sızmaların olabileceği, tasavvuf anlayışının Kabala'dan neşet edilmiş olabileceği konusunda insanların dikkatli olması gerekir.

🖋 **İlluminati örgütünün bazı simgeleri ve sembolleri var; bobomed, üçgen, göz gibi... Bunları da subliminal mesajlarda kullandıkları, böylelikle propaganda yapılıp, bilinçaltı mesajlar verildiği iddia ediliyor. Tüm bunlar doğru mudur?**

Doğru. Zaten genellikle mesajlar sembollerle verilir ve bu semboller sürekli tekrarlanır. Tekrar üzerine kuruludur.

🖋 **İlluminati ya da genel olarak gizli teşkilatların çoğunda semboller ezoterik. Ama çalışma şekilleri her ülke ve toplumda farklılıklar gösteriyor. Yani Müslüman bir ülkede Müslüman gibi, Musevi bir ülkede Musevi gibi mi davranıyorlar?**

Aynen öyle. Bunun çok belirgin ismini de söyleyeyim; "Think global act domestic," yani küresel düşün mahalli uygula.

🖋 **Peki başka hangi sembolleri kullanıyorlar? Yılan ve ejderha mesela... Bu iki figür neyi sembolize ediyor?**

Yılan, Hazreti Musa'ya atfedilen bir simge. Daha önce de belirtmiştik; Hazreti Musa milattan önce 1250 yılında Mısır'dan ayrıldıktan sonra on emir için dağa çıkıyor. O sırada Yahudiler altından bir buzağı yapıp tapınmaya başlıyorlar ve çölde onları yılan, akrep sokmaya başlıyor ve ölüyorlar. Bunun üzerine Yahudilerin kurtulması için pirinçten bir yılan sembolü yaptırıyor Hazreti Musa ve Yahudiler ölümden kurtuluyor.

Bunun dışında İlluminati'yle ilgili ilginç bir başka durum daha var. 1995 yılında basıldığı iddia edilen İlluminati kartları... Bu kartlarda geleceğe yönelik pek çok bilginin var olduğu söyleniyor. Hatta bazı kartlarda tasvir edilenlerin gerçekleştiği de. Bu kartlar hakkında da çok çeşitli spekülasyonlar yapıldı aslında... Hep söylediğim bir şey var, "yukarı köyde yalan söyledim, aşağı köyde kendim inandım." Yani adım adım, algı operasyonları ile yönlendiriyor ve bu kartlardakileri "gerçekleştiriyorlar."

☞ Peki, kimler İlluminati'ye üye olabiliyor? Ünlü, çok zeki, çok başarılı olursanız örgüt sizi içine çekecektir sözü doğru mu? Yani kendine menfaat sağlayacak birileri mi olmalı, yoksa sade vatandaşı alıp mı yukarı çıkarıyorlar?

Yok, sade vatandaşı almaz. Öncelikle akıllı ve zeki olanları seçerler. Bu anlamda mesela Facebook'un kurucusu, Google'ın kurucusu, şarkıcı Lady Gaga ve Madonna var. Mesela bu saydığım ilk üç isim, New York'ta Columbia Üniversitesi'nin gelecek vaat edenler kulübüne alınmış, yetiştirilmiş, finanse edilmiş, devşirilmiş tiplerdir.

☞ 1700'lerden bugüne uzanan gizli bir teşkilat İlluminati ve bu gizli teşkilatın dünyayı yönettiği söyleniyor. Örneğin; İsrail'in kuruluşu, Fransız İhtilali, Büyük Mason üstadı Joseph Retinger'in Avrupa hareketini kurması ve bu hareketin Avrupa Birliği'ne dönüşmesi, işte bunların hepsinin İlluminati tarafından planlandığı iddia ediliyor. Hükümetleri belirliyorlar, ekonomileri kontrol ediyorlar. Bu mümkün mü?

Mümkün. Bugün zaten ortada olan demokrasi sadece bir oyun, sadece bir eğlence unsuru, gösteri. Yani bugün demokrasinin en yaygın olduğu iddia edilen Batı ülkelerinde bile insan haklarının nasıl ayağa düşürüldüğü ortada.

Bu ezoterik örgütlerin fiziki yapıları, dereceleri, yönetici kadroları, üyelerinin görevleri hakkında en iyi bilgiyi veren kitaplardan biri Albert Pike'ın yaklaşık 1000 sayfalık İskoç riti masonluğunu anlattığı kitabıdır. Ama görülüyor ki, bugün bunlar artık gizlenmiyor da... Yukarıda küresel sistemi kontrol eden yaklaşık bir düzine aile var. Bu ailelerin altında yaklaşık 300 civarında olduğu söylenen, babaları var. Bu babalar yukarıdaki o bir düzinelik aile fertlerinden aldıkları talimatları hayata geçirirler. Zaten herkesin görev alanı vardır; finans, sinema, endüstri, eğitim, siyaset gibi ve herkes üzerine düşeni yapar. Zaten sistem de vakıflar yoluyla birbirine girmiştir.

☞ **Tapınak Şövalyeleri, kuru kafa ve kemikler, Bilderberg ve diğer örgütler farklı sosyal yapılara göre mi teşkilatlanıyorlar?**

Kimisi, mesela Roma Kulübü, dünyanın varlıklarıyla, nüfus operasyonlarıyla ilgili. Bill Gates'in vakfı daha çok bakteri, GDO'suyla oynanmış tarım ürünleriyle ilgili. Yani bu vakıflara ve kurumlara toplumun ihtiyacına göre misyonlar yüklüyorlar.

☞ **Masonlarda durum nedir?**

Türkiye'de masonlar ikiye bölündü yıllar önce. Masonluk sosyal kulüp haline getirildi. Masonlukta 27. dereceye kadar o kulüplerin mensupları sıradan bilgilerle donatılırlar. Açıkçası bilgi verildiği sanılır ama aslında bilgi sahibi olmazlar. 27. dereceye gelindiğinde ise mensubu olduğu din hangisiyse, o dinin kutsal kitabına tükürmesi ve kitabı ayağının altına alması istenir. Bunu yaparsa da makbuldür, yapmazsa da. Yaparsa 28. dereceye geçer, yapmazsa 27. derecede döner durur. Masonluk sek rakı ise, Rotary ve Lions su katılmış, içine maden suyu konmuş rakı şeklinde telaffuz edilebilir.

Peki Tapınak Şövalyelerinin kurulma amacı neydi, bu kadar kısa sürede nasıl güçlendiler? İlk kuruldukları zaman çok zayıftılar. Hatta kendilerine İsa'nın fakir çobanları diyorlardı. Bir zaman sonra inanılmaz bir güç elde ettiler, bu gücün kaynağı neydi?

Tapınak Şövalyeleri, Kudüs'e giden hacıları korumak maksadıyla kurulmuştu. Neticede oraya giden hacıları korumak için bir kısım maddi karşılık aldıkları kesin. Tabii bu insanlar zekiler. Sıradan yani aptal insanları bu tür kurumlara almazlar zaten. Kudüs'te hazine bulma, Kudüs halkını soyma, Anadolu'dan geçerken geçtikleri yerleri soyup talan etme dahil, sistematik olarak para kazanıp, para devşiriyorlar.

Bankacılık sistemini kuruyorlar. Daha sonra Vatikan'ın kanatları altına girdiler ki, Vatikan zaten başlı başına bir para kotarma sistemi. Daha sonra da Avrupa'da derebeylikler arası çekişmelerden istifade ederek, 1307'ye gelindiğinde çok büyük bir güç oldular. Ve Fransa Kralı Philippe bunlara katılmak istediyse de aralarına almadılar. Ardından Papa Clementin ile Kral Philippe anlaşarak bunların mal varlıklarına el koymak istemişlerdir.

Ancak Tapınak Şövalyelerinin sarayda o kadar güçlü bir haber alma ağı vardı ki, kendilerine karşı bir operasyon yapılacağını hemen öğrendiler ve operasyondan bir gün önce gemiyle Fransa sahillerinden ayrılarak bugün İstanbul'umuzun Büyükçekmece körfezine geldiler. 1307'de tutuklanan Tapınak Şövalyelerinin lideri Jacques de Moley daha sonra yakılarak çok feci bir şekilde öldürülmüştür.

Ayrıca kaynaklarda farklı sayılar geçse de, o günlerde Tapınak Şövalyelerinin 3 bin kadarının öldürüldüğü ama 20 bin dolayında Tapınak Şövalyesi olduğu söylenir. Bunların önemli bir kısmının Almanya'ya, İngiltere'ye ve İsviçre'ye kaçtığı; bugün İsviçre'nin aslında bir Tapınak Şövalyesi devleti olduğu yönünde iddialar da vardır.

🖋 **Tapınak Şövalyelerinin tasfiye edildiği o dönemde, rivayete göre liderleri Jacques de Moley yakılırken papayı ve kralı lanetliyor ve sene sonuna kadar onların da öleceğini söylüyor. Hem kral hem de papa aynı sene içinde öldüler. Bu hikâye doğru mu, yoksa bir efsane mi?**

Ben bir efsane olduğu kanaatindeyim, çünkü Tapınak Şövalyeleri ve Masonik unsurlar bunu özellikle yaymışlardır.

🖋 **Belki de liderlerinin kehanetinin tuttuğunu söylemek için suikast düzenlediler, olabilir mi?**

Evet o da mümkün. Zaten ezoterik kurumlar bu şekilde çalışır. Muhtemelen sizin de söylediğiniz gibi bir tesadüf ve işte liderimizin kehaneti tuttu demek içindir.

🖋 **Tapınak Şövalyeleri Kudüs'te Mescid-i Aksa'nın bulunduğu yerde bazı kazılar yapıyorlar. Rivayete göre bir gece ansızın Kudüs'ten ayrılıyorlar ve birden inanılmaz bir güce sahip oluyor. Daha önce de güce sahiptiler ama Kudüs'ten ayrıldıktan sonra bu maksimum noktaya ulaşmış. Bu güç kilisenin tanıdığı yetkiden kaynaklanıyor diyor, sonrasında daha bağımsız oluyorlar. Ne buldular Tapınak Şövalyeleri burada da, bu kadar güçlendiler?**

Rivayete göre Ahit Sandığı'nı buldular. Biliyorsunuz Kuran-ı Kerim'de de geçer ve Yahudiler için de kutsaldır. İki, Magdalalı Meryem'in kemiklerini ve mezarını da buldukları iddia ediliyor. Bu belki gerçek, belki değil ama Papalığa şantaj yapmalarını bile sağlayabilir. Zaten bugün Fransa'da Merovenj ailesinin yani adıyla anılan bir ailenin, İsa'nın soyunun Magdalalı Meryem ile devam ettiği iddiası var. Bir kız çocuğu olduğu iddiası bu.

Önümüzdeki 20-30 yıl içinde hologram teknolojisi de geliştiği için gökyüzüne yansıtarak İsa Mesih geldi bile diyebilirler. Arkasından veya öncesinde, İsa Mesih'in soyundan bir bayanı çıkaracaklar. Çünkü feminen hareketler üzerinden gidiyorlar. Böylece feminen hareketler üzerinden daha güçlü kontrol edebiliyorlar. Kadını baştan çıkarmak daha kolaydır. Kadın erkeğe göre daha duygusaldır.

🖋 **Tapınak Şövalyelerinin günümüzde hâlâ var oldukları ve amaçlarının Süleyman Mabedi'ni yeniden inşa etmek olduğu söyleniyor. Süleyman Mabedi'nin yapılacağı yerde bugün Mescid-i Aksa var biliyorsunuz, sadece bir duvarı var. Mescid-i Aksa'yı mı yıkmak istiyorlar?**

Öncelikle Tapınak Şövalyeleri günümüzde hâlâ var. İkincisi Süleyman Mabedi'ni, Mescid-i Aksa ile Kubbetül Sahra'yı yıkmadan yapamazlar. 2000 yılında zaten bunu yıkmak istedi fanatik Evanjelistlerle Siyonistler. Ama MOSSAD ve CIA bunu engelledi.

Öte taraftan yine Amerika'daki Evanjelistler 100 milyonlarca doları her yıl bunun için oraya akıtmaktalar. 3. Süleyman Tapınağı için bütün malzemeler hazır vaziyette, Mescid-i Aksa'ya 1.5 kilometre mesafede bir depoda bekletiliyor.

🖋 **Tapınak Şövalyelerinin egemen olduğu dönemde Kudüs'te Mescid-i Aksa'nın onların elinde olduğunu, buranın onların üssü olduğunu biliyoruz. Kaynaklar ve rivayet edi-**

lenler bu yönde. Peki neden o dönemde bu yapıları yıkıp Süleyman Mabedi'ni yapmadılar? O dönemde yıkmalarını engelleyecek bir durum mu vardı?

Tapınak Şövalyeleri ve Sion tarikatı kendini Hıristiyan gösteriyor. O günkü Hıristiyanlığın ana teması ise Yahudilerin İsa'nın katili olduğu yönünde. Böyle bir şeye giriştikleri anda Tapınak Şövalyeleri kendini bitirirdi. Ama 1525 Martin Luther hareketinden sonra Protestanlıkla birlikte artık Yahudilik meşrulaştırıldı.

21. yüzyılda Tapınak Şövalyesi olmanın ne anlamı var, ne önemi var? Bir faydası var mı?

21. yüzyılda Tapınak Şövalyesi olmak demek, dünya nizamında söz sahibi bir sistemin parçası olmak demektir. Açıkçası söylemek gerekirse, Haçlılardan bugüne kadar, yani Tapınak

*Mescid-i Aksa, Kubbet-üs Sahra ve Ağlama Duvarı
(ortadaki yapı Kubbet-üs Sahra, sol köşe Mescid-i Aksa,
sol duvar Ağlama Duvarı)*

Şövalyelerinin ortaya çıkışından bugüne kadar Tapınak Şövalyeleri zaman zaman güç kaybetmiş olsa da misyonunu sürdürmekte.

15. yüzyılda Gül ve Haç örgütüne ulaşıyoruz. Zaten o noktada da Protestan-Katolik ayrımı başlamakta. Gül ve Haç'ta kuşaktan kuşağa geçen ezoterik bilgiler olduğu söyleniyor. Gül ve Haç dediğimiz vakit karşımıza neler çıkıyor?

Gül ve Haç, eski gücü olmayan, yani zaman zaman bu yapı içinde Tapınak Şövalyelerinin misyonunu yürüten etkisiz bir örgüt. Eğer Swiss Otel'den Nişantaşı'na doğru giderseniz, sol tarafta, üzerinde Gül ve Haç teşkilatının sembolü olan bir bina görürsünüz. Bu Gül ve Haç teşkilatının merkezidir. Hangi bina diye sormayın; o binanın o kadar farklı bir yapısı var ki, zaten merak eden okurlarımız gidip görecek ve binayı hemen tanıyacaklardır.

Ayrıca, Gül ve Haç ile Tapınakçıların bir ilişkisi var ama bugün belirgin sınırlarla ayırmak mümkün değil. Sadece şöyle düşünün; bunların en üstünde Tapınak Şövalyeleri var.

İstanbul, Gül ve Haç tarikatının başkenti miydi?

İstanbul değil. Roma başkenti, ama bu anlamda İstanbul da önemli bir merkezdi.

Gizli örgütler içinde Vatikan'da en etkilisi Opus Dei. Peki Opus Dei'nin parayla nasıl bir ilişkisi var?

Vatikan halktan para toplar. Ayrıca mesela bir kısım GDO'lu ürün yatırım yapan şirketlerin sahibi Vatikan. İşte bu toplanan paralarla şirketlerden gelen paraları işleten, Opus Dei kontrolündeki bankacılık sistemidir. Kısaca Opus Dei ile paranın böyle bir ilişkisini kurabiliriz.

Ayrıca Opus Dei, Papalık makamını kiliseden üstün görüyor ve bugün Vatikan'daki en yetkili laik kurum olarak bulunuyor. Bence, Opus Dei Vatikan'ın küresel sopası, yani görünmeyen sopası. Çünkü kaç mensubu olduğu, kimlerin üye olduğu bilinmiyor. Papalık seçiminde de etkililer. Bu seçimleri istedikleri gibi yönlendirip etkileyebilirler mi diye sorarsanız, evet etkileyebilirler. Perdenin arkasındaki güç onlar

✍ Bazı devletlere göre Opus Dei ile terörizmle mücadele edildiği kadar mücadele edilmeli, sizce de öyle mi?

Kesinlikle doğru, çünkü Opus Dei hem ezoterik bir örgüt hem de kurumsal bir yapı. Amerika'da Manhattan'da bir merkezleri vardır. Bu anlamda laik görünümlüdürler ama Opus Dei'nin Amerika'daki merkezine kadın çalışanlarla, erkek çalışanlar aynı kapıdan giremezler. Ayrı ayrı kapılardan girerler.

✍ Opus Dei hakkında çok konuşuluyor ama bir o kadar da az bilgi var; neden kendilerini gizliyorlar?

İlki ketum olmalarından, ikincisi 1928'den beri özellikle de 1980'lerde iyice legal hale gelmelerinden dolayı. Ama bugün ne kadar mensuplarının olduğu ve faaliyet alanları konusunda hâlâ oldukça ketumlar.

✍ Ezoterik örgütlenmelerin önemli bir ayağı da "Skull and Bones" yani kuru kafa ve kemik tarikatı. Tarikatın Yale Üniversitesi öğrencileri tarafından kurulduğunu söylediniz. Peki bir öğrenci örgütü nasıl oluyor da bu kadar geniş bir kitleye yayılıyor, bu kadar ses getirebiliyor?

Yale Üniversitesi Connecticut New Haven'dadır. Burası Amerikan Anayasası'nın ve Amerikan'ın kurucu babalarının mezarlarının olduğu yerdir. George W. Bush'un babası da burada. Yale, Siyonist liderlerin kurduğu bir üniversitedir, New Haven da öyle. Yale Üniversitesi'ne gittiğimde bu tarikatın bulunduğu yeri gördüm; üniversitenin tam merkezinde, göbeğinde yerin altında bir yer. Tabii belli bir yere kadar girebildim. Esas ritüelin yapıldığı yere sokmuyorlar zaten. Bu "Kuru Kafa ve Kemik" tarikatının çok önemli bir özelliği var. Apaçilerin efsanevi savaşçısı Gerenimo'nun kafatasını çalmakla suçlanıyorlar.

Kızılderililerin iddialarına göre, Gerenimo'nun kafatasını çalan kişi Prescott Bush. Yani George Bush'un babası, George W. Bush'un da dedesi. Bu iddialar ne derece doğru?

Yani bütün kaynaklar bunu söylüyor.

Peki niye çalar ki Gerenimo'nun kafatasını?

Amerika'nın kurucu babaları Amerika'nın resmi sınırlarını hiçbir zaman tanımlamazlar. Bu sınırı da engelleyen en önemli direnç noktası Kızılderililerdi. Amerikalı tarihçi George Vidal'in anlattığına göre, Kızılderililer eğer bir katliama uğramamış olsalardı bugün nüfusları 500 milyon olurdu. Bu anlamda Kızılderililer çok direnmişlerdir. Özellikle New Haven, Massachusetts'in bulunduğu o bölge, Amerika kurucu babalarının yeni Kudüs dedikleri, New England dedikleri yerdir.

Amerikalılar Usame Bin Ladin'i yakalamak için yaptıkları operasyonun adına Gerenimo dediler. Apaçiler bu duruma çok kızdı ve rahatsız oldular. Ladin'in yakalandığı operasyon ya da yakalanması neden bu kadar önemliydi, sizce neden bu isim verildi? Yoksa onun öldürülmesinde de bazı semboller ve mesajlara gidildi mi?

Bin Ladin kullanıldı ve atıldı. Zaten biliyoruz ki, Bin Ladin ailesinin George W. Bush ailesiyle ticari ve sınai ortaklıkları vardı. Tabii burada Gerenimo'nun isminin kullanılması Kızılderililer tarafından hakaret olarak algılandı. Hakaret olarak algılandığı için de böyle bir operasyona bu ismin verilmesi onları rahatsız etti.

Özetle; ezoterik örgütler hiçbir şeyi rastgele yapmıyor ve semboller-simgeler üzerinden mesajlar veriyorlar.

ALGI YÖNETİMİNİN ŞİFRELERİ

📧 Kitaplarınızda gizli güçlerin filmlerle, subliminal mesajlarla, sosyal medyayla, çeşitli yöntemlerle bizi uyuttuğundan bahsediyorsunuz. Bizi kimler neden uyutuyor?

Yeni dünya düzeni kurmak isteyen finans oligarşisi ve finans elitleri, insanların üzerinde topyekûn operasyonlar yapıyorlar. Hatırlatmak için şu bilgilere yeniden değinelim; İbn Meymun'un Tevrat tefsiri mesihi bir yeni dünya düzeni tasarlıyor, öte taraftan Leo Strauss da bunu siyaset felsefesine dönüştürüyordu. Burada çok başarılı olunamadı, ancak bunlar bir enstrüman olarak durdu ve geri plana alındı. 1965'ten itibaren kapitalizm teklemeye başlayınca Milton Friedman ile başlayan para politikaları gündeme geldi, ben buna "paraizm" diyorum. Buna monetarizm deniyor. İşte o noktada dünyanın para oyunlarıyla çok kolay devşirilebileceği anlaşıldı. Özellikle 1971'de doların altın ve gümüşle olan bağının koparılması ve 1978'de Washington Mutabakatı da buna zemin hazırladı. Böylece para politikalarına yönelik oyunların başlamasıyla görüyoruz ki, algı yönetimi daha da önem kazandı. Çünkü paranın; toplumsal algıları, dini algıları, sosyal algıları, ekonomik algıları değiştirdiğini görüyoruz. Tarih boyunca da böyle zaten. Bu noktada Hollywood'un temel bir prensibi var; "bir ülkeyi işgal edip toprak kazanmaktansa algıları işgal edin," diyor.

Peki yöntemleri ne?

Hollywood'un başını çektiği film endüstrisi ve televizyon dizileri bu işi çok güzel başarıyor; bir yandan da yazılı ve görsel medya bu işi çeşitli programlarla başarıyor. Bu hadisede, insanların düşünmesi engellenerek, algı eşiğinin daraltılması sağlanıyor. Ayrıca toplumda çok yaygınlaştırılan psikolojik bozukluklarla karşı karşıyayız; antidepresan türü ilaçların kullanıldığı tanılar 1950'li yıllarda 100 civarındayken, bugün bu ilaçların kullanıldığı tanılar 500 civarında. Bunlar ise insanların düşünme eşiğini son derece daraltan hadiseler.

Para ve Hollywood ilişkisine gelince; 1933'te başrolünü Ginger Rogers'ın oynadığı Hollywood müzikalinde koro elemanlarının gümüşi ABD dolarlarıyla bezenmiş kostümler içinde söyledikleri "We are in the money" şarkısında dile getirilen ve 1930'ların dünya ekonomik bunalımında insanların içine düştüğü para düşü, filmin kitlesel mesajında ifade bulmuştur. *Baba* 1, 2, 3 filmleri mafya ile Vatikan -Opus Dei- para ilişkisini; New York çeteleri ve para-mafya ilişkisini anlatır. *Para Asla Uyumaz* ve *Borsa* filmleri; 1929 ve 2008 krizini anlatan *Inside Job* belgeseli önemlidir.

Inside Job belgeseli Estonya ile başlıyordu değil mi?

Evet ve dünyadaki para politikalarını bir anlamda deşifre eder. *Swordfish* filmi istihbarat kurumları, terörizm ve para ilişkisini anlatır. *Margin Call-Oyunun Sonu*, Lehman Brothers'ı ve

2008 krizini anlatır. Michael Moore'un *Kapitalizm: Bir Aşk Hikâyesi* belgeseli; kilolu, hasta prozac toplumunu ve ilaç endüstrisiyle para ilişkisini anlatır. *Yağmuru Bile* filmi de su ve para ilişkisini konu edinen gerçek bir olayı, Columbia'yı anlatır. Öte taraftan *Hırs*, BBC yapımıdır. Açgözlülüğü, borsayı ve para üçkâğıdını anlatır. Arkadaşın arkadaşa para için neler yaptığını gözler önüne serer. Di Caprio'nun oynadığı ve 2014 yılında gösterilen *Para Avcısı*; para dünyasının acımasızlığı, seks, uyuşturucu ve her türlü ahlaksızlığın nasıl iç içe geçtiğini gösterir.

2014'teki Jack Ryan'ın *Gölge Ajan* filmi; Rusya krizini anlatır. Ama bu filmi diğerlerinden ayıran bir özellik var; diğerleri önceden bu para oyununu oynuyor, ardından filmi yapılıyordu;

Gölge Ajan filminden bir kare,
arkada Kremlin Sarayı görünmektedir.

Gölge Ajan ile birlikte bir kırılma oldu. Önce filmi yapıldı, sonra Rusya'ya bu oyunu oynadılar.

🌿 **Hollywood Gölge Ajan filmiyle yöntem değiştirmiş ve olacakları önceden göstererek algı yönetimi yapmış bir anlamda...**

Kesinlikle... Burada bir bilgiyi yeniden arz edeyim. Ben dönemin başında öğrencilerime şunu sorarım: "Ne kadar mantıklı karar veriyorsunuz?" Genellikle tevazu gösteren öğrenciler yüzde 50 mantıklı karar verdiğini söyler, diğerleri de yüzde 100'e kadar uçar. Halbuki, Stanford Üniversitesi'nin 2012 yılında yaptığı bir araştırmaya göre, insanlar sadece yüzde 6 mantıklı, yüzde 94 bilinçaltıyla karar veriyor. Beynin bir alt lobu, bir de üst lobu var. Üst lob dediğimiz mantıklı beyin -bilgisayar diliyle konuşursak- saniyede 600 bin bayt kayıt yaparken, alt lob dediğimiz bilinçaltı ise saniyede 2 milyon bayt kayıt yapıyor. Zaten tam tersi olsa vücut sıcaklığımız 36.5 değil 40 olurdu. Bu noktada alt beyin yani bilinçaltı beyin o kadar tatlı bir şekilde üst beyni ikna eder ki, Hollywood filmleri gözünüze, kalbinize ve aklınıza hitap eder. Filme güzel bir kız ve yakışıklı bir delikanlı koyarlar; çünkü seyircinin içinde bayanlar da, erkekler de vardır. Ve basit de bir konu seçilir ki Hollywood filmleri genelde birbirinin tekrarıdır. O tekrar içinde size inceden inceye şunu anlatırlar: "Dünyayı bir lider kurtaracak. Bu kurtarıcı lider aslında Mesih'tir. Mesih'in ülkesi neresidir, Amerika Birleşik Devletleri'dir."

Peki Amerika Birleşik Devletleri bu belirlenmiş kaderi, yani Manifest Destiny'i oynarken, filmlerde kime akıl danışırdı? Özellikle esas oğlanla esas kız filmde dar duruma düşüp akla ihtiyaç duyduklarında, 20 yıl önceye kadar bir tane papaz efendi vardı, ona danışırlardı. Ama son 20 yıldır papaz efendinin yanına bir de kipalı haham koydular. Artık esas oğlanla esas kızın filmde danışacağı akil insan bizim geleneklerimizdeki o ak sakallı dede dediğimiz kişi, papaz efendi ve haham oluyor ve o da onlara bir yol gösteriyor. Ve bu yol gösterme sonucunda işi bozgunculukla yapanlar vardır. Esas oğlan ve esas kız el ele verip bozgunculuk yapanların işini bitirir ve dünyayı o beladan kurtarırlar ve siz de sinema salonundan adeta kurtulmuş olarak çıkarsınız.

Öte taraftan ekonomik kriz dönemlerinde Hollywood genellikle korku filmleri üretir. Bu konu hakkında Trakya Üniversitesi İktisadi İdari Bilimler Dergisi'ne "Korku, Sinema ve Ekonomi" başlığıyla detaylı bir yazı yazdım.

Sizi sinema salonuna aldıklarında algı yönetimi yaparlar. Size "genel kural, yani önderin dediğinin dışına çıkarsanız, bu yanlış derseniz başınıza türlü musibetler gelebileceği" konusunda algı çalışması yaparlar. Çünkü korku tekin değildir, ekonomik kriz de tekin değildir ve sizi bir kaosa itebilir. Bu algı yönetimleri ile, ekonomik politikalara karşı çıkmak isteyen insanlar kuzulaştırılmak istenir. Bu anlamda maalesef algı yönetimi, açık ifade etmek gerekirse, insanların devşirildiği ve teslim alındığı bir sürecin başlangıcı ve sonudur.

1920'de kurulan bir enstitü var, adı Tavistock. Dünyanın önde gelen psikolojik kontrol merkezlerinden biri. Korku deyince akla kontrol, psikoloji de geliyor; çünkü insan psikolojisi korku üzerine oynuyorlar. CIA ile birlikte kontrol ultra projesinde de yer almışlar. Tavistock, tüm bu operasyonların ve algı operasyonlarının neresinde yer alıyor?

Tavistock bu işlerin tam merkezindedir. İngiltere merkezlidir. Amerika, Avustralya, Yeni Zelanda gibi ülkelerde açık açık çalışır. Bazı ülkelerde ise çeşitli vakıflar altında, misal kanaryaların uçuş tekniğini araştırma vakfı ya da sivil toplum örgütü olarak gizlice bu işlere kafa yorarlar.

Son 250 yılda insanlık tarihi, önceki 2500 yıldan daha yüksek bir değişim seviyesi yaşadı. Bu yüksek değişimin temel itici gücü ise para ve algı yönetimidir. İnsanlık, son 25 yılda ise, son 250 yılda yaşanan değişimden daha fazlasını yaşadı. Bunun temel enstrümanları; para, din ve algı yönetimidir.

🖋 **Küreselleşme meselesi de çok ilginç. Kitaplarınızda ABD, İngiltere, Fransa, Almanya, Japonya, İsrail, Rusya ve Çin gibi ülkelerin kendileri için milli devlet politikaları uygularken; diğer ülkelere milli devletlerin geçerliliğinin kalmadığını empoze ederek algı üzerinden, onları etnik ayrışmaya tâbi tuttuklarından bahsediyorsunuz. Bu durum bilinçaltı mesajlarla da veriliyor. Ne söyleniyor; "bizler ulus olma, millet olma bilincinden ayrılıyoruz" ve bizden de bunu istiyorlar.**

Bugün ülkemiz postmodernizm ve ötekileştirme kıskacındadır; ötekileştirmeyi zaten medya yoluyla her türlü görsel ve yazılı basın ve film endüstrisiyle yapıyorlar. Öte taraftan küreselleşme aynı zamanda bir paradokstur. Nedir; inancı önce din, sonra mezhep, sonra tarikat, sonra cemaat, hatta cemaatleri de, tarikatları da kendi içinde parçalara ayırarak inancın homojenliğini yok ediyorlar. Diğer yandan; bir milleti kendi içinde ırklara göre ayrıştırıyorlar.

Rahmetli Atatürk'ün "Ne mutlu Türküm" diyene düsturundan hareketle bir bütünüz oysa ve kimsenin kafatasını da ölçmüyoruz. Zaten tarihimizde bir ırkçılık da yok bizim. Ama ne yapılıyor; Anadolu'da güzel bir laf vardır, eşeğin aklına karpuz kabuğu getirmek diye, işte insanların aklına türlü fikirler yerleştiriyorlar. Sürekli şunu sorgulatıyorlar insana: "Tamam sen Türkiye Cumhuriyeti vatandaşısın ama sen Türk müsün, değilsin." Misal Kürt'sen, "Peki Kürt'ün hangi kolusun" diye başlıyorlar bu kez de sorgulatmaya: "Kırmançe misin, Zaza mısın?" Ayrışma "Zazalar Kürt değildir, Türkmen'dir" diye devam ediyor. İşte bu ufalama modelidir. Çünkü ufaladıkça devletleri artırmayı planlıyorlar.

Unutmayın, yeni dünya düzeninin ifadesi şu; bugün dünyada yaklaşık 200 devlet var, önümüzdeki 30 yılda dünyadaki devlet sayısını 2 bine çıkarmak amaçlanıyor... İki bine çıkarmanın yolu da; inançları ve etnik yapıyı kaşımaktan veya zoraki etnik yapılar türetmekten geçiyor.

Mesela yabancı kaynaklara baktığımızda Türkiye'de Yörükleri, Türkmenleri, Kırgızları, Azerileri birbirinden ayırarak farklı birer etnik unsur olarak gösteriyorlar. Ama bunların hepsi Türk. Böyle bir tezgâh var. Alevi Müslüman ile Sünni Müslüman inancında da Allah bir, Kuran bir, Peygamber bir; yani inancın yüzde 95'i aynı. Ama Batılılar bizi ayrı bir din, Alevileri ayrı bir din sunuyorlar.

Oysa Katolikler İncillere inanmasına rağmen, Protestanlar önce Tevrat'ın 5 kitabına inanırlar; buna rağmen onları temelde bir gösterip, bizi ikiye ayırıyorlar. Yani böyle bir namussuz bir politika takip ediliyor.

Önümüzdeki dönemde bu bumerang Amerika'ya dönecek ve bundan Amerika da zarar görecektir. Çünkü Amerika homojen bir millet değildir. Amerika 72.5 milletten oluşur. Avrupa da yeterince bölünmüştür. Avrupa'da bu anlamda en büyük problem Fransa mesela. Almanların, İngilizlerin bu açıdan problemleri yoktur.

Ama Amerika'da 72.5 millet var. Örneğin Amerika'da bir araştırma şirketi yaptığı araştırmada ilginç sonuçlar elde etmişti. İnsanlara "hangi ırktansın" diye sorulduğunda, Amerikan Yahudilerinin sayısı 6 milyonun üzerine çıkarken, "hangi dindensin" diye sorulduğunda Musevilerin nüfusu 3 milyona indi. Çünkü diğer 3 milyonu ya ateisttir ya da farklı inançlara sahiptir.

Bu anlamda küreselleşme, yeni dünya düzeni, postmodernizm, paradokslar üzerinden, yani farklı farklı çatışma unsurlarını ortaya koyarak ilerlemekte.

Siz diyorsunuz ki, çoğu zaman evrensel değerler adı altında sunulan mesajların altından emperyalist değerler çıkar. Mesela bütün dinlerde ve inançlarda yer alan, fakir ve gariplere yardım söylemi Batı'nın ürettiği çizgi film, film ve bilgisayar oyunlarıyla sadece Hıristiyanlığa has gibi sunularak tam bir Hıristiyanlık propagandasına dönüşüyor. Böylelikle bir taşla iki kuş vurulur. Hem para kazanılır hem de Batı değerleri genç beyinlere zerk edilir. Sizin kültürel hasar diye tanımladığınız olgu tüm bunlarla başlıyor o zaman...

Alt şuur ve üst şuurdan bahsetmiştik. Öncelikle; zihin kontrolü, beyin yıkama, psikolojik harp birbiriyle karıştırılan terimlerdir. Zihin kontrolü; ferdi zihin kontrolü ve kitle zihin kontrolü olarak ikiye ayrılır ve her ikisinin içine de beyin yıkama dahildir. Bu anlamda zihin kontrolü; bir bireyin yahut kitlenin davranışını, inançlarını, düşüncelerini ve ideolojisini kontrol etmek, değiştirmek, hedef kişi veya kitlede farklı bir kişilik veya karakter oluşturmak için, bilgisi/bilgileri dışında uygulanan yöntemlerdir. Zihin kontrolünde psikoloji, toplum mühendisliği, psikiyatri ve nörokimya teknikleri başlıca tekniklerdir.

Psikolojik harp; barışta ve savaşta insanların duygu ve düşünceleriyle davranışlarını değiştirmek, arzu edilen yöne kanalize etmek ve beyin yıkamak gayesiyle psikiyatri, nöroloji, sosyal psikiyatri tekniklerinin kullanılmasıdır.

Beyin yıkama ise kişi veya kitlelerin bir ideoloji yahut fikir sistemi konusunda duygu ve düşüncelerini arzu edilen doğrultuda etkilemek, manipüle etmek ve şartlandırmaktır. Propaganda, eğitim, öğrenim, telkin ve muhtelif diğer yöntemler kullanılır. Bilgisayar oyunları, çizgi filmler, sinema endüstrisi, para, dini inançlar, tarikatlar, cemaatler bu anlamda kullanılıyor. Beyin yıkama, indoktrinasyon, devşirme, fizyolojik şartları etkileyerek zihin kontrolü ve insan şuurunu istenen yöne kanalize etmenin mümkün olduğunu göstermektedir. İstihbarat kurumları, dini tarikat ve cemiyetler, ezoterik gizli cemiyetler, HAARP, Ekolan, NCA, NCO, vakıflar, sinema, TV, bilgisayar oyunları, çizgi filmler, yazılı ve görsel medya tarafından hepsi kullanılarak yapılıyor.

Kitlelerin hislerini, düşüncelerini doğrudan etkileyen unsurlar şunlardır: hayaller ve kelimeler. Kelimelerin gücü ve esas manalarından ayrı olarak kitlelerin zihinlerinde canlandırdıkları hayallere bağlıdır. Vehimler... Vehimler dini, felsefi, sosyal kaynaklı olabilir. Tecrübe, kitlelerin ruhuna yöneliktir. Aklın etkisi negatif yönde de kullanılır.

☞ **O zaman yeni yüzyılın en büyük silahı beyin işgali; artık topraklar değil zihinler işgal ediliyor. Bir ülkeyi ele geçirmek istediğimizde gidip onun topraklarını ele geçirmektense o ülkedeki insanların zihinlerini ele geçirmek çok daha önemli hale geldi diyebiliyoruz.**

Evet. Bazı önemli topluluklar, tıplumcu hareketler bunlara iyi bir örnektir. Bu hareketlerin karakteristiği şudur; toplumun bütün eylemlerinin demokratik kontrol altına alınması. Yani demokratik değil, demokratik kontrol... Sistemin anahtarı kontroldür. İnternet, cep telefonu, kredi kartını düşünün; hepimiz kontrol altındayız bu anlamda. Zıtları aynı çizgi üzerinde buluştururlar; yani Şia, Mehdi, 12. İmam beklentisi, Mesih Hazreti İsa'nın dönüşü, Kral Davut soyundan Mesih beklentisi... Bunları aynı çizgi üzerinde buluştururlar.

Öte taraftan bakıyorsunuz, sosyalizm, kapitalizm, din, dinsizlik aynı kategori üzerinde birleştiriliyor. Sosyalizm devlet seçkinlerinin kontrolündeki sermayeyken, kapitalizm şirket seçkinlerinin kontrolündeki sermayedir artık. Halk, her ikisinde de sadece sürü. Diğer yandan beyin yıkama, zihin kontrol, davranış kontrol merkezleri, Tavistock Enstitüsü... Mesela Nixon'ın Watergate smart cap işleri vardır, bu türdendir. Amerika'da kimi üniversiteler; bu yönde çalışmalar yapar. Michigon Üniversitesi'nde sosyal araştırma enstitüsü ve Stanford Üniversitesi'nde gelişmiş davranış bilimleri enstitüsü bu çalışmaların içindedir. HAARP bunlardan biridir. Daha önce de bahsettiğimiz Kesnizani Tarikatı vardır. Kesnizani Tarikatı'nın, Irak'ı altın tepside Amerika ve müttefiklere sunan İslam'ın Kadiri Tarikatı'nın bir kolu olduğundan bahsetmiştik.

Bunları deşifre eden televizyon programları da yapıldı zamanında...

Evet, İngiltere'de Kanal 4 TV'de 27 Ağustos 1995'te yayınlanan, The Real X Files psişik araştırmalar programı bu konuları işlemiştir. Aynı zamanda CIA, Artı Şok, Blue Bird, MTA Ultra Kod isimli zihin kontrol projeleri bunlardandır. Memories Tıp Merkezi Hastanesi Brooklyn New York'tadır ve bu konuları araştırır. Parapsikoloji bölümü 1970'li ve 1980'li yıllarda bu konuları araştırmak için özellikle geliştirilmiştir. Beden ile zihin ilişkisi ispat edilmiş ve zihin neye inanıyorsa bedenin de onu yaşadığı anlaşılmıştır; buna da placebo, yani yalancı ilaç etkisi denir. Yaptıkları araştırmada 20 hastaya gerçek ilacı veriyorlar, aynı hastalıktan mustarip 20 hastaya da o ilaç görüntüsünde şeker veriyorlar, her ikisinde de etki aynı. Zihin neye inanıyorsa vücut onu kabulleniyor ona reaksiyon gösteriyor.

Öte taraftan hayaletler ve ölü insanlar görüyorum diyen bir çocuğun olduğu *6. His* filmini hatırlayın. Bruce Willis oynuyordu. Denzel Washington'ın oynadığı *Dejavu* adında bir film vardır. Bu filmin mutlaka izlenmesi gerekir, olayları anlamak bakımından. Diğer yandan duygu ötesi algı vepsişik güçler devreye girer. Nitekim cinlerin vs. Amerikan istihbaratı gibi kurumlar tarafından kullanıldığı çalışmaların yapıldığını biliyoruz. ABD'nin California Teknik Araştırmalar Laboratuvarı

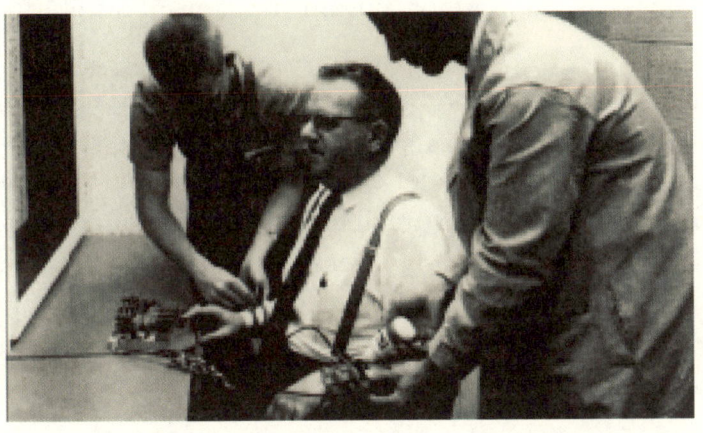

"Otoriteye itaat deneyi" olan Milgram deneyinin
1974 yılında yayınlanan bulgularından bir görüntü

müdürü Doktor Elizabeth Roosher daha 1970'lerde şöyle demişti: "Bana para ve üç ay verin, bu şehirdeki insanların davranışlarını kendileri farkında olmadan yüzde 80 oranında etkileyebilirim." Milgram deneyi, insanların otoriteye boyun eğmek ve güvenmek eğiliminin çok güçlü olduğunu ortaya koydu. Bu anlamda neoliberalizm bir demokrasi ve demokratikleşme değildir. Neoliberalizm, şirketler üzerinden şirket sosyalizmi ve diktatörlük kurma operasyonudur. Bunu çok güzel anlatan John Gray'e teşekkür ediyorum, her zaman bahsettiğim gibi orada da namuslu insanlar var. Kendisi *The Guardian*'ın yazarı bir akademisyendir.

Öte taraftan sürü psikolojisinin nasıl etkin olduğu görülüyor. Biliyorsunuz, koyunların önünde bir lider koyun vardır; o bir uçurumdan kendini attığında peşindeki sürünün tamamı hiç düşünmeden kendini aşağıya atar. Bu Avustralya gibi ülkelerde yapılan deneylerde görülmüştür. İnsanlar düşündüklerini zannederler, ama aslında düşünmeden sürü psikolojisiyle önde giden birinin davranışını sürekli taklit ederler.

İnsan zihninin kontrolüne yönelik çalışmalarda kullanılan yöntem, tren etkisi veya bando etkisidir. Tren etkisi, beynin elektromanyetik yöntemlerle dışarıdan uyarılmasının bir neticesidir. Bireye-kitleye sürekli bu uyaranlar verilir. Öte taraftan bir sinyal üretici, radyo frekansları yoluyla beynin tabii frekanslarının üzerine binecek dalga boyutları meydana getirilebilir. Beynin kimyası değişir ve insanlar hiç farkında olmadan algı yönetimiyle yönetilir.

CIA'in Uyuyan Güzel kod adlı bir projesi geldi aklıma. Amaç insan beyninin uzaktan kumandayla yönetilmesi ve yönlendirilmesi. Toplu bir ayaklanma halinde, karşı gösteri halinde insanları kontrol altına almak, sakinleştirmek, tes-

lim olmalarını sağlamak, bir teröristin uzaktan kumandayla etkisiz hale getirilmesini sağlamak, bu amaçlarla da kullanılabilir mi?

Kesinlikle kullanılır. 1978 yılında Amerika Birleşik Devletleri'nde Kongre'den geçen bir kanun var; kısa adı FEMA olan *Federal Emergency Management Agency*, yani Federal Acil Durum Yönetim Kurumu. Açık kaynaklardan öğrenebildiğimiz kadarı ile, Amerika'da bir yönetim FEMA'ya, yani bir sıkıyönetime devredildiğinde, FEMA'nın yapacağı ilk iş, yaklaşık 50 milyon insanı kamplara doldurmak ve doları yürürlükten kaldırıp, bankalara el koymak olacaktır. Bu anlamda liderlere çipler yerleştirmek ve toplumu kontrol altına almak konusunda CIA'in çok ciddi çalışmalar yaptığını da biliyoruz.

🕊 **Bu konuştuğumuz yöntemlerle, insanlara iradeleri dışında bir şeyler yaptırabiliyorlar mı, örneğin bir insana cinayet işletebiliyorlar mı?**

Bir misal vermiştim; bir Amerikalı araştırmacı, "Bana 3 ay ve para verin, insanların bakış açısını, davranışlarını, düşüncelerini yüzde 80 değiştiririm" diyordu. Bugün genetik bilimi, algı operasyonu, psikoloji ve kimyasal ilaçlarla bakıyoruz ki, sıradan mütedeyyin bir insanı eli kanlı bir katile çevirmek mümkün.

🕊 **Ses dalgalarıyla algı yönetimi yapılıyor artık. Sadece görüntü dosyalarıyla değil, sesin içerisine de mesaj yerleştirerek.**

BBC bunu zaten yayınladı. Siz örneğin bir otelde toplantıdasınız ve bir parti var, 100 insan katılmış diyelim. Orada size bir mesaj verilmek isteniyor ve hiç kimse duymadan size bu mesaj aktarılıyor. Bu deneyi birisi yayınladı; deney sonucuna göre, diğerleri duymuyor, siz duyuyorsunuz.

🕊 **Mozart'ın** *Sihirli Flüt* **eserinde subliminal mesajlar verildiğinden bahsediyorsunuz.** *Sihirli Flüt* **operasında dünya insanları sihirli bir tapınak olarak sunuluyor. Ve bu tapınağa Tanrı, kral başkanlık ediyor.**

Evet. Batı'nın en önemli müzisyenlerinden biridir Mozart. Mozart'ın en önemli özelliklerinden biri de Tapınak Şövalyeleri mensubu olmasıdır zaten. Mozart bestelemiş olduğu *Sihirli Flüt* eseriyle okült, ezoterik gizli cemiyetler tarafından dahi olarak tanımlanır. Zaten okültizm, yani ezoterizm biliyorsunuz Tapınak Şövalyeleri ve batıni kuruluşların temel inançlarıdır. Maalesef bu batıni inançlar İslam'a da sokuşturulmuştur, bunda Endülüslü Muhyiddin İbn Arabi'nin büyük rolü vardır.

Ezoterik opera olan *Sihirli Flüt* bestesinde, Mozart dünyayı insanlara yeniden yapılmış sihirli bir tapınak olarak sunar. Bu bestede bahsedilen ve Mozart'ın Saroska adını verdiği mantık ve tabiat tapınağına gaipten haberler verebilen bir Tanrı kral başkanlık etmektedir. Zaten batıni, ezoterik, okült inançların temelinde de bir sır bilgi vardır. Aslında böyle bir bilgi yok. Ama aşağıdan yukarıya gidenler için sürekli böyle bir avunç konulur.

Öbür taraftan artık biliniyor ki, insanların sadece yüzde 6'sı mantıklı karar vermekte, yüzde 94'ü ise bilinçaltı etkilerle sözde mantıklı hareket etmektedir. Bu durumda elitler oligarşisi Mozart'la, Hollywood filmleriyle bizim bilinçaltımıza hükmederek, üçüncü kez Kudüs'teki Süleyman Tapınağı'nı inşa etmek için bütün dünyayı ezoterik bir mantık ve tabiat tapınağı haline getiriyor. Kaostan yeni dünya düzeni kurmak isteyen finans erkleri; insanlığın zihnini müzik, sinema, antidepresan, asimetrik bilgi ile dezanforme manipüle ediyor. Dikkat ediniz gelecek denen ve yakında bir hologram şeklinde küresel bir sunumu yapılması muhtemel İsa Mesih'tir. Kral

Davut soyundan Mesih veya Mehdi ya da hepsi birden. Diğer taraftan büyük bir müzisyenin Pan'ın sihirli flütüyle çaldığı muhteşem besteleri dinleyen, sinema salonlarından sanal gerçekliğin dibine yuvarlanmış, mutlu mesut bir şekilde uygun adım marş yeni dünya düzenine doğru yürüyen devasa kitleler... İstikamet de Armageddon Savaşı.

🖋 **Bazen izlenen film akıl ve mantık dışıysa "aman bunların hepsi film icabı" derdi büyüklerimiz. Ama zaman geçtikçe anlıyoruz ki izlediklerimiz film icabı değil. Sırasıyla bu filmlere bakalım. Siz Armageddon'dan, yapay zekâdan ve sanal gerçeklikten bahsettiniz. Akıllara hemen şu filmler geliyor: *Matrix, Yapay Zeka, Armageddon, Avatar* ve daha pek çok film. Örneğin *Matrix* insanların yaşadıklarına inandırıldığı suni ve yapay bir dünya. Peki altında nasıl mesajlar yatıyor?**

Aslında tek bir kurtarıcının insanlığı kurtaracağı konusu işleniyor. Bu Yahudiler için Kral Davut soyundan bir Mesih, Evanjelist Hıristiyanlar için İsa Mesih, Şii İslam için kayıp 12. İmam ve Hazreti İsa, bir kısım Sünni cemaat ve tarikat için de hem Mehdi hem Hazreti İsa.

🖋 *Matrix*'in konusu Kabala'da geçen hayat ağacı teorisini izliyor. *Avatar* filminde de görüyoruz bu yaşam ağacını. Kabala'da Zuhar, Pereşat, Meksure bölüm 20'de geçiyor yaşam ağacı. "Ona tutunanlara mutluluk verir yaşam ağacı, o aslında Tora yükseklerde güçlü ve büyük ağaç" deniyor. Tora denmesinin nedeni de tüm üst yaşamlarının onda toplanmış olması ve ondan dağılması. Bu yaşam ağacı nedir hocam?

Kabala'da, Yahudilerin inancının temelidir bu yaşam ağacı. Tanrı Yahova'nın insanları ve dünyayı yaratırken kurguladığı

Mesih algısının kitlelere enjekte edildiği Matrix filminden bir görüntü

bir modelleme bu. Bugün Avrupa'da, Brüksel'deki Avrupa Birliği'nin temeli bu Yahudi inancından oluşan Hayat Ağacı'dır zaten. Bir diğer husus, bir yanda modern tıp laboratuvarlarında üretilmiş insanlığın kahir ekseriyetinin beynine şırınga edilen psişik kimyevi maddeler ve ilaç endüstrisi; diğer yanda tam manasıyla klasik efekt, Hollywood yapımı sinema filmleri, TV dizileri, bilgisayar oyunları, çizgi filmler.

Sormamız gereken soru şudur: Düşünceler nasıl etkilenir, düşünceler beyin ve bedeni nasıl değiştirir? Açıkçası sevgili okuyucularımız bu kitabı okuduklarında, bunun şöyle veya böyle bir cevabını bulmuş olacaklardır. Çünkü yapılmak istenen insanlığı topekûn bir kaosa ve çaresizliğe itmek ve elitler oligarşisi ile yeni dünya düzenini kurmaktır. Bu noktada insanların ölmüş veya kırılmış olması elitler oligarşisinin umrunda bile değildir...

🍃 2006 yılında bilim ve teknoloji dünyasında 724 ismin katıldığı bir araştırma çarpıcı sonuçlar verdi. 2020 yılında Matrix'in gerçek olacağını ileri sürdüler. 2020 senaryoları neler? Tam olarak neyin gerçekleşmesi bekleniyor?

2020 ile 2035'li yıllar arasında gerçekleşmesini umdukları şeyler var. Mesih ve Mehdi'nin gelmesi... Maalesef bir kısım Sünni Müslüman cemaatleriyle tarikatları; Şii İslam'ı, Yahudileri, Evanjelistleri bu dönemde bir kurtarıcı Mesih, Mehdi'nin geleceğine inandırdılar. Bunu gerçekleştirmek için de var güçleriyle manipülasyon yapıyorlar. Daha doğrusu, bilinçaltı operasyonları ve psikolojik harplerle insanlığı zıvanadan çıkararak, herkesi kurtarıcıyı bekleyen koyunlar haline getirmek istiyorlar.

🍃 Mesela Hollywood filmlerinin çoğunda teröristleri İslam ile bağdaştırılıyor ve İslami unsurlar kötü ve tehlikeli gösteriliyor. Aslında bunlar pek de bilinçaltı mesajlar değil, bilinçli mesajlar, hatta propagandalar diyebiliyor muyuz?

Evet. Bunları özetlersek; algı yönetiminde finans endüstrisini kontrol eden, Londra City, Wall Street, Brüksel, Singapur, Basel'in olduğu 5 köşeli yıldızlar var. Tapınak Şövalyeleri de, Amerikan Pentagon da 5 köşelidir. Bu sistem, Tapınakçıların kontrolünde bir Tanrı imparatorluğudur. Üstelik ilahi anlamda bir Tanrı imparatorluğu değil, kendi akıllarına dayalı bir pagan Tanrı imparatorluğu kurmak istiyorlar. Bu küresel Tanrı imparatorluğu projesinin dayandığı 7 temel yaratıcı yıkımdan, yaratıcı kaostan söz edebiliriz...

Bu sürecin en önemli stratejik merkezleri; para hareketlerinin planlandığı yer Londra City, uygulandığı yer ise Wall Street'tir. Özellikle Amerikan film endüstrisi Hollywood, bu sözünü ettiğimiz yaratıcı kaos unsurunu dünya insanlığına, kitlelere, 7 milyar insana enjekte ediyor.

☞ **Amerika, Hollywood sinemasını kullanarak hedef tahtasına koyduğu ülkelerde istediği operasyonları onların üzerinden mi gerçekleştiriyor?**

Kesinlikle. Ben bunu 7 temel üzerine oturttum. İlki, dine başvuru ve dönüştürme. Buna kısaca Mesih-Mehdi ile günahtan arınma 2030'lu yıllar deniliyor. Armageddon Savaşı ile sentetik tek dünya dini oluşturulacak. İkincisi, finansal spekülasyonlarla dönüştürme. Bu da kamu ve özel hane halkın borçlarının artırılması, kıymetli metallere yönelik manipülasyonlar, karşılıksız dolar ve para basımıyla tek dünya merkez bankası ve tek küresel para birimi ve finansal güvenlik konseyi Birleşmiş Milletler aracılığıyla gerçekleştirilecek. Üç, subliminal bilinçaltı operasyonlarıyla dönüştürme. Bu; Hollywood filmleri, çizgi filmler, bilgisayar oyunları, her türden basın yayın tekeliyle yapılmakta. Dört, antidepresanlarla prozac toplumuna dönüştürme. Bunu; suni bunalım tanıları koyarak ve düşünemeyen zombi insanlar üreterek gerçekleştiriyorlar.

Beş, asimetrik bilgiyle epistemik çöküş toplumları dönüştürme. Bu; bilgi kirliliği, milli dilin yok edilmesi, toplumun, özellikle gençlerin doğru ile yanlışı ayırt edemeyecek duruma getirilmesiyle gerçekleşiyor. Altı, asimetrik savaş ve terörizm ile dönüştürme. Bunu da; etnik ırkçılık, din, mezhep, tarikat ve cemaatleri ayrıştırma unsuru olarak manipüle ederek gerçekleştiriyorlar. Yedi, su, gıda, genetik ve iklim savaşlarıyla dönüştürme. Burada Fırat ve Dicle'nin 2023 ve sonrası misyonu çok önem kazanıyor. Bu dönüşümü de laboratuvar ürünü virüsler, HIV virüsü ve benzerleri, HAARP yoluyla üretilen yapay deprem ve tsunamiler, iklim manipülasyonları, açlık ve su oyunları ve gıda manipülasyonları ile gerçekleştirmek istiyorlar. Açıkçası bilimi, tekniği, parayı kullanarak kitleler üzerinde algı yönetimi uyguluyorlar ve bugüne kadar başarılı oldular mı derseniz, evet oldular.

David Robb, *Hollywood Operasyonları* adlı eserinde şöyle diyor: "50 yıldan fazladır yüzlerce film, Pentagon'un sansür odasını; silinmiş diyaloglar, çıkarılmış karakterler ve kesilmiş sahnelerinden oluşan bir mezarlığa çeviren askeri onay sürecinden geçti. Bazı filmler ıskartaya bile çıkarıldı. Çünkü ordudan birileri bunların çekilmesini istememişti. Pentagon film ve TV şovlarını geleceğin acemi askerleri olarak gördüğü çocukları etkilemek için bile kullanıyor. Bütün zamanların en popüler çocuk programlarından Lessie ve Mickey Mouse çocuk kulübü şovlarında yaptığı gibi. Her iki dizinin de bazı bölümleri Pentagon'un silahlı kuvvetlerinin çocuklara daha çekici gösterilmesindeki ısrarı sebebiyle yeniden yazıldı." Pentagon ile Hollywood arasında nasıl bir ilişki var?

Bugün biliyoruz ki Beyaz Saray'ın Los Angeles Hollywood'da yani Amerikan film endüstrisinin merkezinde irtibat bürosu var. Yine Pentagon'un, başında bir albayın olduğu irtibat bürosu Los Angeles'ta. Eğer siz bu irtibat bürosuna senaryonuzu verirseniz ve bu irtibat bürosundan onay alırsanız Pentagon kesenin ağzını açar. Öte taraftan yine Hollywood'da CIA ve NSA'in de irtibat büroları var.

Hollywood İşi Din, Siyaset ve Ticaret kitabınızda şu ifadeleriniz var: "İnsanlık tarihinde Haçlı Seferleriyle başlayan finansal çılgınlık günümüzde hat safhaya ulaşmış durumda. Bunun nedeni de açgözlülük. Halbuki Hıristiyanlık,

Musevilik ve İslam'da açgözlülük günah, faiz almak haksız kazanç, kandırmak, aldatmak, tüm bunlar önemli ve büyük dinlerde yasaklanmasına rağmen günümüzde hat safhaya ulaştı." Para, inanca galip geldi diyebilir miyiz?

Evet. Maalesef istisnalar dışında, İslam toplumlarında da para maalesef inanca galip gelmiş durumda. Bunu böyle yaptılar, bunu böyle aşıladılar ve başarıya ulaştılar. İslam dünyası bu açgözlülük çukurundan çıkamazsa kurtulması da mümkün değil.

☙ Borsa çılgınlık boyutuna gelmiş durumda. Bütün mal varlıklarını kaybeden, ailesi dağılan, hayatı sönen insanlar, söndürülen insanlar var. Bunları haberlerden, gazetelerden görüyoruz. Bu konuda yapılan bir deney var, Hollywood İşi Din, Siyaset ve Ticaret kitabınızda bundan bahsetmiştiniz. Stanford Üniversitesi'nde deneyde para alma anı görüntülenmiş, para denekler üzerinde pozitif aktivasyon sağlamış. Para kazanma hırsıyla yüzde 70 kaybedecekleri bir hisse senedine dahi para yatırıyorlar. Bile bile lades diyorlar. Riske girmek ayrı bir şey ama büyük oranda kaybedeceğinizi bildiğiniz bir işe atlamak başka bir şey. Bu da bilinçaltı mesajlarla mı yaptırılıyor, insanlara yanlış kararlar mı verdiriliyor?

Evet. Bilinçaltı operasyonları yoluyla yaptırılıyor. Nitekim *Inside Job* belgeselinden bahsetmiştik. Wall Street'te 100 milyarlarca dolar değerinde yatırımlarla oynayan finans uzmanları, kokain çekerek bu operasyonları yapıyorlar. Cinsel ilişki ve başarı insanın beyninin aynı bölgesini etkiliyor. Yapılan araştırmalarda cinsel ilişki ve başarının insan beynini olumlu yönde etkilediği, ancak aynı bölgeyi kokainin de etkilediği tespit edilmiş. İşte bu anlamda Wall Street'in bütün yatırımcı ekeleri, züppeleri, babolarının taktıkları kravatın tanesi 4 bin dolar, giydikleri ayakkabı 6 bin dolar, bir takım elbisesi ise 40 bin dolar.

2008 finansal krizine giderken, New York'ta Central Park'a bakan bir salon ve bir yatak odasından oluşan küçük bir daire 27 milyon dolara satıldı. Bu akla mantığa, değere, hiçbir şeye uymuyor.

Sovyetler Birliği'nin diktatörü Stalin demiş ki: "Eğer Amerikan sinema dünyasını kontrol edebilseydim bütün dünyaya komünizmi yaymak için başka bir şeye ihtiyacım kalmazdı." Bu da gerçekten durumu özetleyen bir söz olmuş. Ama bu cümlenin hemen altında sizin Hollywood İşi kitabınızdaki şu söz akla geliyor: Amerikan kültürünün Truva atına binlerce kez evet dedikten ve bu kültürü şehir kapımızdan içeri oturma odalarımıza dahil ettikten sonra, Amerikan nükleer denizaltılarına hayır demenin bir anlamı kalmayacak.

Hollywood İşi kitabımda da anlattım, kibritin zinasından Hollywood'un dönüştürdüğü kültürel ve finansal zinaya... Bu süreçte insanlığın, postmodernizm denilen içi bomboş bir "anı yaşa" kültürüyle kafası dolduruldu; özellikle de genç kesimin. Bu anlamda da düşünmeyen, anı yaşayan, hayatı kaymış kitleler dünyanın her yerini sarmış vaziyette.

Küreselleşme; gerek analitik gerek ulusötesi şirketlerin ve iş dünyasının hassasiyetlerinin merkezine mekânı ve hızı yerleştirmiştir. Bu süreç o kadar hızlandırılmıştır ki, artık saatte 1000 kilometre hızla giden trenler var.

Öte taraftan New York'tan Londra'ya para transferini 0006 saniye hızlandırmak için yeni okyanus altı kablolama sistemine 300 milyon dolar harcadılar.

Ne getirisi var bunun?

Para transferini mümkün olduğu kadar hızlandırmak. Zaten 1919 krizi dünyaya 10 yılda yayılırken, 2008 yılı krizinin 6 ayda, hatta 6 ayı bile bulmadan bütün dünyayı esir almasının temel sebebi iletişim ve algı yönetimidir.

11 Eylül 2001 İkiz Kuleler saldırılarından önce Hollywood, Araplara karşı nasıl bir operasyon yaptı? Siz diyorsunuz ki, 1980'li yılların ikinci yarısından sonra, Hollywood filmlerinde yavaş yavaş Arap aleyhtarlığı başladı ve sonra da bunun dozu giderek artırıldı. Ve öyle bir noktaya getirildi ki, bütün Müslüman Araplar terörist, İslam da terörizmi destekleyen bir din oldu. Bunu açıklayalım mı? Özellikle üç film var, adeta 11 Eylül'e gidişin ve BOB'un yol hikâyesi. Bunlar hangi filmler?

Bunun belirgin şekilde ilk kez yapıldığı *Arlington Yolu;* FBI'ı bombalayan Arap Müslümanları konu ediniyor. İkincisi Arapları artık açıkça kötü Müslümanlar olarak gösteren, Denzel Washington ile Bruce Willis'in oynadığı *Kuşatma* filmidir. Üçüncüsü John Travolta'nın oynadığı *Kod Adı Kılıç Balığı* filmidir. Bu üç filmi yan yana koyarsanız zaten 11 Eylül olaylarını görürsünüz.

Bu filmlerde "İslam terörist bir dindir, Müslümanlar da teröristtir" mesajı veriliyor. Artık Hollywood filmlerinde ve dizilerinde kötü çocuk maalesef Türkler olarak işleniyor. Hedef tahtasına konmuş olarak Türkler var. Bu konuyu merak eden sevgili okuyucularımız Asi Kitap tarafından yayınlanan *Hollywood İşi Din, Siyaset, Ticaret* kitabıma bakabilirler; filmlerin ve dizilerin hepsinin adı tek tek orada var.

Arap Müslümanları terörist olarak gösteren ilk yapımlardan biri olan Arlington Yolu filminin afişi

11 Eylül saldırılarının 11. yıldönümünde gösterime giren *Müslümanların Masumiyeti* isimli bir film var. Bu filmin yaklaşan kıyamet savaşlarına hizmet ettiği iddia ediliyor ki, bu filmin sonucunda pek çok insan ve Amerika'nın Libya Büyükelçisi hayatını kaybetti. Bu filmler Müslümanları kışkırtıp geri dönüşü olmayan olaylara mı sürüklüyorlar ya da bu filmlerle Müslüman kesimler için kızıyor algısı yaratıp, piyasaya önceden yetiştirilmiş Müslüman olduğu

iddia edilen birtakım piyonlar sürülerek Müslümanlığa zarar verilmeye mi çalışılıyor? Charlie Hebdo örneğinde gördüğümüz gibi...

Tam olarak belirttiğiniz gibi. Önce Müslüman ülkelere Birinci Dünya Savaşı ve İkinci Dünya Savaşı'yla diktatörleri yerleştirdiler. Bunların ömürleri dolunca Arap Baharını hortlattılar. Arap Baharından sonra yeni operasyonlarla ve algı yönetimiyle Hazreti Peygambere hakaret eden filmler ve benzeri yayınlarla kitleleri hareket geçirmek istediler. Düşüncesiz Müslümanları peşinden sürükleyerek ve kendi ajanlarını Müslüman, kisvesi altında içimize sokuyorlar. Tabii Müslümanlar da maalesef okumadıkları ve oku ayetini anlayamadıkları için sürü psikolojisiyle tahrik oluyor ve Batılı emperyalistlerin oyununa geliyorlar.

🖎 **Görüyoruz ki algı operasyonlarının çoğu dini temelli ve bunun nedeni de tek bir dünya dini yaratmak. İslamiyet tek dünya dini yaratmaya engel olarak görülüyor. Neden özellikle İslamiyet?**

Semavi dinlere baktığımızda, Yahudilerin nüfusu yaklaşık 17-18 milyon civarında. Zaten biliyorsunuz Yahudiliğe de kabul etmiyor onlar, Yahudi de olamıyorsunuz. Özellikle Evanjelist Hıristiyanların bir kilise sayısı var; Hıristiyan olan insanlara kilise dediklerinden ve bu sayıya ulaşmak istediklerinden bahsettik. Bu anlamda dünyada 1.5 milyar civarında Protestan Hıristiyan, 1.2 milyar civarında Katolik Hıristiyan var. Yani 2.7 milyarlık bir Hıristiyan nüfus var. Buna mukabil 1.7 milyarlık İslam nüfusu mevcut.

Semavi dinlere inananların yanında, yeryüzü dinlerine inananların -Konfüçyus öğretisi, Budizm gibi- sayısı da 3 milyar.

Batı'ya coğrafya olarak yakın ve dünyada en hızlı yayılan tek din İslam.

İslam bütün dinler içinde en hızlı yayılan din hâlâ. İslam bu yüzden öncelikle Irak-İran harbiyle, kan ve gözyaşı olarak sunuldu. Sonra İslam'ın terörist olduğu algısı bütün dünyaya yayıldı. Çünkü özellikle İkinci Dünya Savaşı'ndan sonra Roger Garaudy gibi mühim, çok sayıda Batılı entelektüel ve düşünür İslam'ı seçmiştir. Ancak bunlar üzerinde bir mahalle ve toplum baskısı oluşturmak için, Batı ülkeleri insanlarına İslam'ın kan, gözyaşı ve terörist bir din olduğu, özellikle kadınları aşağıladığı yönünde propaganda içeren filmler, yapımlar ortaya sürüldü, sürülmeye devam ediyor. Bu anlamda Batı için artık mübarek dinimiz tırnak içinde bir şeytandır, Deccal'dir Müslümanlar.

🖋 **1947 ve 1980'ler arası Hollywood filmlerinde düşman Ruslardı. 007 James Bond ve Rambo filmleri bunun en belirgin örneklerinden. Son dönemlerde de Türklerden bahsedilen filmler var. Hollywood'un yeni kötü çocukları Türkler. Özellikle bir filmi sormak istiyorum bu hususta Türkiye'de de tartışıldı çok fazla, Ekim 2012'de vizyona giren Taken 2 filmi. Filmin tamamı İstanbul'da geçiyor, ama öyle bir İstanbul yok.**

Öyle bir İstanbul olmadığı gibi, o film yine yunmuş yıkanmış. Amerikan dizilerinde, örneğin 24 dizisinde Türkler teröristir, Amerika'da nükleer bomba patlatmaya çalışan *Pasifik* dizisinde ise Türkler yerden yere vuruluyor. 1967'ye kadar Türkiye'deki Sabetayistlerimiz, bu ülkeye bağlıydılar. Ancak 1967 Arap-İsrail savaşından sonra dünyadaki Yahudiler artık Yahudi devletinin ayakta kalabileceği yönünde bir inanç edindiler. Bu anlamda 1967'ye ve 1970'lere kadar Türkiye Cumhuriyeti devleti mensubu olmaktan büyük haz duyan Sabetayistlerimizin pek çoğu daha sonra gidip İsrail'e yerleşmiş ya da yönünü İsrail'e dönmüştür. İşte bu noktada başka bir gelişme oldu. 1967'ye kadar Türkiye'de sol genellikle tek çizgideydi. Ama 1967'den itibaren Türk solunda Filistinlilere yönelik bir sempati uyandı. Bu, muhafazakâr kesimde zaten vardı. Ama Türk solunda Filistinlilere karşı büyük bir sempati uyandı. Bir kısım solcu gencimiz 1971 muhtırasından önce gidip Filistin'de eğitim gördü ki bunların içinde pek çok meşhur gazeteci de var. Filistin sempatisinden dolayı İsrail ve Amerikan merkezli Yahudi lobisi; Ortadoğu Teknik Üniversitesi merkezli solu Rusçu, Çinci, Maocu ve Leninist diye ayırdılar. Arkasından dayanamadılar Che Guevara'cı, Enver hocacı aklınıza ne gelirse solu bölük pörçük ettiler. Yani bu bir operasyondu. Daha sonra solun modası geçince, tırnak içinde İslamcılığa başvurdular. Ben Müslümanlık ile İslamcılığı birbirinden ayırıyorum. Roger Garaudy'nin bu noktada önemli bir tespiti vardır; "İslamcılık Kuran'daki ve Hazreti Peygamberin sünnetindeki İslam değil, Batı ideolojisidir," der.

Önce Meryem Cemile olayı, hemen ardından 1967'de Arap-İsrail savaşı başladı ve İsrail, Mısır ve Suriye hava kuvvetlerini yerle bir etti. Orada bir oyun oynadılar. 1970'lere kadar kendini İslamcı diye tanımlayan mütedeyyin insanlar milliyetçi dindar olarak görülüyordu. Ama 1970'lere gelince Türkiye'de de, bütün İslam ülkelerinde de dindarlar, İslamcılar ve milliyetçiler diye ayrıldı. Bunun arkasında Meryem Cemile operasyonu vardı. Bunun sonucunda İslamcılar, milliyetçileri kâfir ilan etti yani bütün Arap ülkelerinde de, Türkiye'de de böyle. Milliyetçiler de tabii İslamcıların söyleminden dolayı bunları vatan haini olmakla suçladılar. Sonra olay İslam'ın da parçalanmasına geldi.

İslam düşüncesinin yani samimi dindarların da parçalanması gerekiyordu. Mezhep, tarikat, cemaat yoluyla parçaladılar. Çünkü Endülüs'ten, Osmanlı'dan tecrübeliydiler. Mesela bizim kaynaklarımızda geçmez ama Osmanlı bir günde 10 bin tarikatı darağacına çekti devlete düşmanlığından dolayı. İstiklal Harbi'nde de Müslüman Türk milleti cepheye koşarken, kadını erkeği milli mücadele içindeyken bunların bir kısmı Konya'da toplandı ve cemaat-tarikat diyerek milli mücadeleye katılmama gibi bir ahlaksızlık gösterdi. Bundan samimi dindarlarımız alınmasınlar, ama tarikatlar ve cemaatler üzerinde böyle bir oyun var bu ülkede.

🖋️ **Yani toplumu yönlendiren alt grupları da yönlendiren üst akıl var.**

Evet.

🖋️ **En büyük algı operasyonları film ve dizilerle yapılıyor. Yani televizyon ve sinema sektörü ile. Ben size dünyada geniş kitleleri arkasından sürüklemiş, çok izlenmiş birkaç film ya da diziyi sormak istiyorum. Bu diziler ne anlatıyor, ne mesaj veriyor, yapılan algı operasyonu nedir?**

Mesela 24 dizisi var. 2014 yılında ekranlara veda etti ama çok izlendi, çok beğenildi bu dizi. Dizide çoğunlukla Müslüman kökenli teröristlerle mücadele anlatılıyor. Burada kötü çocuk Müslüman Türklerdir. Araplar devrini tamamladı, sırada Türkler var.

Diğer bir film de başrolde Steven Seagal'in oynadığı *Out of Reach* filmi. Polonya'daki bir Türk şebekesinin yetimhanedeki çocukları kaçırıp açık artırmada satmasını konu ediniyor. Uyuşturucu ve organ mafyasına çocuklar satılıyor ve oradaki kötü çocuklar da Türklerdi.

The West Wing adlı dizide de Türkiye'de zina yapan kadınların kafalarının kesilerek cezalandırıldığı anlatılıyordu.

Evet. Müslüman Türkler kadın düşmanıdır imajı... Bütün bu filmlerden ve dizilerden yola çıkarsak hedef Türkiye, Türkler ve İslamiyet.

Türkiye'de Saklı Seçilmişler adıyla gösterime giren film, gerçeğe yakın sahneleriyle oldukça ilgi çekmiş.

Evet doğru, Yale merkezli Tapınak Şövalyelerinin Amerikan üstlerinden bir tanesidir. Orada hem bazı ritüellerini bilerek açık ediyorlar hem de dünyaya meydan okuyorlar.

Terminatör 2'de ne var hocam?

Mesihi bir algı yönetimi var. Kişilere ve olaylara doğrudan atıflar; Terminatör 2 filminde, Sara (Sarah) -İbrahim Peygamber ilişkisinde olduğu gibi filmin kurucu- teknik bir öğesi olmaktan ötededir. Terminatör 2'nin alt başlığı Judgement Day, yani malumun tekrarı, ilahi mahkemenin kurulacağı gündür bu. O gün, öteki dünyada kimin cennete, kimin cehenneme gideceğine karar verilecektir. Terminatör 2 gibi filmler salt Amerikan bütçesine katkılarıyla, cari açıklarını azaltmalarıyla, büyük gişe başarılarıyla açıklanabilecek kadar "kolay" filmler değildir. Bu filmler çoktan bir toplumun inançlarını, düşünme tarzını, zihni tercihlerini, hayat biçimini temsil edecek mertebeye tırmanmışlardır. Hükümetlerin kendi halklarına ve dünyaya mesajları, tehditleri bu filmler üzerinden orada yüksek sesle ilan edilir.

🖐 **Diğer filmleri özetlersek; 5. *Element* ve *Lara Croft Tomb Raider* gibi filmlerde ne mesajlar var?**

5. *Element*'te Mesihi bir algı yönetimi var. *Lara Croft Tomb Raider*'de Tapınak Şövalyeleri ve Mesih algısı yaratılmaya çalışılır. Örneğin *12 Maymun*'da da Tapınak Şövalyeleri vardır ve açık açık yeni dünya düzeninin kurulacağı ve Mesihi bir dünya bilinçaltına enjekte edilir. *Süperman* ve *Batman* gibi süper kahramanların geçtiği filmler dünyayı kurtaracak olan Mesih'i sembolize eder ve tek adam algısı yaratmayı amaçlar. *Seven* filmi ise 7 ölümcül günahla ilgilidir. Burada bir Türk aleyhtarlığı olmamakla birlikte, Hıristiyanlığın kurtuluşu bir model olarak sunulur. *Ateş Krallığı*, Kabalist bir filmdir.

🖐 **İyi *Geceler ve İyi Şanslar* filmi peki?**

Bu film aslında George Clooney'nin Amerikan sistemine bir meydan okuması ama bu filmlerin sayısı pek azdır.

🖐 **Hollywood filmlerinin yanında hesap etmemiz gereken başka hususlar da var. Mesela internet üzerindeki iletişimimiz. Örneğin sosyal medya hesaplarımız niçin önemli? Sosyal medya üzerinden nasıl bir algı operasyonu yapılıyor? Yani, Twitter, Facebook, Instagram ve diğer sosyal medya hesaplarımız bizim için nasıl tehlikeli bir silah haline dönüşüyor?**

Bir örnek vereyim önce; birkaç sene önce Kıbrıs Rum kesimi ekonomik olarak batmıştı. Başta Almanya Şansölyesi Merkel, Kıbrıs Rum yönetimine kıyı bankacılığındaki yaklaşık

30 milyar euro civarındaki paraya vergi koymaları yönünde baskı yapıyordu. Bir kısım müzakerelerden sonra Kıbrıs Rum kesimi, kıyı bankacılığındaki Rus oligarkların parasına vergi koydu. Aradan iki gün geçtikten sonra bütün dünya medyasında Alman Şansölyesi Merkel'in 25 yaşlarındaki çırılçıplak fotoğrafını bastılar. Bugün Merkel 62 yaşında. Merkel'in 25 yaşında olduğu dönemdeki teknolojiyle çırılçıplak fotoğrafı çekilebiliyorsa, bu sistem bugün neler yapıyordur. Yani gençlerimizin, internet hesaplarını, cep telefonlarını, Instagram'ı, Facebook'u, Google'i çok dikkatli kullanmaları gerekir.

🖋 **Çağımızda internetten, bilgisayardan uzak kalmak çok da mümkün değil...**

Üçüncü sanayi devriminin iletişim sistemi internet, uzak kalın demiyorum.

🖋 **Ne yapacağız peki, lehimize nasıl kullanacağız?**

Öncelikle bu platformlarda rastgele mesajlar yazmayacağız, rastgele fotoğraflarımızı kullanmayacağız. Mesela sıradan bir genç kızımız bugün fotoğrafını yayınlayabilir; ama yarın bu genç kızımız bir iş kadını olabilir, iyi bir mevkiye gelebilir, politikacı olabilir veya böyle bir ismin eşi olabilir. Merkel gibi bu karşınıza çıkabilir. Nitekim Obama'nın başkan seçildiğinin ertesi günü Amerika'da bir kısım medyada annesinin Havai gece kulüplerindeki fotoğraflarını yayınladılar.

🖋 **Amerika'da Oscar ödül törenlerini biliyorsunuz, dünyada da çok ilgi çeken önemli bir ödül. Sunuculuğundan ödüllerine, ödül sonrası kritiklerine kadar çok konuşulur. Yani iyi bir algı operasyonu mecrası aslında. Oraya siyahi sanatçıların katılımı her yıl konu olur; neden siyahilere ödül**

238

verilmedi, neden verildi, neden sunuculuğunu siyahi bir oyuncu yaptı ya da yapmadı diye... Sanatçıların renginin önemli olması gibi ABD Başkanının renginin de önemli olduğunu düşünüyorum. Elbette benim için değil, bazı çevreler için bazı zümreler için. **ABD Başkanının siyahi olmasında da bir şifre var mı hocam?**

Vardır. Yıllarca Hollywood filmleri siyahi başkan modelini işledi. Şimdi yavaş yavaş bayan başkan modelini işliyorlar. Bundan sonra homoseksüel bir başkan modelini isteyecekler. Homoseksüel Başkana da bir kararnameyle Amerikan yönetimini FEMA'ya devrettirecekler. Herkes "bu homoseksüeldi kardeşim, bundan bu beklenirdi" diyecek ve sineye çekecek. Şimdi Amerika'ya kadın başkan geliyor.

Peki Oscar ödüllerinde bu sene siyahiler aday gösterilmedi tartışması vardı. Bu konuda yorumunuz nedir?

Oscar ve Nobel ödülleri istisnalar dışında açıkçası küreselleşmeye, neoliberalizme, postmodernizme hizmet edenlere verilir. Nobel verilenler, Oscar verilen filmler, doğrudan veya dolaylı olarak küreselleşmeye, postmodernizme yani emperyalizme hizmet eden eserlerdir.

Özetle; insanlık tarihinin son 25-30 yılında gerçekleşen dönüştürme süreci ve dönüşümün en önemli stratejik unsuru ABD film endüstrisi Hollywood'dur.